Responsabilidad y juicio

Contemporánea
Humanidades

Biografía

Hannah Arendt se ha erigido, gracias a su profundo conocimiento del pasado y a sus agudas observaciones sobre el mundo moderno, en uno de los puntos de referencia fundamentales para el conocimiento de la filosofía política. Nacida en Hannover, estudió en Marburgo, Friburgo y Heidelberg, donde se graduó en Filosofía. En 1933, cuando los nazis ocuparon el poder, emigró a París. Más tarde se instaló en Estados Unidos, donde dirigió la Conferencia sobre las Relaciones Judías (1944-1946) y también la Jewish Cultural Reconstruction Inc. Fue catedrática en la Universidad de Chicago y enseñó también en Columbia, Princeton y Berkeley, así como en The New School for Social Research. De su importante obra se han traducido al castellano, entre otras, *Los orígenes del totalitarismo*, *La condición humana*, *La vida del espíritu*, *La promesa de la política*, *Sobre la revolución*, *Eichmann en Jerusalén*, *Hombres en tiempos de oscuridad* y *Crisis de la República*.

HANNAH
ARENDT

RESPONSABILIDAD Y JUICIO

Traducción de Miguel Candel

AUSTRAL

PAIDÓS

PEFC Certificado

Este libro procede de bosques gestionados de forma sostenible

PEFC

PEFC/14-38-00305 www.pefc.es

Título original: *Responsability and Judgment*
Publicado en inglés, en 2003, por Schocken Books, Nueva York

Traducción de Miguel Candel
El capítulo «El pensar y las reflexiones morales», traducido por Fina Birulés, ha sido extraído de Hannah Arendt, *De la historia a la acción*, Barcelona, Paidós, 1995.

Diseño de la colección: Compañía
Diseño de la cubierta: Austral / Área Editorial Grupo Planeta
Imagen de la cubierta: Shutterstock
Primera edición en Austral: septiembre de 2025
Segunda impresión: noviembre de 2025

Depósito legal: B. 13.339-2025
ISBN: 978-84-08-30843-0
Impreso en España

SUMARIO

PRIMERA PARTE: RESPONSABILIDAD

SEGUNDA PARTE: JUICIO

AGRADECIMIENTOS

Sería una auténtica locura intentar dar las gracias uno por uno a los muchos estudiosos cuyos trabajos sobre Arendt me han influido y guiado desde el principio. Lo hago colectivamente y me limitaré a nombrar a unos pocos amigos, incluidos algunos estudiosos, que de diferentes modos han apoyado el proyecto general de publicar los escritos inéditos y dispersos de Arendt, de los que este volumen es sólo una parte. Son, por orden alfabético: Dore Ashton, Bethania Assy, Jack Barth, Richard J. Bernstein, John Black, Edna Brocke, Margaret Canovan, Keith David, Bernard Flynn, Antonia Grunenberg, Rochelle Gurstein, Gerard R. Hoolahan, George Kateb, Lotte Kohler, Mary y Robert Lazarus, Ursula Ludz, Arien Mack, Matti Megged, Gail Persky, Jonathan Schell, Ray Tsao, Dana Villa, Judith Walz, David Wigdor y Elisabeth Young-Bruehl.

Es un placer trabajar con Schocken Books, entre otras razones porque Hannah Arendt trabajó como editora en Schocken Books de 1946 a 1948, publicando, entre otras obras, brillantes ediciones de Kafka. Doy las gracias a Rahel Lerner por haber insertado la fotografía que ilustra el ensayo sobre Little Rock. Mi gratitud para con Daniel Frank, no sólo por su paciencia, sino también por su fino juicio editorial, no tiene límites. Cualquiera que haya trabajado con Arendt sabe lo infrecuente que es encontrar, sobre todo hoy día, un editor que conozca a fondo o que se interese en serio por su pensamiento. Encontrar ambas cosas en la misma persona, como yo en Dan Frank, es algo casi inaudito.

Finalmente, jóvenes reflexivos de diferentes países han empezado a darse cuenta de que tener por hogar este mundo exige volver a pensar el pasado y recuperar sus tesoros y sus desastres como *sus* tesoros y *sus* desastres. Reconocen que «pensar sin barandilla», como decía Arendt, es la condición para que la voluntad de actuar siga teniendo sentido para ellos. Esos jóvenes, que vuelven su mirada a «Hannah» (como ellos la llaman) como un guía digno de confianza, no encontrarán en ningún otro sitio una confirmación más definitiva de la dificultad y la urgencia de lo que se abre ante ellos que en estos escritos sobre responsabilidad y juicio. Este volumen está, pues, dedicado a los «recién llegados», como Arendt los llamaba, de los que depende, de haberlo, el futuro de la humanidad.

UNA NOTA SOBRE EL TEXTO

Todos los textos —lecciones, conferencias y ensayos— recogidos en *Responsabilidad y juicio* fueron escritos por Hannah Arendt en inglés, idioma que la autora aprendió cuando ya tenía 35 años y llegó a Estados Unidos como refugiada huyendo del dominio nazi en Europa. Al cabo de un año, en 1942, ya escribía en su recién adquirida lengua, pero mientras vivió sometió siempre sus obras en inglés a un proceso de «anglificación» antes de publicarlas, proceso que también se ha seguido aquí. Arendt tenía naturaleza de escritora; cuando tenía algo *pensado*, dijo una vez, se sentaba y *mecanografiaba* a la mayor velocidad que le permitían sus dedos. El resultado era brillante cuando escribía en alemán, su lengua materna, pero cualquiera que haya ojeado sus manuscritos ingleses sabe que la rapidez de su escritura le acarreaba problemas. Poseía un enorme vocabulario, enriquecido por su conocimiento del griego clásico y del latín, pero en inglés la inmediatez de su voz, que era su cualidad inconfundible, se traducía en oraciones excesivamente largas cuyo estilo y puntuación a menudo se apartaban de los usos aceptados. Otro problema lo constituye el hecho de que el manuscrito contenga montones de cortes e inserciones (se escribió en una época en que no había ordenadores), así como añadidos escritos a mano cuya legibilidad y colocación precisa distan con frecuencia de estar claras. El editor tiene el encargo de dar coherencia a los escritos en inglés de Arendt sin alterar el sentido de lo que quería decir ni la forma en que quería decirlo: eso exige modificar su sintaxis cuando sea necesario pero preservando su estilo, que refleja la sinuosidad de su mente.

El texto del «Prólogo» es un discurso que pronunció Arendt en Copenhague el año 1975, al recibir el premio Sonning del gobierno danés por su contribución a la civilización europea. Arendt fue la primera ciudadana norteamericana y la primera mujer que obtuvo el premio: entre los ganadores anteriores figuraban Niels Bohr, Winston Churchill, Bertrand Russell y Albert Schweitzer. En su discurso de aceptación formuló la inusual pregunta de por qué ella, «que no es una figura pública ni tiene el deseo de llegar a serlo», ha de ser galardonada con un «honor público», pues los pensadores «viven apartados», en la medida de lo posible, de la luz de la publicidad. No era modestia, que es diferente de la humildad y resulta siempre falsa: veinte años antes había escrito a su marido que aparecer ante «el ojo público» era una «desgracia». Le hacía «sentir como si hubiera estado yendo de aquí para allá en busca del propio medro».[1] En el discurso, Arendt realizó en público el raro y difícil acto de autojuzgarse, indicando con ello que la capacidad de juzgar *esto* como correcto y *aquello* como incorrecto depende ante todo y sobre todo del conocimiento de sí mismo que posea el juez. Arendt se juzgó a sí misma y, al hacerlo, llevó a la práctica el antiguo precepto «Conócete a ti mismo» como condición de todo juicio. Utilizó el nombre latino *persona*, derivado del verbo *per-sonare*, que se refería originalmente al sonido de la voz a través de la máscara del actor teatral. No la usaba como los romanos, para referirse metafóricamente a la persona jurídica como distinta del simple «miembro de la especie humana», sino en el sentido metafórico, propio de ella, de *alguien* que resulta «identificable» sin ser «definible», una *esteidad* irrepetible que perdura dentro de las máscaras intercambiables que el actor se pone para interpretar su papel «en el gran drama del mundo», como la máscara que ella llevaba mientras hablaba. Cuesta imaginar una manera más transparente de sugerir por su parte que el juez no puede separarse del actor desinteresado, cuya unicidad aparece sólo a los demás como su lado interno, invisible pero audible.

La mayor dificultad de este volumen la presentaba «Algunas cuestiones de filosofía moral». En 1965 y 1966, Arendt dios dos cursos, el primero en la New School for Social Research, bajo el mencionado título, y el segundo en la Universidad de Chicago, con el título «Basic Moral Propositions». El curso de la New School constó de cuatro largas lecturas y el de Chicago, de diecisiete sesiones que utilizaron en su mayor parte el material de las mismas lecciones. Las lecciones editadas constituyen el cuerpo del texto que aquí presentamos, mientras que las variantes más importantes de su pensamiento que aparecen en «Basic Moral Propositions» se han incorporado como notas al final del texto. En este texto, el lector tiene la oportunidad de escuchar a Arendt en su papel de profesora y, tal vez, de imaginarla ejerciéndolo. Quiero agradecer a Elizabeth M. Meade su ayuda en la preparación de las sucesivas pruebas de «Algunas cuestiones de filosofía moral». Ni que decir tiene que los posibles errores que pueda haber en la versión definitiva son responsabilidad mía.

1. *Within Four Walls: The Correspondence between Hannah Arendt and Heinrich Bluecher 1936-1968*, Lotte Kohler (comp.), Nueva York, Harcourt, 2000, pág. 236.

«Responsabilidad personal bajo una dictadura», «Responsabilidad colectiva», «El pensar y las reflexiones morales» y «A casa a dormir» fueron también preparados originalmente por Arendt como textos para el curso, bien como lecciones, bien como conferencias. Dado que el «Prólogo» y «A casa a dormir» se dictaron durante el último año de la vida de Arendt, esta selección de textos empieza y acaba con sus dos últimas apariciones en público. «Responsabilidad personal bajo una dictadura» es conocido por algunos de los lectores de Arendt en una versión mucho más breve radiada en Inglaterra y en Estados Unidos y publicada en 1964 en *The Listener*. Ésta es la primera vez que se publica el texto completo. «Responsabilidad colectiva» no es un título original de Arendt, sino el lema de un simposio celebrado el 27 de diciembre de 1968 con ocasión de una reunión de la American Philosophical Society. En respuesta a una ponencia presentada en esa ocasión, nuestra autora trató de distinguir entre responsabilidad *política* y responsabilidad personal y señalar los diferentes matices semánticos con que se usa la palabra «responsabilidad». Excepto en tres ocasiones, mencionadas en las notas al final del texto, las referencias a la ponencia objeto de réplica se han suprimido. La otra opción era incluir dicho texto, cosa que no se consideró aconsejable. El 21 de diciembre de 1968 escribió a Mary McCarthy: «Tu carta llegó justo cuando estaba yo tratando de pensar qué podría decir en la réplica a una ponencia sobre responsabilidad colectiva que se leerá la semana próxima en Washington, en la Philosophical Society, sin perder la compostura y resultar ofensivamente descortés. Las fruslerías de la academia van más allá de lo que una puede creer y esperar».[2]

Los capítulos restantes que forman *Responsabilidad y juicio* son ensayos. «Reflexiones sobre Little Rock» se incluye como ejemplo destacado de la capacidad de juicio de Arendt. Es el único texto anterior a *Eichmann* en la serie y, como tal, merece alguna explicación. Tras muchas dilaciones, Arendt retiró estas «Reflexiones» de la revista *Commentary*, que se lo había encargado, y lo publicó en *Dissent*, acompañado de la siguiente nota editorial: «Publicamos [este ensayo] no porque estemos de acuerdo con él —¡todo lo contrario!—, sino porque creemos en la libertad de expresión incluso para las opiniones que nos parecen totalmente equivocadas». El vitriolo de las reacciones a «Re-

2. *Between Friends: the Correspondence of Hannah Arendt and Mary McCarthy 1949-1975*, Carol Brightman (comp.), Nueva York, Harcourt Brace, 1995, pág. 228 (trad. cast.: *Entre amigas: correspondencia entre Hannah Arendt y Mary McCarthy*, Barcelona, Lumen, 1998).

flexiones», que anticipaban la controversia que estalló cuatro años más tarde a propósito de *Eichmann*, se debía al hecho de haber tocado un nervio liberal en carne viva, cosa que sigue haciendo hoy día. Arendt no era una liberal ni una conservadora, pero ponía en entredicho la tendencia de los liberales a meter la cuestión específica de la educación de los niños negros en el saco de la norma política general de la «igualdad». Se oponía a cualquier forma de legislación racial, especialmente a las leyes contra el mestizaje, pero también a la decisión del Tribunal Supremo de convertir en ley de obligado cumplimiento una política escolar antisegregacionista. Esto, para ella, suprimía el derecho privado de los padres a elegir la escuela de sus hijos y se burlaba del carácter preeminentemente discriminatorio del ámbito social. La fotografía que reproducimos en el capítulo correspondiente tenía, a juicio de Arendt, carácter paradigmático, igual que la capacidad de ver a través de sus propios ojos el posible punto de vista de una madre negra era fundamental para ella a la hora de formular un juicio que tratara de ser imparcial.

El texto que figura como «Introducción» a las «Reflexiones» de Arendt se publicó originalmente como una «Respuesta» a dos de sus críticos. Para ninguno de los dos dio ella, de hecho, una respuesta: el uno, en una descarada combinación de ignorancia y prejuicio, se colocó al margen de la comunidad de los jueces; el otro malinterpretó tan groseramente a Arendt que ésta, en lugar de responderle, escribió lo que en realidad es una introducción al ensayo, una recapitulación de sus argumentos en que se hace hincapié en los principios de los que ella parte. Más tarde, en 1965, Arendt respondió efectivamente en una carta a Ralph Ellison, admitiendo que había pasado por alto el «ideal de sacrificio» de los padres negros al introducir a sus hijos en las realidades de la experiencia racial. Es ése un elemento que reclama con toda justicia su sitio en la búsqueda que llevamos a cabo con el juicio, no persiguiendo una certeza apodíctica, sino un consenso alcanzado mediante el acuerdo entre opiniones diversas. Ello, empero, apenas altera el argumento capital básico de Arendt contra las medidas legales antisegregacionistas en la educación, del mismo modo que tampoco da cuenta de la ausencia del padre de la estudiante negra en la fotografía. Las medidas antisegregacionistas en la escuela no han logrado los fines que perseguían y todo el asunto queda pendiente de un juicio definitivo.[3]

3. Una comprensiva exposición del juicio de Arendt en «Reflexiones sobre Little Rock» puede verse en Kirstie M. McClure, «The Odor of Judgment: Exemplarity, Propriety, and Politics in the Company of Hannah Arendt», en *Hannah Arendt and the Meaning of Politics*,

«*El Vicario*: ¿silencio culpable?» y «Auschwitz a juicio» son dos ejemplos del juicio de Arendt, el primero sobre la «culpa» de Pío XII, lo que en su lectura de la obra teatral de Rolf Hochhuth correspondía a algo que no se había hecho, a un pecado de omisión. El Papa no había denunciado el exterminio por Hitler de los judíos europeos y, si lo hubiera hecho, las consecuencias de su acción eran imposibles de conocer, tanto para él como para cualquier otro. Su juicio acerca del Papa planteaba a continuación la pregunta de por qué *eludimos* nuestra responsabilidad de juzgar la omisión de un hombre determinado que afirmaba ser el Vicario de Jesucristo en la Tierra; y por qué, en lugar de ejercer nuestra facultad de juzgar, preferimos echar por la borda dos mil años de cristianismo y abandonamos la idea misma de humanidad. El segundo texto representaba su juicio acerca de un mundo puesto patas arriba, un mundo artificial que había perdido toda semejanza con algo real, en el que cualquier horror imaginario era posible, aun cuando no estuviera oficialmente permitido. En el ensayo sobre Auschwitz, Arendt hacía gala de algo aparentemente imposible, a saber, hacer justicia a la única persona decente de todo el juicio, el médico Franz Lucas, quien, a diferencia de Eichmann, parece que *pensó* sobre lo que había hecho y quedó anonadado al darse cuenta de todas las consecuencias de haber sido «ciudadano» de un Estado abiertamente criminal.

C. Calhoun y J. McGowan (comps.), Minneapolis, University of Minnesota Press, 1997, págs. 53-84. Véanse también las Learned Hand's Holmes Lectures de la Facultad de Derecho de Harvard para su oposición a la sentencia *Brown v. Board of Education*.

INTRODUCCIÓN

«A preguntas concretas hay que dar respuestas concretas; y si la serie de crisis en que hemos vivido desde comienzo de siglo puede enseñarnos algo, ello es, en mi opinión, el simple hecho de que no hay pautas generales para determinar nuestros juicios de manera infalible, reglas generales en las que subsumir los casos particulares con un mínimo grado de certeza.» Con estas palabras, Hannah Arendt (1906-1975) sintetizaba lo que durante toda su vida vio como la naturaleza problemática de la relación de la filosofía con la política o de la teoría con la práctica o, de manera más simple y precisa, del pensamiento con la acción. En aquella ocasión se dirigía a una amplia audiencia procedente de toda la nación que se había reunido en la iglesia Riverside de Manhattan para asistir a un coloquio sobre «La crisis inherente a la sociedad moderna».[1] Era el año 1966 y una determinada crisis política, la escalada de la guerra en Vietnam, estaba presente por encima de cualquier otra cosa en la mente de los ciudadanos que se habían reunido para manifestar su preocupación por la política de Estados Unidos en el Sudeste de Asia y deliberar acerca de qué podían ellos hacer, individual y colectivamente, para cambiar dicha política. Convencidos de que la devastación, provocada por su país, de una antigua cultura y un pueblo que no constituían ninguna amenaza para él era moralmente censurable, se dirigían a Arendt y a los demás oradores, cuya experiencia de crisis anteriores arrojaría, según esperaban, luz sobre la crisis del momento.

Al menos por lo que respecta a Arendt, se sintieron algo decepcionados. A pesar de que el totalitarismo y otras crisis del siglo XX habían estado en el centro de su pensamiento durante muchos años, no les ofrecía «ningún criterio general» con el que medir el mal que se había hecho, ni mucho menos unas «reglas generales» que aplicar al mal que se estaba haciendo en aquel momento. No dijo nada en lo que apoyar las convicciones que ellos ya poseían ni con lo que hacer

1. Las breves observaciones de Arendt fueron publicadas posteriormente en *Christianity and Crisis: a Christian Journal of Opinion*, vol. 26, nº 9 (30 de mayo de 1966), págs. 112-114.

sus opiniones más convincentes para los demás ni con lo que hacer más eficaces sus acciones contra la guerra. Arendt no creía que analogías tomadas de lo que había ido bien o no en el pasado pudieran evitar los peligros de la situación presente. Tal como ella lo veía, la espontaneidad de la acción política va unida a la contingencia de las condiciones específicas en las que se da, lo que invalida semejantes analogías. Que la política de «apaciguamiento» hubiera fracasado en Múnich en 1938 no quería decir que las negociaciones carecieran de sentido en 1966. Y aunque Arendt creía que todo el mundo, por su propio bien, ha de mantener la guardia alta para rechazar elementos como el racismo y el expansionismo a escala planetaria, que habían cristalizado en el totalitarismo, se oponía a la aplicación indiscriminada y analógica del término «totalitario» a todo régimen al que Estados Unidos pudiera oponerse.

Arendt no quería decir que el pasado como tal fuera irrelevante —nunca se cansaba de repetir el epigrama de William Faulkner: «El pasado nunca está muerto, ni siquiera está pasado»—, sino que utilizar las «llamadas lecciones de la historia» para indicar lo que el futuro nos tiene reservado no es mucho más útil que examinar entrañas o leer hojas de té. En otras palabras, su visión del pasado, claramente expuesta en «A casa a dormir», el último texto incluido en el presente *Responsabilidad y juicio*, era más compleja y menos confiada que la contenida en la tantas veces repetida observación de Santayana: «Quienes son incapaces de recordar el pasado están condenados a repetirlo». Por el contrario, Arendt creía que «para bien o para mal», nuestro mundo se ha «*convertido*» en lo que realmente es: «El mundo en que vivimos en cualquier momento dado *es* el mundo del pasado». Su creencia difícilmente puede considerarse una «lección» histórica y plantea la pregunta de cómo el pasado —la *acción* pasada— puede *experimentarse* en el presente. En «A casa a dormir» no respondió a la pregunta con una teoría, pero su agridulce juicio del estado de la República en 1975 brindaba un ejemplo de lo que entendía por presencia del pasado. Aunque sus «comienzos doscientos años antes», decía, fueron «gloriosos», la traición a las «instituciones de la libertad» de Estados Unidos nos «*acecha*» hoy. Los *hechos* se han ido a casa a dormir, y la única manera de mantenernos fieles a nuestros orígenes no es buscando «chivos expiatorios» ni evadiéndonos con «imágenes, teorías o meras locuras», sino tratando de «dar la bienvenida» a esos hechos. Somos nosotros como pueblo quienes somos responsables de ellos ahora.

El único consejo, si se lo puede llamar así, que llegó a ofrecer estaba contenido en las «respuestas concretas» que dio a «preguntas concretas», como muestra la siguiente anécdota.[2] Cuando, a finales de la década de 1960, sus estudiantes le preguntaron si debían colaborar con los sindicatos obreros para oponerse a la guerra de Vietnam, para su sorpresa, Arendt respondió sin vacilar y con notable sentido común: «Sí, porque así podéis usar sus multicopistas». Otra anécdota del mismo período ejemplifica una perspectiva completamente diferente, que no tiene nada que ver con la de dar consejos. Cuando unos estudiantes que se manifestaban contra la guerra ocuparon las aulas de la New School, la facultad convocó una reunión extraordinaria para tratar la cuestión de si había que llamar a la policía para que restableciera el orden. Se dieron argumentos a favor y en contra que, a medida que la reunión se prolongaba, apuntaban hacia una resolución positiva. Arendt no dijo nada hasta que uno de sus colegas, un amigo de juventud, convino con reticencia en que probablemente había que informar a las «autoridades». Ella se volvió hacia él bruscamente diciendo: «Por amor de Dios, son estudiantes, no delincuentes». No se volvió a hablar de la policía y, de hecho, aquellas ocho palabras pusieron fin a la discusión. Dichas espontáneamente y basadas en su propia experiencia, las palabras de Arendt recordaron a sus colegas que el asunto del que se ocupaban debía ventilarse entre ellos y sus estudiantes, y no entre sus estudiantes y la ley.[3] La respuesta de Arendt era un juicio sobre una situación concreta tomada en su concreción que las muchas palabras pronunciadas en el curso de la argumentación habían oscurecido.

Nadie era más consciente que Arendt de que las crisis políticas del siglo XX (en primer lugar, el estallido de la guerra total en 1914; luego, el auge de los regímenes totalitarios en Rusia y Alemania y su aniquilación de clases y razas enteras de seres humanos; a continuación, la invención de la bomba atómica y su utilización para borrar del mapa dos ciudades japonesas en la Segunda Guerra Mundial; luego, la Guerra Fría y la capacidad sin precedentes del mundo postotalitario para destruirse a sí mismo con armas nucleares; después, Corea; y, a continuación, Vietnam; y así sucesivamente, acontecimientos «en cascada como unas cataratas del Niágara de la historia») pueden verse como una quiebra de la moral. Que se había producido ese de-

2. Mi gratitud a Elisabeth Young-Bruehl por recordarme este incidente.

3. Arendt gustaba de contar la historia de su detención por trabajar para una organización sionista en Berlín en 1933. El policía bajo cuya custodia fue puesta vio inmediatamente que ella no era ninguna delincuente ni alguien que debiera estar entre rejas e hizo lo necesario para ponerla en libertad. Inmediatamente después, ella salió de Alemania.

rrumbe era obvio. Pero el núcleo controvertible, problemático y difícil de lo que Arendt llegó a ver era que la quiebra moral no se debía a la ignorancia o a la maldad de unos hombres que no llegaron a reconocer unas «verdades» morales, sino más bien a la inadecuación de las «verdades» morales como pautas para juzgar lo que los hombres habían llegado a ser capaces de hacer. La única conclusión general que Arendt se permitía sacar apuntaba, irónicamente, a la generalidad del drástico cambio producido en el seno de lo que la larga tradición del pensamiento occidental había tenido por sacrosanto. La *tradición* del pensamiento moral se había roto, no por efecto de ideas filosóficas, sino de los acontecimientos políticos del siglo XX, y no había forma de rehacerla otra vez.

Arendt no era nihilista ni amoral, sino una pensadora que iba a donde su pensamiento la conducía. Seguirla, sin embargo, impone a sus lectores una tarea no tanto a su inteligencia o su conocimiento como a su capacidad para pensar. No son soluciones teóricas lo que ella propone, sino una gran abundancia de incentivos para *pensar por sí mismo*. Encontraba enormemente significativa la observación de Tocqueville de que, cuando en tiempos de crisis o en auténticos momentos de encrucijada, «el pasado ha dejado de arrojar luz sobre el futuro, la mente humana vaga en la oscuridad». En tales momentos (y el presente era para ella uno de esos momentos), encontraba que la oscuridad de la mente era la más clara indicación de que se hacía imprescindible estudiar de nuevo el significado de la responsabilidad humana y el poder del humano juicio.

En 1966, Hannah Arendt era famosa, lo que no quiere decir que a más de uno su fama no le pareciera una infamia. Tres años antes, en 1963, la publicación de su libro *Eichmann en Jerusalén: un estudio sobre la banalidad del mal* provocó una tormentosa serie de controversias que le supusieron perder un buen número de amigos íntimos y la enemistaron con casi toda la comunidad judía mundial. Ello fue muy penoso para Arendt, judía alemana de nacimiento, hecho que ella consideraba un «dato» de su existencia, un don que llevaba aparejado un peculiar tipo de experiencia que se reveló crucial para el desarrollo de su pensamiento. Por poner sólo un ejemplo: cuando a uno se le ataca como judío, es preciso que responda como judío. Responder en nombre de la humanidad, apelando a los derechos humanos, estaba totalmente fuera de lugar, en tanto que rechazo, pero no refutación, de la acusación de que los judíos eran infrahombres, vulgares sabandijas, y que como tales debían ser gaseados. La única respuesta aceptable era: «Soy judío y me defiendo como tal para demostrar que tengo tanto derecho como cualquier otro a formar parte de este mundo». La responsabilidad de Arendt como judía se tradujo en su llamamiento a favor de la creación de un ejército judío para combatir a los enemigos y aniquiladores de los judíos.[4]

¿Cuáles fueron las reacciones a *Eichmann*? La sensación de afrenta que tuvieron los judíos puede condensarse en su reacción ante la docena escasa de páginas que Arendt dedicó a la «cooperación» brindada a Adolf Eichmann por algunos dirigentes de las comunidades judías europeas en la selección de aquellos de sus correligionarios, los menos «destacados», que debían precederles en las cámaras de gas. Que ello ocurrió es un hecho, presentado en el juicio y corroborado antes y después del mismo. Pero que la concepción arendtiana de la banalidad del mal trivializara la actuación de Eichmann hasta el extremo de exculparlo y convertirlo en menos culpable, menos «monstruoso» que sus víctimas, que es de lo que se la acusó, resultaba a todas luces absurdo. Fuera cual fuese el grado de «cooperación» ofrecido por los dirigentes judíos, fueron Hitler y sus seguidores, con el apoyo de hombres como Eichmann, los que pusieron en marcha y llevaron a cabo la «solución final» del problema de la existencia de los judíos: asesinato sistemático e industrializado. Por supuesto, la actuación de los dirigentes judíos era un signo elocuente de la degeneración moral generalizada, pero ningún judío era responsable en modo alguno de la política misma de genocidio, algo que resultaba tan evidente para Arendt como para cualquier otra persona.

De buena o de mala fe, la incapacidad de sus lectores judíos para reconocer dónde radicaba y dónde no la auténtica responsabilidad fue para Arendt un indicador de la total inversión de la tesis socrática «Es mejor sufrir la injusticia que cometerla». En efecto, no sólo les parecía comprensible y aceptable, sino incluso «responsable» (así se dijo), bajo el régimen nazi que los ancianos judíos hubieran llevado a cabo la injusticia de elegir a los menos «famosos» para enviarlos en primer lugar a la muerte en lugar de sufrir ellos la injusticia. Cuando el dictamen popular lo sentenció a muerte, Sócrates examinó su situación y decidió permanecer y morir en Atenas a escapar y vivir una vida sin sentido en cualquier otro lugar, y para Arendt ese ejemplo, más que cualquier argumento, hacía de aquella proposición el

4. La importancia, tan mal comprendida, que tenía para Arendt su experiencia como judía, incluidas sus opiniones sobre el sionismo y la formación del Estado de Israel, serán el objeto de un próximo volumen que recoge sus escritos inéditos y dispersos.

principio fundacional del pensamiento moral de Occidente.[5] Sócrates vivió en un pasado remoto, bajo un régimen que puede haber sido corrupto, pero que ciertamente no era perverso en el sentido de la Alemania hitleriana. Sin embargo, ¿no es el objeto de los principios morales trascender el tiempo histórico y las contingencias de este mundo?

Eichmann suscitó diversas reacciones, no menos sorprendentes para Arendt. Se dijo a menudo, por ejemplo, que hay un Eichmann en cada uno de nosotros, lo que quiere decir que, en las condiciones en que vivimos todos, queramos o no, somos simplemente un «diente» en el engranaje de una máquina, con lo que se viene abajo la distinción entre comportamiento responsable e irresponsable. Para Arendt, la principal virtud del juicio celebrado en Jerusalén, como de cualquier juicio, fue que no trató al acusado Eichmann, el asesino de despacho por excelencia, como un diente de engranaje, sino como un individuo que se jugaba la vida, un hombre concreto al que había que juzgar por su responsabilidad concreta en la muerte de millones de seres humanos. Él mismo no había cometido los asesinatos, pero los había hecho posibles proporcionando las víctimas, reuniéndolos y enviándolos como rebaños a las fábricas de la muerte de Auschwitz. En último término, el tribunal consideró a Eichmann más culpable —y en eso Arendt coincidía con el tribunal— que aquellos que efectivamente manejaron los instrumentos de la destrucción física.

No referente a Eichmann, pero extrañamente afín a ésta, fue otra reacción (mencionada en «Responsabilidad personal bajo una dictadura») en la que se daba a entender que, bajo el terror de la dominación nazi, la tentación de no obrar correctamente equivalía a verse forzado a actuar mal y, en tales circunstancias, no podía esperarse de nadie que actuara como un santo. Pero si uno lee lo que Arendt escribió en *Eichmann*, queda claro que fue el fiscal israelí, no ella, quien planteó la cuestión de por qué los judíos no se habían resistido y en algunos casos habían incluso facilitado el proceso de exterminio. Para Arendt, el hecho de introducir la noción de tentación era un indicio más de desplazamiento moral, pues choca con la más ele-

5. En «Algunas cuestiones de filosofía moral», Arendt dejó claro que no consideraba la vida de Sócrates «política», por más que su muerte se revelara decisiva para la filosofía política de Platón. Cuando fue llamado a ello, Sócrates cumplió su deber de ciudadano ateniense luchando como soldado y actuando al menos una vez como representante oficial de Atenas. Pero prefería reflexionar consigo mismo y con sus amigos a relacionarse con la «multitud», y en ese sentido su juicio y su actuación cuando se le condenó a muerte fueron morales más que políticos.

mental noción de libertad humana. La moral se basa en la libertad de elegir, ante la cual tentación y violencia no son nunca lo mismo; la tentación no puede ser, como dijo Arendt, «una justificación moral» de acto alguno, mientras que la violencia tiene escasa o ninguna consecuencia moral para los que la sufren.

Al menos en una ocasión se ha dicho que, puesto que «el asesinato de seis millones de judíos europeos» era «la máxima tragedia de los tiempos modernos», *Eichmann* era «la más interesante y conmovedora obra de arte de los últimos diez años».[6] Arendt consideraba que la lógica subyacente a semejante reacción estaba totalmente fuera de lugar. A diferencia de Dostoievski o Melville, ella no había concebido una tragedia en su cabeza, sino que había examinado los hechos acaecidos en un proceso judicial determinado. Para ella, la única cuestión pertinente que se ventilaba en el proceso era un juicio (en último término, el suyo propio, no el del tribunal) que pusiera de manifiesto la responsabilidad de Eichmann por haber atentado contra la pluralidad «del género humano en su conjunto, [...] contra la diversidad humana como tal, [...] sin la cual ya las mismas palabras "género humano" o "humanidad" quedarían desprovistas de sentido». En otros términos, en el juicio de Eichmann, Arendt descubrió en qué sentido sus crímenes podían con toda justicia considerarse crímenes contra la humanidad, contra la condición humana, contra cada ser humano.

Se dijo también que el concepto de banalidad del mal presentaba una teoría difícil de refutar debido a su carácter *plausible*, reacción que se repite hoy día con el uso incesante de esa expresión en los relatos periodísticos de delitos comunes y de poca monta. Para Arendt, la banalidad del mal no era una teoría ni una doctrina, sino que representaba la naturaleza factual del mal perpetrado por un ser humano irreflexivo, por alguien que nunca ha pensado lo que hace, ya sea en su carrera como oficial de la Gestapo encargado del transporte de judíos, ya sea en el banquillo de los acusados. Todo el desarrollo del juicio corroboró y confirmó este extremo. El hecho bruto de la banalidad del mal sorprendió y horrorizó a Arendt porque, como ella misma dijo, «contradice nuestras teorías sobre el mal», apuntando a algo que, siendo «verdad», no es menos «plausible». En *Eichmann*, Arendt no soñó ni imaginó ni pensó siquiera en el concepto de banalidad del mal. Era, decía ella, un «desafío para el pensamiento».

Salvo en un caso, las conferencias y ensayos recogidos en este volumen son de fechas posteriores al juicio y representan en varios sen-

6. Susan Sontag, *New York Herald Tribune*, 1 de marzo de 1964.

tidos la lucha de Arendt por comprender el significado de la incapacidad de Eichmann para pensar. Eichmann destacaba sobre el vasto contexto histórico que Arendt había explorado en *Los orígenes del totalitarismo* y en *La condición humana** como un individuo privado, un hombre normal y corriente, un «bufón» y, como tal, con pocas posibilidades de hacer el mal. Arendt, por su parte, quedó impresionada por el hecho de que la banalidad de Eichmann, su total falta de espontaneidad, no hacía de él ni un «monstruo» ni un «demonio», pero sí un agente del mal más absoluto. Dicha percepción fue el catalizador de la concepción que finalmente tuvo Arendt de los principales temas abordados en el presente volumen: responsabilidad y juicio.

¿Hay acaso algo más que no se haya dicho pero que estuviera en la base de aquellos malentendidos, así como de muchos otros de los que todavía no se ha dicho nada, en relación con lo que ella escribió en *Eichmann*?[7] Si hay algo de eso, sospecho que es el problema, realmente desconcertante, de la conciencia de Eichmann, que nadie aparte de Arendt ha visto, comprendido o tratado de abordar. Esa carencia es llamativa al menos en dos sentidos: en primer lugar, en su declaración Eichmann dio sobradas pruebas de poseer lo que comúnmente llamamos «conciencia». Al ser interrogado por la policía israelí, declaró «que había vivido toda su vida con arreglo a los principios de la moral kantiana», que había actuado «conforme a la definición kantiana del deber», que no simplemente había obedecido las leyes de la Alemania de Hitler, sino que había identificado su voluntad «con el principio subyacente a las leyes».[8] En segundo lugar (aunque esto suele negarse casi siempre), no hay ninguna otra cosa que demuestre de manera más concluyente que, al enfrentarse a la evidencia proporcionada por Eichmann, Arendt hizo exactamente lo que decía hacer, informando sobre lo que salió a la luz en el curso del juicio, aunque bien es cierto que con un nivel de complejidad que ra-

* Barcelona, Paidós, 1993; nueva edición en la colección Surcos, 2005.

7. Para una relación completa de los abundantes artículos y libros que han contribuido a la controversia en los años inmediatamente siguientes a la publicación de *Eichmann*, véase R. L. Braham, *The Eichmann Case: A Source Book*, Nueva York Federation of Hungarian Jews, 1969. Desde 1969, la práctica totalidad de los variados libros sobre Arendt se han ocupado del concepto de la banalidad del mal sin llegar a nada que se parezca a un consenso acerca de su significado, haciendo de *Eichmann* uno de los libros más discutidos jamás escritos.

8. El «principio» de Eichmann era la voluntad de Hitler, no la razón práctica de Kant.

ramente suele darse en esa clase de reportajes. El que la «conciencia» de Eichmann saliera a la luz en el curso del juicio forma parte integrante del significado de la banalidad del mal —fue la evidencia de la primera lo que cristalizó en el concepto de la segunda—, pero por eso mismo hay que añadir que, a lo largo de sus estudios teóricos sobre el mal, la banalidad de Eichmann ha puesto de manifiesto la reticencia de filósofos, psicólogos y otros estudiosos cuya inteligencia está fuera de duda, a analizar el fenómeno de la conciencia humana. Tienden, por el contrario, a concebirla como la racionalización de una motivación, o como una emoción irresistible, o como una «prescripción» para la acción, o —más sutilmente— como una intención sumergida en el inconsciente. Por la razón que sea, el fenómeno de la conciencia parece resistirse al análisis.

Fuere ello lo que fuese, y sin pretender construir una teoría del concepto de banalidad del mal, en «El pensar y las reflexiones morales», Arendt se planteó a sí misma la pregunta kantiana: «¿Con qué derecho hice mío y utilicé [el concepto]?». No es casualidad que en ese texto, y con mayor detalle en las conferencias que integran «Algunas cuestiones de filosofía moral», Arendt procediera mediante la observación de las experiencias cristalizadas en la etimología latina de la palabra «conciencia» y sus parientes griegas, haciendo notar el decisivo cambio de una función negativa a una función positiva de la conciencia que tuvo lugar con la llegada del cristianismo y el descubrimiento de la voluntad, y finalmente llegando a la conclusión de que la realidad fenoménica de la conciencia puede descubrirse donde raramente se ha buscado: en el ejercicio de la facultad de juzgar. Es casi como si llevara la palabra «conciencia» a juicio, acribillándola a preguntas cuyas raíces, si bien enterradas en el pasado histórico, crecían y se alimentaban en la mente de la autora. Ese juicio, en el que Arendt aparece como apasionado procurador y como juez imparcial, empezó en Jerusalén, pero no terminó allí ni ha terminado todavía. Ciertamente, en estas investigaciones, que incluyen un texto que Arendt dejó inacabado y se publicó después de su muerte, *La vida del espíritu*,* está en juego mucho más que el intento de poner fin a la controversia que rodeó *Eichmann*, cosa que desde luego no han logrado.

Lo que está en juego es el esfuerzo de Arendt por comprender de una nueva manera el significado de la moral como el conocimiento de la diferencia entre lo justo y lo injusto, entre el bien y el mal. Fue Friedrich Nietzsche, el pensador y filólogo con quien unía a Arendt

* Barcelona, Paidós, 2002.

una profunda relación debida a una configuración mental parecida más que a una influencia intelectual —debida, en suma, a una común capacidad intuitiva más que a coincidencias de sistema filosófico—, quien dejó dicho que la moral y la ética no son más que lo que denotan: *costumbres y hábitos*. En su país natal, Arendt vio cómo lo que ella y muchos otros habían dado por descontado, una estructura moral aparentemente sana y segura, se venía abajo bajo el régimen nazi, hasta el extremo de convertir el mandamiento «No matarás» en «Matarás»; y luego, después de la Segunda Guerra Mundial, vio cómo se volvía a invocar la estructura anterior. Pero entonces, ¿qué garantías de seguridad podía dar? ¿No había quedado finalmente demostrado que Nietzsche tenía razón al sostener que los principios de los que derivan las normas y pautas de la conducta humana son valores *intercambiables*? Por más que uno pudiera esperar que Arendt estuviera de acuerdo con eso, lo cierto es que no lo estaba. Creía que la «imperecedera grandeza» de Nietzsche no radica en el hecho de haber mostrado la moral tal como es, sino en haberse «atrevido a demostrar hasta qué punto se ha vuelto mezquina e insignificante», que es algo muy diferente. Al igual que Nietzsche, rechazaba la imposición y la aceptación de normas y valores cuya fuente sea la ley divina o la ley natural y bajo la cual todos los casos particulares queden subsumidos, pero, a diferencia de él, Arendt se sentía auténticamente perpleja ante el hecho de que en dos mil quinientos años «la literatura, la filosofía y la religión» no hayan logrado proponer «otra palabra» para designar la moral o para sus «prédicas acerca de la existencia de una "conciencia" que habla con idéntica voz a todos los hombres». Por encima de todo, su perplejidad estaba motivada por el hecho de que algunas personas distinguen realmente lo que está bien de lo que está mal y, lo que es aún más importante, en toda circunstancia, mientras *puedan*, actuarán con arreglo a las distinciones que ellas mismas han hecho. A pesar de no ser santos ni héroes y aunque no oyen la voz de Dios ni ven gracias a la luz universal de la naturaleza (*lumen naturale*), conocen y respetan la diferencia entre el bien y el mal. En el mundo revelado por el siglo XX, este hecho resultaba demasiado portentoso como para dejarlo pasar como debido a una innata «nobleza» de carácter.

Desde la década de 1940 hasta la muerte de Stalin en 1953, por lo menos, el leitmotiv de la obra de Arendt fue lo que ella llamaba el mal «radical» o «absoluto» del totalitarismo: la aniquilación en masa de seres humanos llevada a cabo por el nazismo y el bolchevismo sin objeto humanamente comprensible. El totalitarismo desafiaba y violaba la razón humana y, destruyendo las categorías tradicionales que utilizamos para comprender la política, el derecho y la moral, desgarraba el tejido inteligible de la experiencia humana. La posibilidad de demoler el mundo humano, aunque totalmente carente de precedentes, quedó demostrada en los «experimentos» llevados a cabo en los «laboratorios» de los campos de concentración totalitarios. En ellos, la existencia de seres específicamente humanos, la sustancia misma de la idea de humanidad, quedó aniquilada; las vidas humanas se volvieron «superfluas» a base de transformarlas en materia «inanimada» con la que alimentar las máquinas de exterminio que aceleraban el movimiento de las leyes ideológicas de la naturaleza y la historia.[9] El mal de la dominación totalitaria del siglo XX era, obviamente, desconocido para Nietzsche o para cualquier otro que antes de él hubiera reflexionado sobre el inveterado problema del mal humano. Al llamarlo «radical», Arendt quería decir que la raíz del mal había aparecido por primera vez en el mundo.

Pero lo que la propia Arendt no había descubierto antes de encontrarse con la incapacidad de Eichmann para reflexionar sobre lo que había hecho, lo cual nuestra autora distinguía de la estupidez, era que ese mal podía propagarse *sin límites* a través de la Tierra. Y el rasgo más llamativo de esa difusión era que no necesitaba nutrirse de ninguna clase de ideología. El mal humano carece de límites cuando no provoca remordimiento alguno, cuando sus actos se olvidan tan pronto como se cometen. Sólo entonces, creía ella, la disposición de los individuos no necesariamente a oponerse, pero sí a abstenerse de hacer el mal, a rechazar o a no dejarse tentar siquiera por el mal, exigía que todo el mundo, no sólo los filósofos y otros intelectuales, dirigiera su atención a lo que «a falta de otro término mejor», como decía ella, «llamamos moral». Dicho de otro modo, en estos últimos escritos Arendt se proponía salvar los fenómenos morales y, al mismo tiempo, mostrar que la conciencia no es, como pensaba Nietzsche, un simple epifenómeno tardío en la «genealogía de la moral». De un modo u otro, todas las piezas de esta colección de textos pueden leerse como

9. En la Alemania nazi, la «ley» de la naturaleza mandaba crear una raza de amos, lo que implica lógicamente el exterminio de todas las razas declaradas «no aptas para la vida»; en el bolchevismo, la «ley» de la historia mandaba crear una sociedad sin clases, lo que implicaba lógicamente la liquidación de todas las clases «moribundas», es decir, las clases formadas por aquellos que estaban «condenados a muerte». El lector encontrará escasas menciones del bolchevismo en la presente colección de textos, debido a que la cuestión quedaba enmascarada por la hipocresía. Moralmente, aunque no socialmente, el nazismo fue el movimiento más revolucionario.

relatos del ausente «término mejor», exactamente como uno de ellos, «*El Vicario*: ¿silencio culpable?», puede leerse también como el relato de un Papa ausente. Arendt escribió *Eichmann* en un estado de «euforia», no porque el mal sin raíces pudiera ser pensado, sino porque podía ser superado por el *pensamiento*.

Pero sin duda todo esto ha de sonar poco familiar y extraño a los lectores que consideran, con razón, que la política es el principal centro de atención de la obra de Arendt. En muchos lugares distinguió la política de la moral, análogamente a como Maquiavelo había hecho mucho antes que ella, en el Renacimiento. Aquí, en «Responsabilidad colectiva», establece esa distinción de manera inequívoca: «En el centro de las consideraciones morales de la conducta humana se halla el Yo; en el centro de las consideraciones políticas se halla el mundo». Esta tesis puede reforzarse aún más añadiendo que la moral, así como la religión, tienden a negar (aunque no a destruir, como hizo el totalitarismo) la propensión política fundamental, arraigada en la condición de la pluralidad humana, a ocuparse más del mundo que de uno mismo o de la salvación de la propia alma. ¿Acaso las «verdades» y las «normas verdaderas», independientemente de si son fruto de la contemplación filosófica o de la meditación espiritual, no son actualizadas en la mente, «vistas» por el ojo de la mente en lo que, desde el punto de vista del mundo, es la más intensamente privada de las experiencias? Teóricamente, desde ese punto de vista, tales verdades impiden a quienes las tienen por «absolutas» participar en los asuntos públicos, pues la actividad política auténtica, que por definición depende del acuerdo no forzado de los demás, no puede dar fácil acomodo a nadie que responda ante leyes «más altas» que las proclamadas públicamente y sujetas a pública revisión. En este punto, Arendt estaba muy próxima a Maquiavelo: cuando se proclaman mandamientos morales y religiosos en abierto desafío de la diversidad de las opiniones humanas, esos mandamientos corrompen el mundo y se corrompen ellos mismos.

Más aún, si la libertad humana, como creía Arendt, es la razón de ser de la política y si la experiencia de la libertad sólo deja de ser ambigua en la acción, cosa que también creía, a despecho de Kant, entonces, al distinguir el pensamiento de la acción, no hace sino señalar dos actividades que difieren esencialmente entre sí. El pensamiento es *auto*rreflexivo, mientras que un agente sólo puede actuar con otros individuos distintos de él; y la actividad de pensar, que tiene lugar en solitud, se detiene cuando el que piensa empieza a actuar, del mismo modo que la actividad de actuar, que exige la compañía de otros, se detiene cuando un agente empieza a pensar para sí. Pero en su preocupación por las *actividades* mismas más que por los resultados del pensamiento o la acción, Arendt dio un paso en la dirección de Kant. Puesto que el resultado de nuestros actos está determinado de manera contingente y no autónoma, casi siempre por las reacciones de los demás ante lo que intentamos llevar a cabo, Kant, en su filosofía moral, situó la libertad en nuestra motivación para actuar, nuestra decisión consciente y no forzada de obedecer la ley que nosotros mismos hemos establecido, la «ley de la libertad» y su «imperativo categórico». Por la misma razón, puesto que no podemos conocer de antemano los resultados de lo que estamos haciendo cuando actuamos con otros, Arendt vio la experiencia de la libertad actualizada en el proceso de iniciación, en la introducción de algo nuevo en el mundo, sea ello finalmente lo que sea. Arendt vio que lo que Kant entendía por libertad humana, esto es, autonomía, no depende de la obediencia a la ley, que por definición niega la libertad, sino de la *aparición* en el mundo de la persona o personalidad moral que encarna la ley. Arendt convenía en que esa persona kantiana (el término «moral» resulta aquí redundante) se autoconstituye en la actividad de la autorreflexión, y en ello radica el problema. Cuando esa persona aparece en medio de sus congéneres, se destaca de ellos en el sentido de que es responsable sólo ante sí misma: para ella, cualquier inclinación, tanto a obrar bien como a obrar mal, es una tentación que la «desvía» de sí misma para hundirla en el mundo, por lo cual hay que resistir a esa inclinación. El imperativo categórico puede ciertamente ser la formulación más convincente jamás ofrecida de la noción tradicional de conciencia moral; el propio Kant lo concebía como una «brújula» basada en la ley universal de la razón práctica pura, que distinguía lo bueno de lo malo y que estaba a disposición de toda criatura racional. Pero para Arendt era insuficientemente político, pues el agente obediente no asume responsabilidad alguna por las consecuencias de sus actos, dado que la noción kantiana de deber, tal como mostró Eichmann, puede llegar a pervertirse y dado que (si bien Kant, por supuesto, no sabía nada de eso) el carácter ilimitado del mal hecho irreflexivamente escapa al alcance de dicho concepto de deber.

Otro ingrediente que habría que añadir a esta visión sucinta de la preocupación de Arendt por lo que solemos concebir como moral es el ejemplo de Jesús de Nazaret. En su amor por la acción, por hacer el bien —de realizar lo nunca visto haciendo «milagros» y de permitir empezar de cero perdonando las transgresiones—, que en su pura energía ella comparaba con el amor de Sócrates por el pensamiento,

Arendt distinguía atinadamente a Jesús del Cristo Salvador de los pecadores, propio de la religión cristiana. Lo que cuenta sobre todo en este contexto es la insistencia de Jesús en que, para hacer el bien, la bondad de lo que se hace debe quedar oculta no sólo a los ojos de los demás, sino también a los ojos de quien lo hace (su mano izquierda no debe saber qué hace la mano derecha), lo que para Arendt indicaba el altruismo del agente, la ausencia del yo de éste y no simplemente de su fariseísmo. En este sentido, el que obra bien está más solo en el mundo incluso que el pensador, pues no se tiene ni siquiera a sí mismo por compañía. ¿Cómo hemos de entender, entonces, la distinción entre el bien y el mal, sobre la que tanto insistió el Nazareno, a no ser que su origen radique en la acción desinteresada y no, como Kant pensaba, en el pensamiento autorreflexivo? La sublime y revolucionaria despreocupación de Jesús (cuando se le preguntaba: «¿Qué he de hacer?», respondía: «Sígueme, haz lo que yo hago, no te preocupes por el mañana») supone una ausencia de preocupación por la estabilización de instituciones, quizás incluso por la vida misma, rasgos ambos que se reflejan claramente en las creencias escatológicas de los primeros cristianos. Pero traen también a las mientes, y pueden en parte explicar, la interpretación que hace Arendt de la *virtù* maquiaveliana como virtuosismo.[10]

No ha habido seguramente ningún virtuoso de la acción mayor que Jesús. El rasgo distintivo de la concepción arendtiana de la acción, como algo opuesto a la conducta, es que tiene su propio fin en sí misma. Puesto que las metas perseguidas por algunos agentes entran inevitablemente en conflicto con las perseguidas por otros, el significado de la acción, si es que tiene alguno, debe radicar en ella misma. Para Arendt, esto distinguía la acción no sólo del esfuerzo por la vida, sino también de cualquier tipo de obrar, pues el fin del obrar no radica en la actividad, sino fuera y más allá de él en todo lo que obra, incluidos los productos del arte creativo que enriquecen y embellecen el mundo. Arendt creía que Maquiavelo compartía su concepción de la acción como la única actividad pura y perfecta de la vida activa y que Jesús, en su «despreocupación», es decir, en su *carencia de metas*, era el vivo ejemplo de ello. El problema que todo esto plantea es *quién* es bueno, sobre todo teniendo en cuenta que Je-

10. El hecho de fijarse, dentro de un intervalo de dos mil años y entre tantos personajes, en Jesús y Maquiavelo arroja luz sobre la audacia y, a la vez, el riesgo, el carácter iconoclasta, de la manera de pensar de Arendt tras la ruptura de la tradición intelectual de Occidente.

sús negó que él lo fuera, pero también porque Maquiavelo se consideraba a sí mismo obligado a enseñar a los príncipes cómo *no* ser buenos. Según Arendt, el carácter único del agente, manifestado en la acción, puede aparecer a los ojos de los demás como «gloria» o «grandeza», pero no puede aparecer como el único bueno. La razón de ello es doble: si lo que se entiende por moral se define en función de reglas, tal como era el caso tanto para Jesús como para Maquiavelo, no hay nada de exclusivo en el hecho de acatar dichas reglas; y aún, tanto para Jesús como para Maquiavelo y casi exactamente en el mismo sentido, si hacer el bien es ser bueno, ello no debe aparecer como tal en el mundo.

¿En virtud de qué, pues, es bueno? Cuando Jesús nos invita a presentar la otra mejilla cuando nos abofetean, a no dar simplemente nuestro manto cuando nos lo piden, sino también nuestra capa y, en definitiva, a no amar sólo a nuestro prójimo como a nosotros mismos, sino también a nuestros enemigos, puede dejar a un lado las reglas de la moral tradicional o, más bien, considerarlas insuficientes. Ni Jesús ni Maquiavelo se sentían ligados por las normas convencionales y ambos brindaron ejemplos de acción cuyos principios salían a relucir en la acción misma. Entre dichos principios figuraban la fe y el coraje, pero no la desconfianza ni el odio, que no pueden pretender gloria ni grandeza. Es evidente que la anterior comparación entre Jesús y Maquiavelo tiene sus límites. Lo que he tratado de mostrar es que ambos eran agentes desinteresados (en el caso de Maquiavelo, un agente frustrado, un fundador potencial de la república) y que ninguno de ellos era filósofo, lo que apunta a su falta de interés por la voluntad, la facultad mental que nos mueve a actuar. Con el advenimiento del cristianismo, los teólogos se fijaron en la facultad de la voluntad como decisiva para determinar si se obtenía la bendición celeste o el tormento infernal como condición de una vida *futura* del individuo, su vida eterna tras la muerte. Arendt consideraba a Pablo, en oposición a Jesús, el fundador no sólo de la religión, sino también de la *filosofía* cristiana, quien en su esfuerzo por hacerse merecedor de la salvación descubrió que no era capaz de hacer el bien que quería; lo que descubrió, en otras palabras, fue que el *quiero* no coincide con el *puedo*. Mientras Pablo veía en esa falta de coincidencia una contradicción entre el espíritu y el cuerpo, que requería de la gracia divina para subsanarse, Agustín radicalizó posteriormente su doctrina. Agustín situaba la contradicción en el interior de la propia voluntad, en el libre albedrío *como su causa propia*. Para él no era el cuerpo el que desobedecía a la voluntad, sino la voluntad la que se desobedecía a sí misma. Como *conciencia*, en tanto que consciente de la diferencia entre el bien y el mal, la voluntad es positiva: manda lo que debe hacerse, pero al mismo tiempo, en su libertad, impide lo que manda.

Arendt, sobre la que Agustín ejerció gran influencia, vio que la incapacidad de la voluntad para hacer el bien que ella misma quiere suscitaba inquietantes cuestiones morales: si está enfrentada consigo misma, ¿puede la voluntad hacer alguna vez el bien? «Y, sin embargo, sin voluntad, ¿cómo podría verme impulsado a actuar?» Arendt estaba muy en deuda con Agustín por su experiencia del *pensamiento* como una actividad guiada por el amor de la bondad de lo existente. Dado que el pensamiento no puede estar guiado por el mal, pues el mal destruye lo que existe, acabó por creer que la actividad del pensar condiciona a todo aquel que la emprende con el fin de evitar obrar mal. Pero por muy importante que fuera para ella, no llegó a sostener que el pensamiento determine la bondad de los actos concretos,[11] lo que es tanto como decir que el pensamiento, por sí mismo, no resuelve el problema de la acción tal como se presenta en la contradictoriedad interna de la voluntad. En relación con la espontaneidad de la acción, el libre albedrío es un *abismo*.

En un esbozo posterior (1973) de unas observaciones presentadas a la American Society of Christian Ethics,[12] Arendt dijo que «por primera vez desde la Antigüedad» vivimos en un mundo carente de la estabilidad que da la autoridad y particularmente, por lo que se refiere a la acción moral, la autoridad de la Iglesia.[13] Durante siglos, la autoridad de la Iglesia mantuvo en suspenso las oscilaciones de la voluntad, frenando la acción con la amenaza de la condenación, pero ahora, según ella, apenas queda alguien, y mucho menos las masas, que crea en semejante autoridad. Dado que para ella acción y comienzo eran la misma cosa, Arendt llamó entonces la atención sobre el hecho de que todos los comienzos contienen «un elemento de pura arbitrariedad», y relacionaba dicha arbitrariedad con la natalidad como condición accidental de nuestro nacimiento. Quería decir, por un lado, que los encuentros de nuestros padres, abuelos y ancestros, por muy

11. Heidegger constituye un ejemplo de ello, pero no es en absoluto el único. Arendt creía que, en parte, la *déformation professionelle* de los filósofos era una cierta proclividad a la tiranía.

12. Al parecer, dichas observaciones eran la respuesta de Arendt a varios artículos presentados sobre su obra.

13. La tan discutida «preferencia» de Arendt por la Antigüedad frente a la Modernidad aparece aquí como *similitud*; mirando la Antigüedad podemos vernos a nosotros mismos desde cierta distancia, es decir, con imparcialidad.

atrás que nos remontemos en la genealogía, son siempre hechos contingentes o azarosos, sin ninguna causa necesaria. Por otro lado, quería decir que la contingencia de nuestro comienzo es el precio que pagamos por ser libres, por ser capaces de experimentar la libertad como un comienzo. Para Arendt, la contingencia de la libertad humana es la auténtica crisis en que vivimos hoy día; no es posible eludirla, y la única pregunta con sentido que podemos hacernos es si nuestra libertad nos gusta o no, si estamos dispuestos o no a pagar su precio.

En sus observaciones, Arendt llegó a decir que el pensamiento socrático, el pensamiento en su «función mayéutica» o de «partería», *corresponde* a nuestra crisis al prepararnos para el encuentro con lo que aparezca, sea lo que sea lo que nos depare, por así decir, el futuro. Al poner en tela de juicio las opiniones y prejuicios (juicios previos) de sus interlocutores, Sócrates nunca descubrió «ningún chico [...] que no resultase huero», lo que para Arendt significaba que al terminar aquel ejercicio de pensamiento, no sólo sus interlocutores, sino también Sócrates, estaban «vacíos». «Una vez que te quedas vacío —decía—, estás preparado para juzgar» *sin* someter los casos particulares a reglas y normas que se han desvanecido en el viento del pensar. Pero no hay ninguna necesidad de juzgar. Si se ejerce el juicio, uno se topa con los fenómenos «de frente», con toda su contingente realidad: *esto* es bueno, *aquello* es malo, *esto* está bien y *aquello* está mal. Arendt creía que *podemos* juzgar los fenómenos morales y políticos al igual que juzgamos que una rosa que brota en nuestro jardín, y no cualquier otra rosa, es bella. Dicho de otro modo, nuestro juicio en estos asuntos es libre, razón por la cual Arendt, en «Algunas cuestiones de filosofía moral», lo consideró relacionado con la libre elección (*liberum arbitrium*) de la voluntad, la función arbitral que Agustín distinguió en la voluntad antes de descubrir y centrarse en la contradicción interna de la voluntad. Arendt entendió que el juez es un árbitro de la «pura arbitrariedad» de todos los comienzos y que el juicio es una facultad distinta de la voluntad, una facultad que Kant, muchos siglos después de Agustín, descubrió en el ámbito de la estética. Sería interesante especular, aunque no es éste el lugar para ello, sobre la pertinencia para estas cuestiones del papel desempeñado por Agustín en el establecimiento de la autoridad de la Iglesia, así como sobre el hecho de que Kant hizo su descubrimiento con ocasión de un acontecimiento sin precedentes, la Revolución francesa, que le interesó vivamente.

En sus observaciones, Arendt indicaba que el carácter «imperecedero» de las obras de arte productivo, el hecho de que podamos juzgarlas bellas al cabo de centenares o miles de años, introduce en nuestra experiencia el carácter perdurable del pasado y, por ende, la estabilidad del mundo. Pero a diferencia de las artes productivas que refuerzan la estructura del mundo, la acción, sin ningún plan ni paradigma, *cambia* dicha estructura. La acción, como atestigua el siglo XX, demuestra la fragilidad y maleabilidad del mundo que late en la abisal libertad de la voluntad. Y sin embargo, según Arendt, pese a su «azarosa» y «caótica» contingencia, *una vez concluida*, puede hacerse un relato que «da sentido» a la acción. «¿Cómo es posible?», se pregunta. En oposición a los filósofos de la historia, que suelen interpretar los resultados de la acción en términos de progreso o decadencia, lo que interesaba a Arendt era la acción libre, cuyos resultados se desconocen mientras la acción se está realizando. Si la facultad de juicio se mantiene al margen de la acción para hacer encajar ésta en un relato, debe ser también operativa en el actor, que Arendt comparaba con un intérprete escénico. Si bien la interpretación del actor desaparece tan pronto como concluye, mientras dura «ilumina» el principio que la inspira. El actor juzga espontáneamente ese principio como adecuado para su aparición en el mundo: le agrada y su acción apela a los demás, una apelación que también les agradará a éstos. El actor que está demasiado ocupado como para pensar mientras actúa no es inconsciente, y toda actividad mental, según Arendt, se refleja en sí misma. Sin embargo, a diferencia del pensar y el querer, el juzgar está estrechamente relacionado con el sentido a él correspondiente, esto es, el gusto. La reflexividad del juzgar queda restringida por el «agrada» o «desagrada» del gusto, y cuando el juicio refleja el gusto de otros jueces, queda trascendida la inmediatez del gusto propio del juez. El acto de juzgar transforma el gusto, que es el más subjetivo de nuestros sentidos, en el *sentido común* específicamente humano por el que se orientan los hombres, los hombres que juzgan, en el mundo.

El juicio, pues, es una suerte de actividad equilibradora «congelada» en la figura de la balanza de la justicia que sopesa la estabilidad del mundo en que el pasado está presente *frente a* la renovación del mundo, su apertura a la acción, aun cuando ésta pueda hacer temblar la estructura misma del mundo. En su volumen no escrito sobre *El juicio*, puede que Arendt haya puesto las rayas sobre las *tes* y los puntos sobre las *íes* a las que ella misma aludía al final de «Algunas cuestiones de filosofía moral». Por supuesto, nadie puede decir cuál habría sido el contenido de ese volumen ni si habría resuelto los muchos problemas propios de la acción que Arendt distinguía en los escritos que componen la primera parte del presente volumen, «Responsabilidad». Con cierto grado de confianza puede decirse que la capacidad de pensar, de la que carecía Eichmann, es la precondición del juzgar, y que el rechazo, así como la incapacidad, de juzgar, de imaginarse ante uno a los demás a quienes nuestro juicio representa y a quienes responde, invita al mal a entrar en el mundo e infectarlo. Puede decirse también que la facultad de juzgar, a diferencia de la voluntad, no se contradice a sí misma: la capacidad de formular un juicio no queda separada de su expresión, de hecho, son prácticamente lo mismo tanto en las palabras como en los hechos. En cuanto al «término mejor» al que alude Arendt, cabría decir que el fenómeno de la conciencia es real al escuchar y prestar atención a las voces de los vivos y de los que ya no o todavía no lo están, que comparten un mundo mutuamente agradable y duradero, cuya posibilidad provoca y es a la vez el resultado del juicio. Cabría decir también que la capacidad de responder mediante un juicio imparcial —considerando y tratando con consideración el mayor número posible de puntos de vista— sobre lo adecuado o inadecuado de que determinados fenómenos aparezcan en el mundo crea una unión inconsútil entre política y moral en el ámbito de la acción. La segunda parte de este volumen, «Juicio», brinda ejemplos de la formidable capacidad de Arendt para responder de ese modo. Finalmente, cabría preguntarse si Arendt no se refería a la capacidad de juicio estrictamente moral cuando al final de «El pensar y las reflexiones morales» escribió que juzgar, «en los raros momentos en que se ha llegado a un punto crítico, puede prevenir catástrofes, al menos para mí».

JEROME KOHN

PRÓLOGO[1]

Desde el primer momento en que me llegó la noticia, más bien sorprendente, de vuestra decisión de elegirme como receptora del premio Sonning en reconocimiento de mi contribución a la civilización europea, he estado tratando de pensar qué podría decir en respuesta a ello. Visto desde la perspectiva de mi propia vida, por un lado, y de mi actitud general ante este tipo de actos, por otro lado, el simple hecho con el que me veo enfrentada ha suscitado en mí reacciones y reflexiones tan encontradas que no me ha resultado fácil hacerme a la idea. Ello sin contar, claro está, la gratitud de fondo que nos deja desarmados cuando nos ofrecen un auténtico regalo, es decir, algo que nos llega de manera realmente gratuita, cuando Fortuna nos sonríe, desdeñando olímpicamente todos los objetivos, expectativas o metas que hayamos podido concebir, de manera consciente o semiconsciente.

Permítanme intentarlo y enumerar todas esas cosas. Empezaré por lo puramente biográfico. No es poca cosa que le reconozcan haber contribuido a la civilización europea a alguien que dejó Europa hace treinta y cinco años de manera nada voluntaria y que luego se convirtió en ciudadana de Estados Unidos, de manera entera y conscientemente voluntaria, pues la República era ciertamente un Estado gobernado por la ley y no por los hombres. Lo que yo aprendí en esos años cruciales que median entre la inmigración y la naturalización fue algo equivalente a un curso autodidáctico sobre la filosofía política de los Padres Fundadores, y lo que me convenció fue la existencia real de un cuerpo político, claramente diferente de las naciones-Estado europeas con sus poblaciones homogéneas, su sentido orgánico de la historia, su más o menos decisiva división en clases y su soberanía nacional unida a la noción de *raison d'état*. La idea de que a la hora de la verdad hay que sacrificar la diversidad a la *union sacrée* de la nación, el mayor triunfo, en su momento, del poder de asimilación del grupo étnico dominante, sólo ahora ha empezado a derrumbarse bajo la presión de la amenazadora transformación de todos los go-

1. Discurso pronunciado por Hannah Arendt con ocasión de recibir el premio Sonning de Dinamarca en 1975. Para más detalles, véase la Introducción.

biernos —sin excluir el de Estados Unidos— en burocracias, que no son el gobierno de la ley ni el de los hombres, sino el de anónimos despachos o computadoras cuyo dominio totalmente despersonalizado puede acabar siendo una amenaza mayor para la libertad y para ese mínimo de civilidad sin el que ninguna vida en común es concebible que las más descaradas arbitrariedades de las tiranías pasadas. Pero esos peligros derivados de lo meramente mastodóntico combinado con la tecnocracia, cuyo dominio amenaza, de hecho, a toda forma de gobierno con su extinción, con su «disipación» —algo que al principio era sólo una ilusión ideológicamente bienintencionada cuyos rasgos de pesadilla sólo podía detectar el examen crítico—, no estaban todavía en la agenda de la política de cada día, y lo que me impactó cuando yo llegué a Estados Unidos fue precisamente la libertad de llegar a ser una ciudadana sin haber de pagar el precio de la asimilación.

Como saben, soy un espécimen judío *feminini generis*, según salta a la vista, nacido y educado en Alemania, como sin duda pueden apreciar al oírme, y formado en cierta medida por ocho largos y más bien felices años pasados en Francia. No sé en qué he contribuido a la civilización europea, pero debo admitir que durante todos estos años me he aferrado a esas raíces europeas en todos sus aspectos con una tenacidad rayana a veces en cierta forma ligeramente polémica de terquedad, dado que vivía, obviamente, rodeada de personas, a menudo viejos amigos, que se esforzaban enormemente por hacer exactamente lo contrario: echar el resto para comportarse, hablar y sentir como «auténticos americanos», siguiendo casi siempre la simple fuerza de la costumbre: la costumbre de vivir en una nación-Estado en la que habías de ser como un nativo si querías pertenecer a ella. Mi problema era que yo nunca había querido pertenecer, ni siquiera a Alemania y, por tanto, se me hacía difícil entender el enorme papel que la nostalgia de la patria desempeña, de manera bien natural, entre todos los inmigrantes, especialmente en Estados Unidos, donde el origen nacional, tras perder su pertinencia política, se convirtió en el más fuerte vínculo en la vida social y privada. Sin embargo, lo que para aquellos que me rodeaban era un país, quizás un paisaje, un conjunto de hábitos y tradiciones y, por encima de todo, una cierta mentalidad, para mí era una lengua. Y si yo alguna vez he hecho conscientemente algo por la civilización europea, desde luego no ha sido otra cosa sino el intento deliberado, desde el momento en que huí de Alemania, de no cambiar mi lengua materna por ninguna otra que se me ofreciera o se me obligara a usar. Me parecía que para la mayoría de la gente, es decir, para aquellos que no están especialmente dotados para los idiomas, la lengua materna es la única vara de medir segura para todas las otras lenguas que luego se puedan adquirir mediante el aprendizaje; y ello por la simple razón de que las palabras que usamos en la conversación ordinaria reciben su carga específica, aquella que guía nuestro uso y lo libra de clichés inconscientes a través de las múltiples asociaciones que de manera automática y singular surgen del acervo de la poesía con que esa lengua particular, y no otra cualquiera, ha sido agraciada.

La segunda cuestión que no podía dejar de merecer una consideración especial desde la perspectiva de mi propia vida tiene que ver con el país al que debo este reconocimiento. Siempre me ha fascinado la peculiar manera como el pueblo danés y su gobierno abordaron y resolvieron los problemas tremendamente explosivos planteados por la conquista nazi de Europa. A veces pienso que esa extraordinaria historia, de la que ustedes, por supuesto, saben más que yo, debería ser de lectura obligatoria en todos los cursos de ciencias políticas que traten de las relaciones entre el poder y la violencia, cuya frecuente equiparación es una de las falacias más frecuentes, no sólo de la teoría, sino también de la práctica política real. Ese episodio de vuestra historia brinda un ejemplo altamente instructivo del gran poder potencial que encierra la acción no violenta y la resistencia ante un adversario que esté en posesión de medios de fuerza enormemente superiores. Y dado que la victoria más espectacular en dicha batalla corresponde a la derrota de la «solución final» y a la salvación de casi todos los judíos que se hallaban en territorio danés, con independencia de su origen, ya fueran ciudadanos daneses o refugiados apátridas huidos de Alemania, parece lo más natural que los judíos supervivientes de la catástrofe se sientan unidos a este país de manera muy especial.

Hay dos cosas que encuentro particularmente impresionantes en esta historia. Está, *primero*, el hecho de que antes de la guerra Dinamarca no había tratado nada bien a sus refugiados; como otras naciones-Estado, les negaba la naturalización y el permiso de trabajo. Pese a la ausencia de antisemitismo, los judíos, como extranjeros, no eran bien recibidos, pero el derecho de asilo, que no se respetaba en ningún otro lugar, era considerado, al parecer, sacrosanto. En efecto, cuando los nazis exigieron al principio únicamente la deportación de personas apátridas, es decir, de refugiados alemanes a los que habían desposeído de la nacionalidad, los daneses explicaron que, puesto que aquellos refugiados no eran ya ciudadanos alemanes, los nazis no podían reclamarlos sin el consentimiento de Dinamarca. Y *segun-*

do, aunque hubo unos pocos países de la Europa ocupada por los nazis que lograron, por las buenas o por las malas, salvar a la mayoría de sus judíos, pienso que los daneses fueron los únicos que osaron hablar claramente del asunto a sus amos. Y el resultado fue que, bajo la presión de la opinión pública, y sin la amenaza de una resistencia armada de tácticas guerrilleras, las autoridades alemanas del país cambiaron de idea; dejaron de ser dignas de confianza, fueron superadas por lo que más habían despreciado: simples palabras, expresadas libre y públicamente. Eso no había ocurrido en ningún otro sitio.

Pasemos ahora a la otra faceta de estas consideraciones. Esta ceremonia de hoy es sin duda un acontecimiento público y el honor que ustedes le otorgan a su destinatario manifiesta el reconocimiento público de alguien que las circunstancias han transformado en una figura pública. A este respecto me temo que la elección que han hecho plantea algunas dudas. No quiero suscitar aquí la delicada cuestión del mérito; un honor, si lo entiendo bien, nos imparte una clara lección de humildad, pues implica que no nos corresponde juzgarnos a nosotros mismos, que no estamos en condiciones de juzgar nuestros propios logros al igual que juzgamos los de otros. Estoy bastante dispuesta a asumir esa necesaria humildad, pues siempre he creído que nadie puede conocerse a sí mismo, ya que nadie puede *aparecer* ante sí mismo como aparece ante los otros. Sólo el pobre Narciso se dejará seducir por su propio reflejo, pereciendo de amor por una ilusión. Pero aunque yo estoy dispuesta a ceder a la humildad cuando me enfrento al hecho obvio de que nadie puede ser juez de su propia causa, no estoy dispuesta a renunciar a mi facultad de juzgar en general y decir, como acaso un verdadero creyente cristiano diría: «¿A quién voy yo a juzgar?». Por pura inclinación personal o individual, yo estaría de acuerdo, pienso, con el poeta W. H. Auden:

> Private faces in public places
> Are wiser and nicer
> Than public faces in private places.*

En otras palabras, por temperamento e inclinación personal —cualidades psíquicas innatas que no necesariamente dan forma definitiva a nuestros juicios pero sí ciertamente a nuestros prejuicios e impulsos instintivos—, tiendo a rehuir la esfera pública. Esto puede

* «Rostros privados en lugares públicos / son más acertados y aceptables / que rostros públicos en lugares privados» [De W. H. Auden, «Shorts»]. (*N. del t.*)

sonar falso o inauténtico a quienes hayan leído algunos de mis libros y recuerden mi elogio, quizás incluso la glorificación, de la esfera pública como aquella que ofrece el espacio adecuado para la aparición del discurso y la acción políticos. En cuestiones de teoría y conocimiento no es infrecuente que los simples espectadores externos obtengan una percepción más ajustada y profunda del verdadero significado de lo que tiene lugar ante ellos o en torno a ellos que la que está al alcance de los actores y participantes efectivos, que quedan completamente absorbidos, como corresponde, por los propios acontecimientos de los que forman parte. Es desde luego muy posible saber y reflexionar acerca de la política sin ser lo que se llama un animal político.

Esos impulsos originales, defectos de nacimiento, si ustedes quieren, se vieron fuertemente reforzados por dos tendencias muy diferentes, ambas enemigas de todo lo público, que coincidieron de manera bastante natural durante la década de 1920, el período posterior a la Primera Guerra Mundial que ya entonces, al menos en opinión de la generación contemporánea joven, marcó el declive de Europa. Mi decisión de estudiar filosofía era bastante común entonces, aunque quizá no trivial, y ese compromiso con un *bíos theōrētikos*, con un estilo contemplativo de vida, ya entrañaba, aun quizá sin yo saberlo, una falta de compromiso con lo público. La exhortación del viejo Epicuro al filósofo, *lathē biōsas*, «vive retirado», a menudo mal comprendida como un consejo de prudencia, en realidad surge de manera bastante natural del estilo de vida del pensador. Pues pensar, en sí mismo, a diferencia de otras actividades humanas, no sólo es una actividad invisible —que no se manifiesta externamente—, sino también, y quizá de manera exclusiva, no tiene ninguna *urgencia* por aparecer y ni siquiera un moderado impulso de comunicarse con los demás. Desde Platón, el pensamiento se ha definido como un diálogo silencioso con uno mismo; es el único modo en que puedo hacerme compañía y estar contento de ella. La filosofía es una empresa solitaria, y no es sino natural que la necesidad de ella surja en épocas de transición, cuando los hombres dejan de confiar en la estabilidad del mundo y en su propio papel dentro de él, y cuando la pregunta por las condiciones generales de la vida humana, que como tales son propiamente contemporáneas de la aparición del hombre sobre la Tierra, se hace extrañamente perentoria. Puede que Hegel haya tenido razón: «La lechuza de Minerva despliega sus alas sólo al caer la noche».

Esta caída de la noche, el oscurecimiento de la escena pública, sin embargo, no tuvo en absoluto lugar en silencio. Por el contrario, nunca estuvo la escena pública tan llena de anuncios públicos, por lo general bastante optimistas, y el ruido propagado por el aire se componía no sólo de lemas propagandísticos de ambas ideologías antagónicas, cada una de las cuales prometía una nueva ola de futuro, sino también de declaraciones a ras de tierra hechas por respetables políticos y de declaraciones procedentes del centro izquierda, el centro derecha y el centro, todas las cuales han dado como resultado neto la desnaturalización de cada una de las cuestiones que han tocado, amén de confundir las mentes de sus audiencias. Este rechazo casi automático de todo lo público estaba ampliamente extendido en la Europa de la década de 1920 con sus «generaciones perdidas» —tal como se llamaban a sí mismas— que, por descontado, eran minorías en todos los países, vanguardias o élites, según cómo se las valorara. Que fueran pequeñas en número no las hace menos representativas del clima de su época, aunque puede explicar la curiosa tergiversación generalizada de los «locos años veinte», su exaltación y el casi completo olvido de la desintegración de todas las instituciones políticas que precedió a las grandes catástrofes de la década siguiente. Testimonios de este clima contrario a todo lo público, propio de la época, pueden encontrarse en la poesía, el arte y la filosofía; fue el decenio en que Heidegger descubrió *das man*, el «Ellos» en oposición al «auténtico ser un yo», y en que Bergson, en Francia, creyó necesario «recuperar el yo fundamental» frente a las «exigencias de la vida social en general y del lenguaje en particular». Fue ése el decenio del que Auden, en Inglaterra, dijo en cuatro versos algo que a muchos debe de haberles sonado demasiado tópico como para tener que decirlo:

> All words like Peace and Love,
> All sane affirmative speech,
> Had been soiled, profaned, debased
> To a horrid mechanical screech.*

Semejantes inclinaciones —¿idiosincrasias, cuestiones de gusto?— que he tratado de datar históricamente y explicar objetivamente, si se adquieren durante los años de formación, están predestinadas a prolongarse durante mucho tiempo. Pueden conducir a una pasión por el secreto y el anonimato, como si sólo contara personalmente para uno

* «Todas las palabras como paz y amor, / todo sano discurso afirmativo, / había quedado manchado, profanado, envilecido, / reducido a un horrísono chirrido mecánico» [De W. H. Auden, «We Too Had Known Golden Hours»]. (*N. del t.*)

lo que pudiera guardarse en secreto —«Nunca trates de declarar tu amor / Amor que nunca puede declararse» o «*Willst du dein Herz mir schenken, / So fang es heimlich an*»—* y como si tener un nombre públicamente conocido, es decir, la *fama*, sólo pudiera mancharle a uno con la inautenticidad del «Ellos» heideggeriano o con el «yo social» bergsoniano y corromperle el discurso con la vulgaridad del «horrísono chirrido mecánico» de Auden. Después de la Primera Guerra Mundial se dio una curiosa estructura social que ha escapado hasta el momento tanto a la atención de los críticos literarios profesionales como de los historiadores o científicos sociales profesionales, y cuya mejor descripción sería la de «sociedad de celebridades»; aún hoy día no sería demasiado difícil elaborar una lista de sus miembros, y uno no encontraría entre ellos ninguno de los nombres de quienes en definitiva resultaron ser los autores más influyentes de la época. Es verdad que ninguno de esos «internacionales» de la década de 1920 respondió demasiado bien a su expectativa colectiva de solidaridad en la década siguiente, pero también es irrefutable, creo yo, que ninguno de ellos se derrumbó más aprisa o sumió a los demás en un grado de desesperación mayor que el repentino desmoronamiento de esa sociedad apolítica cuyos miembros, mimados por el «radiante poder de la fama», tuvieron menos capacidad para hacer frente a la catástrofe que las anónimas multitudes a las que se desposeyó únicamente del poder protector de sus pasaportes. Me he basado en la autobiografía de Stefan Zweig, *El mundo de ayer*, que escribió y publicó poco antes de suicidarse. Hasta donde yo sé, es el único testimonio escrito de ese fenómeno tan escurridizo como enfermizo cuya simple aura de ilusión les garantizó, a quienes pudieron tostarse al sol de la fama, eso que hoy día llamaríamos su «identidad».

Si no fuera demasiado vieja como para adoptar sin hacer el ridículo los actuales hábitos lingüísticos de la joven generación, podría decir con toda verdad que la consecuencia más inmediata y, en mi caso, más lógica de este premio ha sido provocar una «crisis de identidad». Desde luego, la «sociedad de celebridades» no constituye ya una amenaza; gracias a Dios, ya no existe. Nada hay más efímero en este mundo, menos estable y sólido, que la forma de éxito que trae la fama; nada llega con más rapidez y presteza que el olvido. Estaría más en consonancia con mi generación —una generación vieja pero no del todo muerta— dejar a un lado todas estas consideraciones psicológicas y aceptar esta oportuna intromisión en mi

* «Si quieres entregarme tu corazón, / empieza por mantenerlo en secreto.» (*N. del t.*)

vida simplemente como un caso de buena suerte, pero sin olvidar en ningún caso que los dioses, al menos los dioses griegos, son irónicos y también tramposos. Algo parecido pasa con Sócrates, quien empezó a preocuparse y a poner en marcha su interrogación aporética después de que el oráculo délfico, conocido por su críptica ambigüedad, declarara que él era el más sabio de los mortales. Según el propio Sócrates, se trataba de una peligrosa hipérbole, quizás una indicación de que ningún hombre es sabio y de que Apolo había querido enseñarle cómo podía hacer palpable esa idea dejando atónitos a sus conciudadanos. Así pues, ¿qué pueden haber querido decir los dioses al hacer que ustedes seleccionen como receptora de un honor público a alguien como yo, que ni es una figura pública ni tiene ambición alguna de serlo?

Puesto que todo este lío tiene, obviamente, algo que ver conmigo como persona, permítaseme plantear de otra manera el problema de verme súbitamente transformada en una figura pública por la innegable fuerza, no de la fama, sino del reconocimiento público. Permítanme recordarles el origen etimológico de la palabra «persona», que ha sido adoptada, prácticamente sin cambios, del latín *persona* por las lenguas europeas con la misma unanimidad, por ejemplo, con que la palabra «política» se ha derivado del griego *polis*. No carece, desde luego, de significado que una palabra tan importante en nuestros vocabularios actuales, que usamos en toda Europa para tratar una gran variedad de asuntos jurídicos, políticos y filosóficos, derive de una misma fuente antigua. Este antiguo vocabulario proporciona algo así como la cuerda fundamental que, con todo tipo de modulaciones y variaciones, resuena a lo largo de la historia intelectual de la humanidad occidental.

Persona, en cualquier caso, se refería originalmente a la máscara con que el actor cubría su rostro «personal» e indicaba al espectador el papel que desempeñaba el actor en la obra. Pero en dicha máscara, que estaba diseñada en función de la obra, había una amplia abertura en el lugar de la boca a través del cual podía sonar la voz real, no velada, del actor. Es precisamente de este sonido a través de un orificio de donde deriva la palabra *persona*: *per-sonare*, «sonar a través», es el verbo al que corresponde el nombre *persona*, la máscara. Y los romanos mismos fueron los primeros en utilizar la palabra en un sentido metafórico; en el derecho romano, *persona* era alguien que poseía derechos civiles, en clara diferencia con la palabra *homo*, que designaba a alguien que era simplemente un miembro de la especie humana, diferente desde luego de un animal, pero sin ninguna calificación ni distinción específica, de modo que *homo*, como el griego *ánthrōpos*, se usaba a menudo de manera despectiva para designar a los individuos no protegidos por ninguna ley.

Encuentro que esta concepción latina de lo que es una persona resulta útil para mis reflexiones, pues invita a nuevos usos metafóricos, siendo como son las metáforas el alimento cotidiano de todo pensamiento conceptual. La máscara romana corresponde con gran precisión a nuestra manera de aparecer en una sociedad en la que no somos ciudadanos, es decir, no estamos homologados por el espacio público establecido y reservado para el discurso y los actos políticos, pero donde se nos acepta como individuos por derecho propio, pero en modo alguno como seres humanos en cuanto tales. Siempre aparecemos en un mundo que es un escenario y se nos reconoce en función de los papeles que nuestra profesión nos asigna, como médicos o juristas, como autores o editores, como maestros o estudiantes, etc. A través de ese papel, sonando a través de él, por así decir, es como se manifiesta otra cosa, algo completamente idiosincrático e indefinible y, sin embargo, perfectamente identificable sin margen de error, de modo que no nos confundimos ante un brusco cambio de papeles, cuando, por ejemplo, un estudiante llega a su meta, que era hacerse maestro, o cuando una anfitriona, a quien socialmente conocemos como médico, sirve bebidas en lugar de ocuparse de sus pacientes. En otras palabras, la ventaja de adoptar la noción de *persona* para mis reflexiones radica en el hecho de que las máscaras o papeles, que el mundo nos asigna y que debemos aceptar e incluso adquirir si queremos de algún modo tomar parte en el drama del mundo, son intercambiables; no son inalienables en el sentido en que hablamos de «derechos inalienables», y no son un complemento fijo añadido a nuestro yo interior en el sentido en que la voz de la conciencia, como cree la mayoría, es algo que el alma humana lleva continuamente en su interior.

En este sentido es como puedo hacerme a la idea de aparecer aquí como una «figura pública» con motivo de un acontecimiento público. Significa que cuando los acontecimientos para los que se diseñó la máscara ya no se den y yo haya dejado de usar y abusar de mi derecho individual a emitir sonidos a través de la máscara, las cosas volverán otra vez a ponerse en su sitio. Entonces yo, enormemente honrada y profundamente agradecida por este momento, seré libre no sólo de intercambiar los papeles y las máscaras que el gran drama del mundo pueda ofrecer, sino libre también de actuar en ese drama con mi desnuda «esteidad», identificable, espero, pero no definible ni seducida por la gran tentación de reconocimiento que, sin importar la forma, sólo puede reconocernos *como* tales o cuales, es decir, como algo que nosotros, básicamente, *no* somos.

Copenhague
18 de abril de 1975

PRIMERA PARTE

RESPONSABILIDAD

RESPONSABILIDAD PERSONAL BAJO UNA DICTADURA

Para empezar, quiero hacer algunos comentarios sobre la controversia, más bien furiosa, desatada por mi libro *Eichmann en Jerusalén*. Empleo deliberadamente la expresión «desatada» en lugar de «causada» porque una gran parte de la controversia ha girado en torno a un libro que nunca se ha escrito. Mi primera reacción, por tanto, fue despachar el asunto con las célebres palabras de un dicho austríaco: «Nada hay tan entretenido como la discusión de un libro que nadie ha leído». Sin embargo, a medida que la cosa siguió adelante y que, sobre todo en sus fases posteriores, surgieron más y más voces que no sólo me atacaban por lo que yo nunca había dicho sino que, al contrario, me defendían por ello, caí en la cuenta de que en ese ejercicio ligeramente alucinado podía haber algo más que sensacionalismo o entretenimiento. Me pareció también que se mezclaban en la historia algo más que «emociones», es decir, algo más que los sinceros equívocos que en algunos casos provocan la ruptura de la comunicación entre autor y lector (así como algo más que las distorsiones y falsificaciones debidas a los grupos de intereses, que estaban mucho menos asustados por mi libro que por el hecho de que pudiera dar pie a un nuevo estudio imparcial y minucioso del período en cuestión).

La controversia, invariablemente, suscitaba toda suerte de cuestiones estrictamente morales, muchas de las cuales nunca se me habían ocurrido, en tanto que otras habían quedado mencionadas sólo de pasada. Yo había hecho una exposición objetiva del juicio, e incluso el subtítulo del libro, *La banalidad del mal*, me parecía tan notorio que se desprendía de los hechos del caso, que yo entendía que no requería ninguna explicación complementaria. Yo había llamado la atención sobre un hecho cuando pensaba que era sorprendente porque contradecía nuestras teorías sobre el mal, y por consiguiente señalaba algo verdadero pero no plausible.

En cierto modo, había dado por descontado que todos creemos todavía, con Sócrates, que es mejor sufrir que cometer injusticia. Esta creencia resultó ser errónea. Estaba muy extendida la convicción de que es imposible resistir cualquier tipo de tentación, que ninguno de nosotros era digno de confianza y ni siquiera se podía esperar que lo fuera a la hora de la verdad, que verse tentado y verse forzado son casi lo mismo, mientras que en palabras de Mary McCarthy, que fue quien primero señaló esa falacia: «Si alguien te apunta con un arma y dice: "Mata a tu amigo o te mataré", te está *tentando*, y eso es todo». Y aunque una tentación en la que uno se juega la vida pueda ser un eximente legal de un crimen, ciertamente no es una justificación moral. Por último, y en cierto modo esto es lo más sorprendente, puesto que a fin de cuentas nos hallábamos ante un proceso judicial cuyo resultado era, invariablemente, el pronunciamiento de un juicio, se me decía que juzgar es malo en sí mismo: nadie que no haya estado allí puede juzgar. Esto, dicho sea de paso, era el argumento de Eichmann frente al juicio emitido por el tribunal local. Cuando se le decía que habían existido alternativas y que él podría haberse eximido de sus deberes criminales, insistía en que eso eran leyendas de la posguerra construidas retrospectivamente y suscritas por personas que no sabían, o habían olvidado, cómo eran realmente las cosas.

Son varias las razones de que el debate sobre el derecho o la capacidad de juzgar tenga que ver con la cuestión ética más importante. Dos son las cuestiones que aquí se ventilan: primera, ¿cómo puedo yo distinguir lo que está bien de lo que está mal, si la mayoría o la totalidad de quienes me rodean han prejuzgado ya el asunto? *¿Quién soy yo para juzgar?* Y segunda, ¿hasta qué punto, si cabe, podemos nosotros juzgar acontecimientos o sucesos pasados en los que no estuvimos presentes? Respecto a esto último, parece bastante obvio que no serían posibles en absoluto la historiografía ni los procedimientos judiciales si nos negáramos a nosotros mismos esa capacidad. Cabría dar un paso más y sostener que hay muy pocos casos en los que, al emplear nuestra capacidad de juzgar, no juzguemos retrospectivamente, lo cual, a su vez, es tan cierto del historiógrafo como del juez de un proceso judicial, que puede tener buenas razones para desconfiar de los relatos de los testigos oculares o de los relatos de quienes estuvieron presentes con ocasión de los hechos. Más aún, habida cuenta de que esto de juzgar sin estar presentes suele correr parejas con la acusación de arrogancia, ¿quién ha mantenido nunca que al juzgar una mala acción estoy presuponiendo que yo sería incapaz de cometerla? Hasta el juez que condena a un hombre por asesinato puede, sin embargo, decir: «Hasta ahí, de no ser por la gracia de Dios, podría llegar yo».

De modo que, a primera vista, todo esto parece un rebuscado sinsentido, pero cuando mucha gente, sin haber sido manipulada, empieza a decir sinsentidos y entre ella hay gente inteligente, suele querer decir que en el asunto hay algo más que sinsentido. Existe en nuestra sociedad un extendido temor a juzgar que no tiene nada que ver con la exhortación bíblica «No juzguéis y no seréis juzgados», y si ese temor se expresa en términos de «arrojar la primera piedra», es que toma esa palabra en vano. Pues detrás de la reticencia a juzgar se oculta la sospecha de que nadie es un agente libre, y de ahí la duda de si todo el mundo es responsable o se puede esperar que responda por sus actos. En el momento en que se suscitan cuestiones morales, aunque sea de pasada, quien las suscite se verá enfrentado con esa temible falta de autoconfianza y, por ende, de orgullo, así como con una especie de falsa modestia que, cuando dice: «¿Quién soy yo para juzgar?», quiere decir en realidad: «Todos somos por el estilo, igual de malos, y quienes intentan, o hacen ver que intentan, ser medio decentes, son santos o hipócritas, y en ambos casos deben dejarnos en paz». De ahí las enormes protestas en cuanto alguien hace un reproche concreto a alguien en particular en lugar de denostar globalmente las tendencias históricas y los movimientos dialécticos, o sea, cierta misteriosa necesidad que supuestamente actúa a espaldas de los hombres y dota a cada una de las cosas que éstos hacen de algún tipo de significado más profundo. Mientras uno haga remontar las raíces de lo que hizo Hitler a Platón, Joaquín de Fiore, Hegel o Nietzsche, o a la ciencia y la tecnología modernas, o al nihilismo o a la Revolución francesa, todo está bien. Pero en el momento en que uno llama a Hitler «asesino de masas» (concediendo, por supuesto, que semejante asesino de masas estaba muy dotado políticamente, así como que el fenómeno del Tercer Reich en su conjunto no puede explicarse únicamente por la personalidad de Hitler y la manera en que influyó sobre la gente), existe el acuerdo general de que semejante juicio acerca de la persona es vulgar, poco refinado y no se puede tolerar que influya en la interpretación de la Historia. Por poner otro ejemplo tomado de una controversia contemporánea: al argumento de la obra teatral de Rolf Hochhuth *El Vicario*, en la que el papa Pío XII es acusado de guardar increíblemente silencio cuando las grandes matanzas de judíos en Europa oriental, se le replica inmediatamente, y no sólo con las protestas de la jerarquía católica, lo que al fin y al cabo es comprensible. Se le replica también con las falsificaciones obra de los especialistas en crear imágenes: Hochhuth, se ha dicho, acusó al Papa de ser el principal culpable a fin de exculpar a Hitler y al pueblo alemán, lo que es rotundamente falso. Más significativo ha sido, en nuestro contexto, el reproche de que es «por supuesto» superficial acusar al Papa: la acusación ha de recaer sobre todos los cristianos; o aún más refinadamente: «Hay sin duda fundamento para una acusación grave, pero el acusado es toda la raza humana».* El punto que quiero señalar aquí va más allá de la bien conocida falacia del concepto de culpa colectiva aplicado primeramente al pueblo alemán y a su pasado colectivo —toda Alemania está acusada y, con ella, toda la historia alemana de Lutero a Hitler—, lo que en la práctica constituye una manera muy eficaz de exculpar a todos aquellos que realmente hicieron algo, pues donde todos son culpables nadie lo es. Basta con colocar la cristiandad o la raza humana en el lugar originalmente reservado a Alemania para ver, o eso parecería, lo absurdo del concepto, pues ahora ni siquiera los alemanes son ya culpables: nadie lo es desde el momento en que no tenemos a quién nombrar en lugar de recurrir al concepto de culpa colectiva. Lo que quiero poner de relieve, además de estas consideraciones, es hasta qué punto debe estar enraizado el temor a expresar un juicio, a dar nombres y a personalizar los reproches —especialmente, por desgracia, cuando se trata de personas que ocupan altos cargos, estén vivas o muertas— si hay que recurrir a la ayuda de maniobras intelectuales tan desesperadas. Pues ¿no es evidente que el cristianismo ha sobrevivido bastante limpiamente a muchos papas peores que Pío XII, precisamente porque nunca fue toda la cristiandad la acusada? Y ¿qué habría que decir de aquellos que preferirían arrojar, por así decir, a toda la humanidad por la ventana con tal de salvar a un alto cargo o librarlo de la acusación, no ya de haber cometido un crimen, sino un simple pecado, aunque grave, de omisión?

Es una suerte y algo muy razonable que no exista ninguna ley que castigue los pecados de omisión ni tribunales humanos que se sienten a juzgarlos. Pero es igualmente una suerte que exista todavía en la sociedad una institución en la que es prácticamente imposible eludir las responsabilidades personales, en la que todas las justificaciones de naturaleza vaga y abstracta —desde el *Zeitgeist*** hasta el complejo de Edipo— se derrumban, en que no se juzgan sistemas, tendencias ni pecados originales, sino hombres de carne y hueso como tú y yo, cuyos actos son, desde luego, actos humanos pero comparecen ante un tribunal porque han infringido alguna ley cuyo mantenimiento consideramos esencial para la integridad de nuestra

* Robert Weltsch, «Ein Deutscher klagt den Papst an», en F. J. Raddatz (comp.), *Summa iniuria oder Durfte der Papst schweigen? Hochhuths «Stellvertreter» in der öffentlichen Kritik*, Rowohlt, 1963, pág. 156. (*N. del e.*)

** Literalmente, «espíritu de la época». (*N. del t.*)

común humanidad. Las cuestiones legales y las morales no son en absoluto las mismas, pero guardan cierta afinidad entre sí porque unas y otras presuponen la capacidad de juzgar. Ningún periodista de tribunales, si sabe lo que está haciendo, puede evitar verse implicado en esas cuestiones. ¿Cómo podemos distinguir el bien del mal al margen del conocimiento de la ley? Y ¿cómo podemos juzgar sin habernos visto en la misma situación?

Es en este punto donde creo que sería oportuno hacer mi segunda observación personal. Si el revuelo causado por mi actitud de «sentar juicio» ha demostrado (como creo que lo ha hecho) lo incómodos que estamos cuando nos enfrentamos a cuestiones morales, admito de buen grado que no soy precisamente la persona que menos incómoda está. Mi primera formación intelectual tuvo lugar en una atmósfera en que nadie prestaba mucha atención a las cuestiones morales; se nos educó dando por supuesto que *Das Moralische versteht sich von selbst*,* que el comportamiento moral es algo que va de suyo. Todavía recuerdo bastante bien mi propia opinión juvenil de la rectitud moral que solemos llamar carácter; la insistencia en semejante virtud me habría parecido filistea, pues también eso pensábamos que iba de suyo y no tenía, por tanto, gran importancia (no constituía, por ejemplo, una cualidad decisiva a la hora de valorar a una persona). Por supuesto, cada dos por tres nos veíamos enfrentados a la debilidad moral, a la falta de constancia o de lealtad, a esa curiosa, casi automática claudicación ante la presión, especialmente de la opinión pública, que es tan característica de las capas ilustradas de ciertas sociedades, pero no teníamos ni idea de lo serias que eran esas cosas y, menos aún, de hasta dónde nos podían llevar. No era mucho lo que sabíamos de la naturaleza de esos fenómenos, y me temo que aún era menos lo que nos preocupaba. Pues bien, luego resultó que tuvimos amplias oportunidades de aprenderlo. Para mi generación y para las personas de mi origen la lección empezó en 1933 y terminó no cuando simplemente los judíos alemanes, sino el mundo entero, tuvo noticia de monstruosidades que al principio nadie creía posibles. Lo que hemos aprendido desde entonces, y que en absoluto carece de importancia, puede contabilizarse como añadidos y ramificaciones del conocimiento adquirido durante esos doce primeros años, de 1933 a 1945. Muchos de nosotros hemos necesitado los veinte últimos años para digerir lo que ocurrió, no en 1933, sino en 1941 y 1942 y 1943, hasta el amargo final. Y no me refiero con ello a mi congoja y desgracia personales, sino al

* «Lo moral se entiende por sí mismo.» (*N. del t.*)

horror mismo con el que, tal como podemos ver ahora, ninguna de las partes afectadas ha podido todavía reconciliarse. Los alemanes han acuñado para designar todo ese complejo fenómeno el término, altamente discutible, de «pasado no superado». Pues bien, parece como si hoy, después de tantos años, ese pasado alemán siguiera siendo inmanejable para una buena parte del mundo civilizado. En su momento, el horror mismo, en su pura monstruosidad, parecía, no sólo para mí, sino para otros muchos, trascender todas las categorías morales y hacer saltar por los aires toda norma de derecho; era algo que los hombres no podían ni castigar suficientemente ni perdonar en absoluto. Y en ese horror inexpresable, me temo, todos tendíamos a olvidar las lecciones estrictamente morales y prácticas que antes habíamos aprendido y volveríamos a aprender, en medio de innumerables debates dentro y fuera de los tribunales.

A fin de clarificar la distinción entre el horror inexpresable, en el que uno no aprende nada, y las experiencias, nada horribles pero a menudo desagradables, en las que el comportamiento de la gente está abierto a juicios normales, mencionaré un hecho obvio pero que raramente se menciona. Lo que contaba en nuestra temprana educación no teórica en materia de moral no era nunca la conducta del verdadero culpable, del que aun entonces nadie en su sano juicio podía esperar sino lo peor. Así, por ejemplo, nos sentíamos maltratados, pero no moralmente trastornados, por el salvaje comportamiento de las milicias de asalto en los campos de concentración y en las celdas de tortura de la policía secreta, y hubiera sido ciertamente extraño llenarse de indignación moral ante los discursos de los gerifaltes nazis, cuyas opiniones eran de conocimiento común desde hacía años. El nuevo régimen no nos planteaba entonces más que un problema político de gran complejidad, uno de cuyos aspectos era la intrusión de la criminalidad en la esfera pública. Creo que también estábamos preparados para arrostrar las consecuencias del terror implacable y habríamos admitido alegremente que esa clase de miedo convierte a la mayoría de los hombres en cobardes. Todo eso era terrible y peligroso, pero no planteaba problemas morales. La cuestión moral surgió únicamente con el fenómeno de la «coordinación», es decir, no con la hipocresía inspirada por el miedo, sino con ese afán ya muy temprano de no perder el tren de la Historia, con ese, por así decir, sincero y repentino cambio de opinión que afectó a la gran mayoría de las figuras públicas en todos los vericuetos de la vida y todas las ramas de la cultura, acompañado además de una increíble facilidad para romper y desechar amistades de toda la vida. En resumen, lo que nos trastornó no fue el comportamiento de nuestros enemigos, sino el de nuestros amigos, que no habían hecho nada para que se llegara a esa situación. Ellos no eran responsables de la llegada de los nazis, simplemente estaban impresionados por el éxito de los nazis y fueron incapaces de oponer su propio juicio al veredicto de la Historia tal como la leían. Sin tener en cuenta la renuncia casi universal, no a la responsabilidad personal, sino al *juicio* personal en las primeras fases del régimen nazi, es imposible entender lo que realmente ocurrió. Es verdad que muchas de aquellas personas quedaron rápidamente desencantadas y es bien sabido que la mayoría de los hombres del 20 de julio de 1944, que pagaron con su vida haber conspirado contra Hitler, habían estado conectados con el régimen en algún momento. Sin embargo, creo que esa temprana disgregación moral de la sociedad alemana, difícilmente perceptible para el forastero, fue como una especie de ensayo general de su colapso total, que había de ocurrir durante los años de guerra.

Traigo a colación estas cosas a fin de abrir la puerta, no a la acusación de arrogancia, que creo desenfocada, sino a la duda, algo más justificable, de si personas con tan escasa preparación mental o conceptual para las cuestiones morales están a la altura necesaria para debatirlas. Hubimos de aprenderlo todo a partir de cero, en crudo, por así decir: o sea, sin la ayuda de categorías ni reglas generales en las que encuadrar nuestras experiencias. Del otro lado de la valla estaban, sin embargo, todos aquellos que estaban perfectamente impuestos en materia de moral y que tenían ésta en la más alta estima. Esas personas no sólo se revelaron incapaces de aprender nada, sino que, peor aún, cedieron fácilmente a la sensación y demostraron de la manera más convincente, con su aplicación de conceptos y medidas tradicionales durante los hechos y después de ellos, hasta qué punto éstas habían dejado de ser suficientes y qué poco concebidas estaban, como veremos, para aplicarlas a situaciones como las que se presentaron. Cuanto más se discuten estas cosas, más claro resulta, en mi opinión, que nos hallamos aquí en una posición a medio camino entre la sartén y el fuego.

Para mostrar aquí un simple caso particular de nuestro desvarío en todas estas cuestiones, consideremos el asunto del castigo legal, castigo que suele justificarse sobre la base de alguno de los siguientes fundamentos: la necesidad que tiene la sociedad de protegerse contra el delito, la reforma del delincuente, la fuerza disuasoria del ejemplo para delincuentes potenciales y, finalmente, la justicia retributiva. Un momento de reflexión bastará para darse cuenta de que ninguno de esos fundamentos es válido para justificar el castigo de los llamados criminales de guerra: esas personas no eran criminales ordinarios, y a duras penas cabe esperar razonablemente que alguna de ellas cometa nuevos delitos; la sociedad no tiene ninguna necesidad de protegerse de ellas. Que puedan reformarse mediante condenas de prisión es aún menos probable que en el caso de los delincuentes ordinarios, y en cuanto a la posibilidad de disuadir a esos criminales en el futuro, las probabilidades son, una vez más, desoladoramente pequeñas a la vista de las extraordinarias circunstancias en las que dichos crímenes se cometieron o podrían cometerse en el futuro. Incluso la noción de retribución, la única razón no utilitarista esgrimida en favor del castigo legal y, por tanto, algo fuera de sintonía con el actual pensamiento jurídico, resulta difícilmente aplicable ante la magnitud de los crímenes. Y sin embargo, aunque ninguna de las razones que solemos invocar a favor del castigo es válida, nuestro sentido de la justicia encontraría intolerable renunciar al castigo y dejar que quienes asesinaron a miles, centenares de miles y millones quedaran impunes. Si ello no fuera más que un deseo de venganza, sería ridículo, dejando de lado el hecho de que la ley y el castigo que ella administra aparecieron sobre la Tierra con el fin de romper el interminable círculo vicioso de la venganza. Así pues, aquí estamos, exigiendo y administrando castigos de conformidad con nuestro sentido de la justicia, mientras, por otro lado, ese mismo sentido de la justicia nos informa de que todas nuestras nociones previas acerca del castigo y su justificación nos han fallado.

Volviendo a mis reflexiones personales sobre quién debería estar capacitado para debatir estos asuntos: ¿han de ser aquellos que tienen pautas y normas que no se ajustan a la experiencia, o bien aquellos que no tienen dónde apoyarse sino en la experiencia, una experiencia, además, no pautada por conceptos preconcebidos? ¿Cómo puede uno pensar, y aún más importante en este contexto, cómo puede uno juzgar sin basarse en pautas, normas y reglas generales en las que puedan encajarse los casos y ejemplos particulares? O, dicho de otra manera, ¿qué pasa con la facultad humana de juicio cuando se enfrenta a casos que representan la quiebra de todas las normas habituales y que carecen, por tanto, de antecedentes en el sentido de que no están previstos en las reglas generales, ni siquiera como excepciones de dichas reglas? Para dar una respuesta válida a esas preguntas habría que empezar por un análisis de la aún misteriosísima naturaleza del juicio humano, de lo que puede y lo que no puede lograr. Porque sólo si aceptamos que existe una facultad humana que nos permite juzgar racionalmente sin dejarnos llevar por la emoción ni por el interés propio y que al mismo tiempo funciona espontáneamente, a saber, que no está atada por normas y reglas en las que los casos particulares quedan simplemente englobados, sino que, por el contrario, produce sus propios principios en virtud de la actividad misma de juzgar; sólo dando eso por supuesto podemos aventurarnos en ese resbaladizo terreno moral con alguna esperanza de esperar terreno firme.

Afortunadamente para mí, nuestro tema de esta noche no exige que les presente una filosofía del juicio. Pero incluso un planteamiento limitado del problema de la moral y sus fundamentos exige la clarificación de una cuestión general así como unas cuantas distinciones que me temo que no cuentan con una aceptación general. La cuestión general tiene que ver con la primera parte de mi título: «Responsabilidad personal». Esta expresión debe entenderse en oposición a la responsabilidad política que todo gobierno asume por los actos buenos y los actos malos de su predecesor, y cada nación por los actos buenos y los actos malos del pasado. Cuando Napoleón, con ocasión de su toma del poder en Francia después de la revolución, dijo: «Asumiré la responsabilidad por todo lo que Francia hizo, desde san Luis hasta el Comité de Salvación Pública», no hizo más que poner un poco de énfasis en uno de los hechos fundamentales de la vida pública. Y en lo que respecta a «nación», es obvio que cada generación, por el hecho de haber nacido dentro de un continuo histórico, debe cargar con los pecados de los padres en la misma medida en que se beneficia de las actuaciones de sus antecesores. Quienquiera que asuma una responsabilidad política llegará siempre a un punto en el que dirá con Hamlet:

> The time is out of joint: O cursed spite
> That ever I was born to set it right!*

Poner el tiempo en hora quiere decir renovar el mundo, y eso es algo que podemos hacer porque todos nosotros fuimos, en uno u otro momento, recién llegados a un mundo que estaba ahí antes de nosotros y ahí seguirá cuando nosotros desaparezcamos, cuando todos nosotros hayamos dejado nuestra carga a nuestros descendientes. Pero no es ése el género de responsabilidad de la que hablo aquí; es-

* «El tiempo está fuera de quicio. ¡Maldita suerte / que haya nacido yo para ajustarlo!» (*N. del t.*)

trictamente hablando, no es una responsabilidad personal, y sólo en sentido metafórico podemos decir que nos *sentimos* culpables de los pecados de nuestros padres o de nuestro pueblo o de la humanidad, en definitiva, de actos que *no* hemos cometido. En términos morales, tan mal está sentirse culpable sin haber hecho nada como sentirse libre de culpa cuando uno es realmente culpable de algo. Siempre he considerado como la quintaesencia de la confusión moral que en Alemania, durante la posguerra, aquellos que personalmente eran completamente inocentes se confesaran unos a otros y al mundo en general lo culpables que se sentían, mientras muy pocos de los criminales estaban dispuestos a admitir siquiera el más ligero remordimiento. El resultado de esta admisión espontánea de culpabilidad colectiva fue, por supuesto, una exculpación muy eficaz, aun si no buscada, de los que *habían* hecho algo: como ya hemos visto, donde todos son culpables nadie lo es. Y cuando oímos, en los recientes debates habidos en Alemania sobre la ampliación de las limitaciones para los asesinos nazis, cómo el ministro de Justicia rechazaba semejante aplicación con el argumento de que un mayor celo en la investigación de quienes los alemanes llaman «los asesinos que hay entre nosotros» no tendría otro resultado que la complacencia moral entre los alemanes que no son asesinos (*Der Spiegel*, nº 5, 1963, pág. 23), es decir, aquellos que son inocentes, vemos hasta qué punto puede resultar peligrosa esa confusión moral. El argumento no es nuevo. Hace unos años, la ejecución de la sentencia de muerte dictada contra Eichmann suscitó amplia oposición con el razonamiento de que podría lavar la conciencia de los alemanes corrientes y «servir para eliminar el sentimiento de culpa de muchos jóvenes alemanes», tal como dijo Martin Buber. Pues bien, si los jóvenes alemanes, demasiado jóvenes para haber hecho nada, *se sienten* culpables, es que están equivocados, confundidos o jugando a juegos intelectuales. No existen en absoluto la culpabilidad colectiva ni la inocencia colectiva; sólo tiene sentido hablar de culpabilidad y de inocencia en relación con individuos.

Recientemente, durante el debate en torno al juicio de Eichmann, estas cuestiones relativamente sencillas se han embrollado mediante lo que yo llamo la teoría del engranaje. Cuando describimos un sistema político (su funcionamiento, las relaciones entre las diferentes ramas de la administración, la manera como actúan las gigantescas maquinarias burocráticas, de las que forman parte las líneas de mando, y cómo están conectados entre sí los civiles, los militares y las fuerzas policiales, por mencionar sólo los aspectos más destacados), es inevitable que hablemos de todas las personas utilizadas por el sistema en términos de dientes y ruedas del engranaje que mantiene en funcionamiento la administración. Cada pieza del engranaje, es decir, cada persona, debe ser prescindible sin que cambie el sistema, presupuesto que subyace a todas las burocracias, a todas las formas de funcionariado y, hablando propiamente, a todas las funciones. Este punto de vista es el propio de la ciencia política y, si acusamos, o mejor, valoramos dentro de su marco de referencia, hablamos de sistemas buenos y sistemas malos, y nuestros criterios son la libertad o la felicidad o el grado de participación de los ciudadanos, pero la cuestión de la responsabilidad personal de quienes hacen funcionar el sistema es algo marginal. Aquí es verdad, ciertamente, que todos los acusados en los juicios de la posguerra dijeron, para excusarse: «Si no lo hubiera hecho yo, cualquier otro lo habría hecho».

En efecto, en cualquier dictadura, y no digamos ya en una dictadura totalitaria, incluso el número relativamente pequeño de decisores que puede uno hallar en un gobierno normal se reduce a Uno, mientras que todas las instituciones que controlan o ratifican las decisiones ejecutivas quedan abolidas. En el Tercer Reich, en cualquier caso, sólo había un hombre que podía tomar y tomaba decisiones y que, por tanto, era plenamente responsable políticamente. Ese hombre era Hitler mismo, quien, por consiguiente, no en un arranque de megalomanía, sino bastante correctamente, se describió a sí mismo como el único hombre en toda Alemania que era insustituible. Cualquier otro individuo, desde lo más alto a lo más bajo, que tuviera algo que ver con los asuntos públicos era, de hecho, una pieza de engranaje, tanto si era consciente de ello como si no. ¿Quiere ello decir que nadie más podía considerarse personalmente responsable?

Cuando fui a Jerusalén para asistir al juicio de Eichmann, me di cuenta de que la gran ventaja del procedimiento judicial era que todo aquel engranaje dejaba de tener sentido en ese escenario y nos obligaba, por tanto, a afrontar todas aquellas cuestiones desde un punto de vista diferente. Por supuesto, que la defensa intentara alegar que Eichmann no era más que una pequeña pieza del engranaje era algo previsible; que el acusado mismo pensara en esos términos era probable, y así lo hizo hasta cierto punto; en cambio, el intento de la acusación de hacer de él la pieza mayor del engranaje —peor y más importante que Hitler— fue una curiosidad inesperada. Los jueces hicieron lo correcto y adecuado: descartaron sin más esa idea —lo mismo hice yo, por cierto— pese a todos los elementos, tanto censurables como elogiables, que contenía. Porque, tal como los jueces se esforzaron arduamente por dejar claro, en un tribunal no se juzga ningún sistema, ni la Historia ni corriente histórica alguna, ningún ismo, el antisemitismo, por ejemplo, sino a una persona, y si resulta que el acusado es un funcionario, se encuentra en el banquillo precisamente porque incluso un funcionario es un ser humano y como tal se halla sometido a juicio. Obviamente, en la mayoría de las organizaciones criminales las pequeñas piezas del engranaje cometen, de hecho, los grandes crímenes, y cabría argüir incluso que una de las características de la criminalidad organizada del Tercer Reich era que exigía pruebas tangibles de la implicación criminal de todos sus servidores, y no sólo de los niveles inferiores. Por eso la pregunta formulada por el tribunal al acusado es: «Usted, fulano de tal, individuo con nombre, fecha y lugar de nacimiento, identificable y, por tanto, no ignorable, ¿cometió el delito del que se le acusa? Y ¿por qué lo hizo?». Si el acusado responde: «No fui yo como persona quien lo hizo, yo no tenía ni la voluntad ni el poder de hacer nada por mi propia iniciativa; yo era una simple pieza del engranaje, completamente prescindible, cualquiera en mi lugar lo habría hecho; que yo me halle ante este tribunal es un accidente», semejante respuesta será rechazada como inconsistente. Si al acusado se le permitiera declararse culpable o no culpable como representante de un sistema, se convertiría, de hecho, en un *chivo expiatorio*. (Eichmann mismo quiso convertirse en un chivo expiatorio: propuso colgarse él mismo públicamente y cargar con todos los «pecados». El tribunal le denegó esa última ocasión de magnificar sus sentimientos.) En todo sistema burocrático, el desvío de responsabilidades es algo rutinario y, si uno desea definir la burocracia en términos de ciencia política, es decir, como una forma de gobierno —el gobierno de los cargos, en contraposición al gobierno de los hombres, sea uno, unos pocos o muchos—, resulta que, desgraciadamente, la burocracia es el gobierno de nadie y, precisamente por eso, quizá la forma menos humana y más cruel de gobierno. Pero en el tribunal esas definiciones no cuentan para nada. Pues ante la respuesta: «No lo hice yo, sino el sistema del que yo era una simple pieza», el tribunal lanza inmediatamente la siguiente pregunta: «Y ¿por qué, si es usted tan amable, se convirtió en una pieza de engranaje o siguió siéndolo en esas circunstancias?». Si el acusado pretende desviar responsabilidades, debe, a su vez, implicar a otras personas, debe dar nombres, y esas personas aparecerán entonces como posibles compañeros de acusación, no como la encarnación de la necesidad burocrática o de cualquier otro tipo. El juicio de Eichmann, como todos los juicios semejantes, habría carecido de todo interés si no hubiera transformado la pieza de engranaje o el «punto de referencia» de la Sección IV B4 de la Jefatura de Seguridad del Reich en un hombre. Sólo gracias a que esta operación se llevó a cabo antes de que empezara el juicio pudo plantearse la cuestión de la responsabilidad personal y, por ende, de la culpabilidad jurídica. Pero ni siquiera esa transformación de una pieza de engranaje en un hombre significa que se estuviera juzgando algo así como el sistema de engranajes, el hecho de que los sistemas, y los sistemas totalitarios más completamente que otros, transformen a los hombres en piezas de engranaje. Semejante interpretación no sería más que otra escapatoria de los estrictos límites del procedimiento judicial.

Sin embargo, aunque el procedimiento judicial o la cuestión de la responsabilidad personal bajo una dictadura no autorizan el desvío de responsabilidades del hombre al sistema, el sistema tampoco puede dejarse al margen de toda consideración. Aparece en forma de circunstancias, tanto desde el punto de vista legal como desde el moral, en un sentido muy parecido al que nos hace tener en cuenta la situación de las personas socialmente desfavorecidas como circunstancias atenuantes, pero no eximentes, en el caso de delitos cometidos en el mundo de la pobreza. Y por esa razón, pasando a la segunda parte del título de este texto, «dictadura», debo incomodar al oyente con unas cuantas distinciones que nos ayudarán a comprender esas circunstancias. Formas totalitarias de gobierno y dictaduras en el sentido ordinario no son lo mismo, y la mayor parte de lo que tengo que decir se aplica al totalitarismo. La dictadura en el antiguo sentido romano de la palabra estaba concebida y se ha mantenido como una forma de emergencia de ejercer el gobierno constitucional y legal, estrictamente limitada en el tiempo y en las prerrogativas; todavía hoy día la conocemos bastante bien en ese sentido como el estado de emergencia o la ley marcial proclamados en zonas catastróficas o en tiempo de guerra. Conocemos además las dictaduras modernas como nuevas formas de gobierno en que o bien los militares se hacen con el poder, suprimen el gobierno civil y privan a los ciudadanos de sus derechos y libertades políticos, o bien un partido se apodera de los aparatos del Estado a expensas de todos los demás partidos y, por ende, de toda oposición política organizada. Ambos tipos de dictadura suponen el final de la libertad política, pero la vida privada y la actividad no estrictamente política no necesariamente quedan afectadas. Es verdad que tales regímenes suelen perseguir a los oponentes políticos con gran saña y están ciertamente muy lejos de ser formas constitucionales de gobierno en el sentido en que solemos entenderlas —no es posible ningún gobierno constitucional sin que existan disposiciones sobre los derechos de la oposición—, pero no son criminales en el sentido igualmente usual del término. Si cometen delitos, éstos van dirigidos contra los enemigos declarados del régimen establecido. Pero los crímenes de los gobiernos totalitarios afectaron a personas que eran «inocentes» incluso desde el punto de vista del partido en el poder. Fue por esa razón de criminalidad común por lo que la mayoría de los países firmaron después de la guerra un acuerdo para no conceder el estatuto de refugiados políticos a los criminales huidos de la Alemania nazi.

Más aún, la dominación total lo alcanza todo, no sólo las esferas políticas de la vida. La sociedad totalitaria, a diferencia del gobierno totalitario, es, de hecho, monolítica; todas las manifestaciones públicas, culturales, artísticas o eruditas, y todas las organizaciones, los servicios y prestaciones sociales, incluidos los deportes y las diversiones, están «coordinados». No hay cargo alguno, y ciertamente ningún puesto con significado público, desde las agencias de publicidad hasta la judicatura, desde el mundo del teatro al periodismo deportivo, desde la enseñanza primaria y secundaria hasta las universidades y las sociedades eruditas, en que no se exija la aceptación inequívoca de los principios que inspiran el régimen. Todo aquel que participe de algún modo en la vida pública, independientemente de si pertenece o no al partido o a las formaciones de élite del régimen, está comprometido de un modo u otro en las actuaciones del régimen como un todo. Lo que los tribunales exigen en todos estos juicios de la posguerra es que los acusados no hayan tomado parte en crímenes legalizados por aquel gobierno, y dicha no participación, tomada como norma de buena o mala conducta, plantea importantes problemas, precisamente, en relación con la cuestión de la responsabilidad. Pues la pura verdad del asunto es que sólo quienes se retiraron por completo de la vida pública, que rechazaron cualquier clase de responsabilidad política, pudieron evitar implicarse en crímenes, es decir, pudieron eludir la responsabilidad legal y moral. En el tumultuoso debate sobre cuestiones morales que ha venido desarrollándose ininterrumpidamente desde la derrota de la Alemania nazi y la revelación de la total complicidad en aquellos crímenes de todos los estamentos de la sociedad oficial, es decir, el hundimiento total de las normales pautas morales, ha venido formulándose, con innumerables variantes, el siguiente argumento: los que hoy aparecemos como culpables somos en realidad quienes permanecimos en nuestro puesto a fin de impedir que ocurrieran cosas peores; sólo quienes se quedaron dentro tuvieron alguna posibilidad de mitigar la situación y ayudar al menos a algunos; pagamos tributo al mal sin venderle nuestra alma, en tanto que aquellos que no hicieron nada eludieron toda responsabilidad y pensaron sólo en sí mismos, en la salvación de sus preciosas almas. En términos políticos, este argumento podría haber tenido sentido si se hubiera logrado derrocar el régimen de Hitler, o se hubiera intentado al menos, en sus fases iniciales. Porque es verdad que un sistema totalitario sólo puede ser derrocado desde dentro —no mediante una revolución, sino mediante un golpe de Estado— salvo, claro está, que sea derrotado en guerra. (Podemos acaso suponer que algo así ocurrió en la Unión Soviética, bien antes, bien inmediatamente después de la muerte de Stalin; el momento de transición de un sistema totalitario declarado a una dictadura de partido único o a una tiranía llegó con la liquidación de Beria, el jefe de la policía secreta). Pero quienes hablan de este modo no fueron en modo alguno los conspiradores, tanto si tuvieron éxito como si no. Son, por regla general, aquellos funcionarios sin cuyo conocimiento experto ni el régimen de Hitler ni el gobierno de Adenauer que le sucedió habrían podido sobrevivir. Hitler había heredado los funcionarios de la República de Weimar, que a su vez los había heredado de la Alemania Imperial, al igual que Adenauer iba a heredarlos de los nazis, sin demasiada dificultad.

Debo recordarles aquí que las cuestiones personales o morales, a diferencia de la responsabilidad jurídica, apenas se plantean con aquellos que eran partidarios convencidos del régimen: que no pudieran sentirse culpables, sino sólo derrotados es casi una trivialidad, salvo que cambiaran de manera de pensar y se arrepintieran. Y, sin embargo, incluso esta simple cuestión se ha vuelto confusa porque, cuando finalmente llegó el día de rendir cuentas, resultó que no había ningún partidario convencido, al menos en relación con el programa criminal por el que se hallaban ante un tribunal. Y el problema es que, aun cuando eso era mentira, no se trata de una simple mentira o de una mentira integral. Porque lo que en las fases iniciales había empezado con personas políticamente neutrales que no eran nazis pero cooperaron con ellos, en las últimas fases ocurrió con los miembros del partido e incluso con las formaciones de élite de las SS: había muy poca gente, incluso en el Tercer Reich, que estuviera plenamente de acuerdo con los últimos crímenes del régimen y, sin embargo, había un gran número que estaba perfectamente dispuesto a cometerlos. Y ahora cada uno de ellos, estuviera donde estuviese e hiciera lo que hiciese, pretende que aquellos que, con uno u otro pretexto, se retiraron a la vida privada escogieron la escapatoria fácil e irresponsable. A no ser, claro está, que hubieran utilizado su puesto privado como tapadera para la oposición activa (opción que puede fácilmente descartarse, pues no todo el mundo tiene la obligación de ser un santo o un héroe). Pero la responsabilidad personal o moral es obligación de cada uno y en este punto, se argumenta, era más «responsable» permanecer en el puesto independientemente de las condiciones y de las consecuencias.

En su justificación moral, el argumento del mal menor ha desempeñado un papel destacado. Si uno se ve enfrentado a dos males, se argumenta, es deber de uno optar por el menor de ellos, en tanto que es irresponsable negarse a elegir sin más. Quienes denuncian la falacia moral de este argumento son por lo general acusados de un moralismo aséptico ajeno a las circunstancias políticas, de no querer ensuciarse las manos; y hay que admitir que no es tanto la filosofía política o moral (con la sola excepción de Kant, que precisamente por eso suele ser acusado de rigorismo moral), sino el pensamiento religioso el que más inequívocamente ha rechazado todos los compromisos con los males menores. Así, por ejemplo, el Talmud sostiene, tal como se me dijo en el curso de un debate sobre estas cuestiones: Si te piden sacrificar a un hombre por la seguridad de toda la comunidad, no lo entregues; si te piden que dejes violar a una mujer en aras de todas las mujeres, no dejes que la violen. Y en esa misma línea, recordando claramente la política vaticana durante la última guerra, el papa Juan XXIII escribió acerca del comportamiento político de papas y obispos que se conoce como «práctica de la prudencia»: «deben velar por [...] no actuar jamás en connivencia con el mal con la esperanza de que, obrando así, pueden ser de utilidad para alguien».

Políticamente hablando, la debilidad del argumento ha sido siempre que quienes escogen el mal menor olvidan con gran rapidez que están escogiendo el mal. Como el mal del Tercer Reich acabó siendo tan monstruoso que ningún esfuerzo de la imaginación podía autorizar a llamarlo «mal menor», una podría pensar que esta vez el argumento debería haberse derrumbado para siempre, lo que, sorprendentemente, no es el caso. Más aún, si nos fijamos en las técnicas del gobierno totalitario, resulta obvio que el argumento del «mal menor» —lejos de ser esgrimido sólo desde fuera por quienes no pertenecen a la élite rectora— es uno de los mecanismos que forman parte intrínseca de la maquinaria del terror y la criminalidad. La aceptación del mal menor se utiliza conscientemente para condicionar a los funcionarios del gobierno así como a la población en general para que acepten el mal como tal. Por poner un ejemplo entre miles: el exterminio de los judíos fue precedido de una serie muy gradual de medidas antijudías, cada una de las cuales fue aceptada con el argumento de que negarse a cooperar pondría las cosas peor, hasta que se alcanzó un estadio en que no podría haber sucedido ya nada peor. El hecho de que en esa última fase no se abandonara aquella argumentación y de que ésta sobreviva aún hoy cuando su carácter falaz se ha hecho tan palmariamente obvio —en el debate sobre la obra teatral de Hochhuth hemos vuelto a oír que una protesta del Vaticano, bajo cualquier forma que adoptara, ¡no habría hecho más que empeorar las cosas!— resulta bastante sorprendente. Vemos aquí hasta qué punto la mente humana es reacia a afrontar las realidades que de un modo u otro contradicen totalmente su marco de referencia. Por desgracia, parece que es mucho más fácil condicionar el comportamiento humano y hacer que la gente se conduzca de la manera más inesperada y atroz que convencer a todo el mundo para que aprenda de la experiencia, tal como suele decirse: a saber, empezar a pensar y juzgar en lugar de aplicar categorías y fórmulas profundamente enraizadas en nuestra mente, pero cuya base de experiencia se olvida hace mucho tiempo y cuya única plausibilidad reside en su coherencia intelectual más que en su adecuación a los hechos reales.

Para clarificar esta tesitura de juzgar sin ser capaz de recurrir a la aplicación de reglas generalmente aceptadas, pasaré de las normas morales a las legales, pues estas últimas suelen estar mejor definidas. Como ustedes sabrán, en los juicios contra criminales de guerra y el debate sobre la responsabilidad personal, los acusados y sus defensores apelaban o bien al argumento de que aquellos crímenes eran «acciones de Estado» o bien a que estaban obligados a cumplir «órdenes superiores». Ambas categorías no deben confundirse. Las órdenes superiores están legalmente dentro del ámbito jurisdiccional, aun cuando el acusado pueda encontrarse en la clásica «posición difícil» del soldado «expuesto a ser fusilado por un consejo de guerra si desobedece una orden y a ser ahorcado por un juez y un jurado si la obedece» (tal como lo expone Dicey en su *Law of the Constitution*). Las acciones de Estado, en cambio, quedan completamente fuera del ámbito jurídico; se supone que son actos soberanos sobre los que ningún tribunal tiene jurisdicción. Ahora bien, la teoría que hay detrás de la fórmula de acciones de Estado sostiene que los gobiernos soberanos pueden, bajo circunstancias extraordinarias, verse forzados a emplear medios criminales porque su misma existencia o el mantenimiento de su poder depende de ello; la razón de Estado, dice el argumento, no puede estar coartada por limitaciones legales ni consideraciones morales que son válidas para ciudadanos particulares que viven dentro de sus fronteras, pues se halla en juego el Estado en su conjunto y, por ende, la existencia de todo lo que se da en su interior. Según esta teoría, la acción del Estado está tácitamente asimilada al «delito» que un individuo puede verse forzado a cometer en defensa propia, es decir, a un acto que se admite dejar sin castigo debido a unas circunstancias extraordinarias en las que se ve amenazada la supervivencia como tal. Lo que hace este argumento inaplicable a los crímenes cometidos por los gobiernos totalitarios y sus servidores no es sólo el hecho de que esos crímenes no han sido en modo alguno provocados por algún tipo de necesidad; por el contrario, se puede argüir con bastante fuerza que el gobierno nazi, por ejemplo, habría podido sobrevivir, quizás incluso ganar la guerra, si no hubiera cometido sus bien conocidos crímenes. De mayor importancia teórica aún puede ser el hecho de que el argumento de la razón de Estado, que subyace a todo el debate sobre las acciones de Estado presupone que el crimen se comete en un contexto de legalidad que el propio crimen sirve para mantener junto con la existencia política de la nación. La ley cuyo cumplimiento hay que garantizar necesita de un poder político, por lo que un elemento político de poder está siempre presente en el mantenimiento del orden legal. (No estoy hablando, por supuesto, de actos cometidos contra otras naciones, ni me ocupo aquí de la cuestión de si la guerra en sí misma puede definirse como un «crimen contra la paz», por usar el lenguaje empleado en los juicios de Nuremberg.) Lo que ni la teoría política de la razón de Estado ni el concepto jurídico de acciones de Estado previó fue la completa subversión de la legalidad; en el caso del régimen de Hitler, la maquinaria del Estado en su conjunto impuso el ejercicio de lo que normalmente se consideran actividades delictivas, por decirlo suavemente: a duras penas hubo una acción de Estado que, de conformidad con las pautas normales, no fuera criminal. Por tanto, no era ya el acto criminal el que, como una excepción a la regla, supuestamente sirviera para mantener el gobierno del partido en el poder —como, por ejemplo, en el caso de famosos crímenes como el asesinato de Matteoti en la Italia de Mussolini, o el asesinato del duque d'Enghien por Napoleón—, sino que, por el contrario, ocasionales actos no delictivos —como la orden de Himmler de detener el programa de exterminio— fueron excepciones a la «ley» de la Alemania nazi, concesiones hechas por pura necesidad. Volviendo por un instante a la distinción entre gobierno totalitario y otras dictaduras, es precisamente la relativa rareza de los crímenes declarados lo que distingue las dictaduras fascistas de las totalitarias plenamente desarrolladas, aunque es verdad, por supuesto, que hay más crímenes cometidos por las dictaduras fascistas o militares que los que serían concebibles bajo un gobierno constitucional. Lo que cuenta en nuestro contexto es sólo que pueden reconocerse claramente como excepciones y que el régimen no los reconoce abiertamente.

De manera semejante, el argumento de las «órdenes superiores», o el contraargumento de los jueces de que la existencia de órdenes superiores no es excusa para la comisión de delitos, no tienen suficiente validez. Aquí, también, el presupuesto de que las órdenes normalmente no son criminales y que precisamente por esa razón cabe esperar que quien las reciba reconozca la naturaleza criminal de una orden determinada (como en el caso de un oficial que enloquezca y ordene disparar contra otros oficiales, o en el de los malos tratos o el asesinato de prisioneros de guerra). En términos jurídicos, las órdenes que han de ser desobedecidas deben ser «manifiestamente ilegítimas»; la ilegitimidad «debe ondear como una bandera negra que advierta: "Prohibido"». En otras palabras, por lo que respecta a la persona que ha de decidir si obedece o desobedece, la orden debe estar claramente marcada como una excepción, y el problema es que en los regímenes totalitarios, y especialmente en los últimos años del régimen de Hitler, esa marca correspondía claramente a las órdenes no criminales. Así, para Eichmann, que había decidido ser y mantenerse como un ciudadano del Tercer Reich respetuoso de la ley, la bandera negra de la ilegitimidad manifiesta ondeó sobre aquellas últimas órdenes dadas por Himmler en el otoño de 1944, según las cuales debían detenerse las deportaciones y desmantelarse las instalaciones de las fábricas de la muerte. El texto que acabo de citar figura en la sentencia de un tribunal militar israelí que, en mayor medida que la mayoría de los demás tribunales del mundo, era consciente de las dificultades inherentes a la palabra «legitimidad», a la vista de la naturaleza declaradamente y, por así decir, legalmente criminal de la Alemania de Hitler. La sentencia, por consiguiente, iba más allá de la fraseología al uso sobre que un «sentimiento de legitimidad [...] yace en el fondo de toda conciencia humana, incluso de aquellos que no están familiarizados con libros de leyes», y hablaba de «una ilegitimidad que salta a la vista y ofende al corazón, a condición de que el ojo no esté ciego y el corazón no sea pétreo y corrupto», todo lo cual está muy bien, pero a la hora de la verdad resultará insuficiente, me temo. Pues en estos casos las personas que obraron mal estaban muy impuestas de la letra y el espíritu de la ley del país en que vivían, y hoy, cuando se las considera responsables, lo único que les exigimos es un «sentimiento de legitimidad» profundamente enraizado para *contradecir* la ley del lugar y su conocimiento de ella. En tales circunstancias, puede exigirse bastante más que un ojo que no esté ciego y un corazón que no sea pétreo y corrupto a fin de que pueda detectar la «ilegitimidad». Actuaron en condiciones en las que todo acto moral era ilegal y todo acto legal era un delito.

Por consiguiente, la visión más bien optimista de la naturaleza humana que se desprende con tanta claridad, no sólo del veredicto de los jueces del proceso de Jerusalén, sino también de todos los juicios de la posguerra, presupone una facultad humana independiente, sin apoyo de la ley ni de la opinión pública, que juzgue de manera totalmente espontánea y de raíz cada acto y cada intención en toda ocasión que se presente. Quizá poseamos semejante facultad y seamos legisladores, cada uno de nosotros, cada vez que actuamos: pero no era ésta la opinión de los jueces. Pese a toda la retórica, apenas querían decir algo más que esto: que un *sentimiento* para esas cosas se ha ido desarrollando en nosotros a lo largo de tantos siglos, que es imposible que se haya perdido repentinamente. Y esto, pienso yo, es más que dudoso a la vista de las pruebas que tenemos y también a la vista del hecho de que, año arriba, año abajo, un orden «ilegítimo» ha seguido al otro, de manera que ninguno de ellos ha venido exigiendo de manera aleatoria la comisión de delitos cualesquiera sin conexión unos con otros, sino que todos han contribuido, con rara coherencia y celo, a la construcción del llamado orden nuevo. Este «orden nuevo» era exactamente lo que se decía que era: no sólo horriblemente nuevo, sino también y sobre todo un *orden*.

La difundida idea de que nos hallamos aquí simplemente ante una banda de criminales que han conspirado para cometer toda clase de crímenes es gravemente errónea. Cierto que había un número fluctuante de criminales en las formaciones de élite del movimiento y un número mayor de hombres culpables de atrocidades. Sin embargo, sólo en los comienzos del régimen, en los campos de concentración puestos bajo la autoridad de las milicias de asalto, tenían esas atrocidades un objeto político claro: hacer cundir el pánico y ahogar en una oleada de terror indescriptible todos los intentos de oposición organizada. Pero esas atrocidades no eran características y, lo que es más importante, aunque existía una gran permisividad al respecto, no estaban realmente permitidas. Igual que no estaba permitido el robo ni la aceptación de sobornos. Por el contrario, tal como Eichmann insistiría una y otra vez, las directrices rezaban: «Se ha de evitar la dureza innecesaria», y cuando, en el curso del interrogatorio policial, se le dio a entender que esas palabras sonaban un tanto irónicas tratándose de personas a las que se estaba enviando a una muerte cierta, ni siquiera entendió de qué estaba hablando el oficial de policía que lo interrogaba. La conciencia de Eichmann se rebelaba ante la idea de crueldad, no ante la de asesinato. Igualmente errónea es la idea habitual de que nos encontramos aquí ante un estallido de nihilismo moderno, si entendemos el credo nihilista en el sentido del siglo XIX: «todo está permitido». La facilidad con que podían embotarse las conciencias era, en parte, consecuencia del hecho de que en absoluto estaba todo permitido.

En efecto, el significado moral del asunto no se entiende en modo alguno calificando lo sucedido de «genocidio» o contando los millones y millones de víctimas: el exterminio de pueblos enteros se había dado ya antes en la Antigüedad, al igual que en las colonizaciones modernas. Se entiende sólo cuando nos damos cuenta de que esto ocurrió dentro del marco de un orden legal y que la piedra angular de esta «nueva ley» radicaba en el mandamiento «Matarás», no a tu enemigo, sino a gente inocente que no es potencialmente peligrosa, y no por necesidad alguna, sino, al contrario, contra toda consideración militar o utilitaria del tipo que sea. El programa de matanzas no estaba previsto que llegara a su fin con el último judío que se encontrara sobre la Tierra y no tenía nada que ver con la guerra, excepto en tanto que Hitler creía que necesitaba una guerra como pantalla de humo para sus operaciones no militares de exterminio; esas operaciones mismas se pensaba que continuarían a una escala aún más grandiosa en tiempo de paz. Y aquellos actos no fueron cometidos por forajidos, monstruos o sádicos perturbados, sino por los más respetados miembros de una sociedad respetable. Finalmente, hay que darse cuenta de que, si bien estos asesinos en masa actuaban en coherencia con una ideología racista, antisemita o, en cualquier caso, demográfica, lo más frecuente era que los asesinos y sus cómplices no creyeran en esas justificaciones ideológicas; para ellos, bastaba que todo sucediera conforme a la «voluntad del Führer», que era la ley del país, y de conformidad con las «palabras del Führer», que tenían fuerza de ley.

La mejor prueba, por si hacía falta, de hasta qué punto toda la población, independientemente de su afiliación al partido y su implicación directa, creía en el «nuevo orden» sin otra razón que la de pensar que las cosas eran así, fue quizá la increíble observación que el abogado de Eichmann, que no había pertenecido nunca al partido nazi, hizo dos veces durante el juicio de Jerusalén, a saber, que lo que había ocurrido en Auschwitz y en los demás campos de exterminio había sido «un asunto médico». Era como si la moral, en el momento mismo de su degeneración total en el seno de una nación antigua y civilizada, se revelara retrotraída al sentido original de la palabra, como un conjunto de *mores*, costumbres o maneras, que pudiera reemplazarse por otro conjunto sin más dificultad que la que entrañaría cambiar las formas de urbanidad en la mesa de todo un pueblo.*

Me he demorado hablando de esta situación general porque ningún debate sobre la responsabilidad personal tendría sentido sin un conocimiento preciso de la situación de hecho. Plantearé ahora dos preguntas. Primera, ¿en qué sentido fueron diferentes aquellos raros individuos que no colaboraron en ningún aspecto de la vida ordinaria y se negaron a participar en la vida pública, aunque no fueron capaces de rebelarse activamente? Y segunda, si aceptamos que quienes sirvieron en cualquier nivel y con cualquier grado de responsabilidad no eran simplemente unos monstruos, ¿qué es lo que les hizo comportarse como lo hicieron? ¿Con qué argumentos morales, ya no legales, justificaron su conducta tras la derrota del régimen y la quiebra del «nuevo orden» con su nueva serie de valores? La respuesta a la primera pregunta es relativamente sencilla: los no participantes, considerados irresponsables por la mayoría, fueron los únicos que se atrevieron a juzgar por sí mismos, y fueron capaces de hacerlo no porque dispusieran de un mejor sistema de valores ni porque las viejas pautas sobre lo correcto y lo incorrecto permanecieran firmemente enraizadas en su mente y su conciencia. Por el contrario, todas nuestras experiencias nos indican que fueron precisamente los miembros de la sociedad *respetable*, que no se habían visto afectados por la agitación intelectual y moral de las primeras fases del período nazi, quienes primero se entregaron. Simplemente, cambiaron un sistema de valores por otro. Yo diría, por tanto, que los no participantes fueron aquellos cuya conciencia no funcionó de manera, por así decir, automática (como si dispusiéramos de un conjunto de reglas aprendidas o innatas que aplicáramos a los distintos casos particulares a medida que se fueran presentando, de modo que toda nueva experiencia o situación estuviera ya prejuzgada y sólo tuviéramos que ejecutar lo que ya tuviéramos aprendido o poseído de antemano). El criterio de los no participantes fue, pienso

* Arendt era aficionada a establecer analogías entre las costumbres y las formas de urbanidad en la mesa, y empleó dicha analogía en varias ocasiones. (*N. del e.*)

yo, otro: se preguntaron hasta qué punto podrían seguir viviendo en paz consigo mismos. En consecuencia, escogieron también morir cuando fueron obligados a participar. Por decirlo crudamente, se negaron a asesinar, no tanto porque mantuvieran todavía una firme adhesión al mandamiento «No matarás», sino porque no estaban dispuestos a convivir con un asesino: ellos mismos.

La condición previa para este tipo de juicio no es una inteligencia altamente desarrollada o una gran sutileza en materia moral, sino más bien la disposición a convivir explícitamente con uno mismo, tener contacto con uno mismo, esto es, entablar ese diálogo silencioso entre yo y yo mismo que, desde Sócrates y Platón, solemos llamar pensamiento. Esta manera de pensar, aunque se halla en la raíz de todo pensamiento filosófico, no es técnica y no tiene nada que ver con problemas teóricos. La línea divisoria entre los que quieren pensar y, por tanto, han de juzgar por sí mismos, y quienes no quieren hacerlo atraviesa todas las diferencias sociales, culturales y educacionales. A este respecto, el completo derrumbe moral de la sociedad respetable durante el régimen de Hitler puede enseñarnos que, en semejantes circunstancias, quienes aprecian los valores y se aferran a las normas y pautas morales no son de fiar: ahora sabemos que las normas y las pautas morales pueden cambiar de la noche a la mañana y que todo lo que queda es el hábito de aferrarse a algo. Mucho más dignos de confianza serán los dubitativos y escépticos, no porque el escepticismo sea bueno o la duda saludable, sino porque esas personas están acostumbradas a examinar las cosas y construirse sus propias ideas. Los mejores de todos serán aquellos que sólo tengan por cierta una cosa: que, pase lo que pase, mientras vivamos habremos de vivir con nosotros mismos.

Pero ¿qué hay del reproche de irresponsabilidad lanzado contra los pocos que se lavaron las manos de lo que estaba pasando en torno suyo? Creo que habremos de admitir que hay situaciones extremas en que la responsabilidad ante el mundo, que es primariamente política, no puede asumirse, pues la responsabilidad política siempre presupone al menos un mínimo de poder político. La impotencia o la total carencia de poder es, creo yo, una excusa válida. Su validez es tanto más fuerte cuanto que parece exigir una cierta calidad moral siquiera para reconocer la carencia de poder, la buena voluntad y la buena fe necesarias para hacer frente a las realidades y no vivir de ilusiones. Más aún, es precisamente en esa admisión de la propia impotencia donde puede todavía conservarse un último residuo de fuerza e incluso de poder, aun en condiciones desesperadas.

El último punto puede quedar algo más claro si dirigimos nuestra atención a mi segunda pregunta, a aquellos que no sólo participaron, digamos así, por las buenas o por las malas, sino que pensaron que era su deber hacer todo lo que se les ordenara. Su argumentación era diferente de la empleada por los meros participantes que invocaban el mal menor, o el *Zeitgeist*, negando así implícitamente la facultad humana de juicio o, en algunos casos sorprendentemente raros, el miedo, que en los Estados totalitarios es omnipresente. El argumento, desde los juicios de Nuremberg hasta el juicio de Eichmann y los más recientes juicios celebrados en Alemania, ha sido siempre el mismo: toda organización exige obediencia a los superiores, así como obediencia a las leyes del país. La obediencia es una virtud política de primer orden, sin la que ningún cuerpo político puede sobrevivir. La libertad de conciencia sin restricciones no existe en ningún sitio, pues significaría la ruina de toda comunidad organizada. Todo esto suena tan plausible que cuesta cierto esfuerzo descubrir la falacia. Su plausibilidad se basa en la verdad del hecho de que «todas la formas de gobierno», en palabras de Madison, incluso las más autocráticas, y aun las tiranías, «se basan en el *consentimiento*», y la falacia estriba en la equiparación del consentimiento con la obediencia. Un adulto consiente allá donde un niño obedece; si se dice de un adulto que obedece, lo que hace es *apoyar* la organización, autoridad o ley que reclama «obediencia». La falacia es tanto más perniciosa cuanto que puede invocar una vieja tradición. Nuestro uso de la palabra «obediencia» en todas esas situaciones estrictamente políticas se remonta a la secular idea de la ciencia política que, desde Platón y Aristóteles, nos dice que todo cuerpo político está constituido por gobernantes y gobernados, y que los primeros mandan y los segundos obedecen.

Desde luego, no profundizaré aquí en las razones por las que esos conceptos se han deslizado en nuestra tradición de pensamiento político, pero me gustaría señalar que suplantaron otras nociones más antiguas y, en mi opinión, más ajustadas de las relaciones entre los hombres en la esfera de la acción concertada. Según esas nociones más antiguas, toda acción llevada a cabo por una pluralidad de hombres puede dividirse en dos fases: el comienzo, que se da por iniciativa de un «dirigente», y el cumplimiento, en que muchos convergen en lo que se convierte entonces en una empresa común. En nuestro contexto, lo que importa es la certeza de que nadie, por fuerte que sea, puede llevar a cabo nada, bueno o malo, sin la ayuda de otros. Lo que tenemos aquí es la idea de una igualdad aplicable al «dirigente», que nunca pasa de ser un *primus inter pares*, primero entre iguales. Quienes parecen obedecerle lo que hacen en realidad es apoyarle a él y a su empresa; sin esta «obediencia», aquél estaría inerme, mientras que en el mundo de los niños o en condiciones de esclavitud —las dos esferas en las que la noción de obediencia tiene sentido y de las que pasó a la esfera política— es el niño o el esclavo el que está inerme si se niega a «cooperar». Incluso en una organización estrictamente burocrática, con su orden jerárquico fijo, tendría mucho más sentido observar el funcionamiento de los «engranajes» y las ruedas como elementos de apoyo en general a una empresa común que en nuestros términos habituales de obediencia a los superiores. Si yo obedezco las leyes del país, estoy apoyando su constitución, tal como se ve con toda claridad en el caso de los revolucionarios y los rebeldes, que desobedecen porque han retirado su tácito consentimiento.

Visto así, los no participantes en la vida pública bajo una dictadura son aquellos que han rehusado dar su apoyo renunciando a aquellos puestos de «responsabilidad» en los que se exige el apoyo bajo el nombre de obediencia. Y basta que imaginemos por un momento lo que sucedería con cualquiera de esas formas de gobierno si un número suficiente de personas actuara «irresponsablemente» y negara su apoyo, aun sin resistencia activa ni rebelión, para ver qué arma tan eficaz podría ser esa actitud. Se trata, en definitiva, de una de las muchas variantes de acción y resistencia no violenta —como el poder que encierra la *des*obediencia civil— que se están descubriendo en nuestro siglo. En cambio, la razón de que podamos considerar de todos modos responsables de lo que hicieron a aquellos nuevos criminales que nunca cometieron ningún crimen por iniciativa propia es que en asuntos de política y moral no existe eso que llamamos «obediencia». El único ámbito en el que podría acaso aplicarse a adultos no esclavos es el de la religión, en que la gente dice que *obedece* a la palabra o a los mandatos de Dios porque la relación entre Dios y el hombre puede considerarse correctamente similar a la relación entre un adulto y un niño.

Por consiguiente, la pregunta dirigida a quienes participaron y obedecieron órdenes nunca debería ser «¿Por qué obedeciste?», sino «¿Por qué *apoyaste*?». Este cambio léxico no es ninguna fruslería semántica para quienes conocen la extraña y poderosa influencia que las «palabras» ejercen sobre la mente de los hombres, que ante todo son animales hablantes. Mucho se ganaría si pudiéramos eliminar el pernicioso término «obediencia» de nuestro vocabulario moral y político. Si pensáramos a fondo en estos temas, podríamos recuperar cierto grado de confianza en nosotros mismos, e incluso de orgullo, esto es, recuperar lo que en otros tiempos se llamaba la dignidad o el honor del hombre: no quizá de la humanidad, sino del hecho de ser humano.

1964

da. Nietzsche se consideraba a sí mismo un moralista, y sin duda lo era; pero establecer la vida como el sumo bien implica, por lo que concierne a la ética, un círculo vicioso, pues toda ética, cristiana o no, presupone que la vida *no* es el sumo bien para los hombres mortales y que en la vida está siempre en juego algo más que el mantenimiento y la reproducción de los organismos vivos individuales. Lo que está en juego pueden ser cosas muy diferentes: la grandeza y la fama, como en la Grecia anterior a Sócrates; la permanencia de la ciudad, como en la virtud romana; la salud del alma en esta vida o la salvación del alma en el más allá; la libertad o la justicia o muchas otras cosas.

¿Eran esas cosas o esos principios, de los que derivan en última instancia todas las virtudes, meros valores susceptibles de ser sustituidos por otros cada vez que la gente cambiara de opinión al respecto? Y, tal como Nietzsche parece indicar, ¿se irían todos a pique ante el avasallador imperativo de la Vida misma? Por supuesto, Nietzsche no podía saber que la existencia de la humanidad en su conjunto pudiera llegar nunca a ponerse en peligro a causa de la propia conducta humana y, ante semejante aontecimiento límite, uno podría ciertamente argüir que la Vida, la supervivencia del mundo y de la especie humana son el sumo bien. Pero esto no significaría sino que toda ética o moral dejaría simplemente de existir. En principio, esta idea había sido anticipada por la vieja pregunta latina: *Fiat iustitia, pereat mundus?* («¿Debe perecer el mundo con tal de que se haga justicia?»), a la que Kant había contestado: «Si perece la justicia, la vida humana sobre la Tierra habrá perdido su sentido» («*Wenn die Gerechtigkeit untergeht, hat es keinen Wert mehr, daas Menschen auf Erden leben*»). Por consiguiente, el único nuevo principio moral proclamado en la época moderna resulta ser, no la afirmación de «nuevos valores», sino la negación de la moral como tal, aunque Nietzsche, por supuesto, no lo sabía. Y su impresionante grandeza estriba en que osó demostrar hasta qué punto la moral se había envilecido y perdido su sentido.

Las palabras de Churchill fueron pronunciadas como una declaración, pero nosotros, con la ventaja de la retrospección, nos sentiremos tentados a ver también en ellas una premonición. Y si fuera simplemente una cuestión de premoniciones, podría añadir ciertamente una impresionante cantidad de citas que se remontan al menos al primer tercio del siglo XVIII. Lo importante para nosotros, sin embargo, es que ya no estamos tratando de premoniciones, sino de hechos.

Nosotros —al menos los más viejos de nosotros— hemos asistido al derrumbe completo de todas las pautas morales establecidas en la vida pública y privada durante las décadas de 1930 y 1940, no sólo (como ahora suele darse por sentado) en la Alemania de Hitler, sino también en la Rusia de Stalin. Sin embargo, las diferencias entre ambos casos son lo bastante significativas como para que las mencionemos. Se ha observado con frecuencia que la Revolución rusa provocó una agitación y remodelación social de toda la nación sin parangón incluso con la dictadura fascista radical de la Alemania nazi, la cual, es cierto, dejó las relaciones de propiedad prácticamente intactas y no eliminó los grupos dominantes en la sociedad. A partir de ahí suele concluirse que lo que ocurrió en el Tercer Reich fue, por naturaleza, y no sólo por accidente histórico, menos permanente y menos extremado. Esto puede o no ser verdad con respecto a hechos estrictamente políticos, pero es ciertamente una falacia si consideramos la cuestión moral. Vistos desde un punto de vista estrictamente moral, los crímenes de Stalin estaban, por así decir, pasados de moda; como un criminal ordinario, nunca los admitió, sino que los mantuvo envueltos en una nube de hipocresía y doble lenguaje mientras sus seguidores los justificaban como medios temporales en la persecución de la «buena» causa o, si eran algo más sutiles, mediante las leyes de la historia a las que el revolucionario ha de someterse y sacrificarse si es preciso. Es más, nada hay en el marxismo, pese a todo el discurso acerca de la «moral burguesa», que anuncie un nuevo conjunto de valores morales. Si hay algo característico en Lenin o Trotsky como representantes del revolucionario profesional, es la ingenua creencia de que, una vez que cambien las circunstancias sociales gracias a la revolución, la humanidad seguirá automáticamente los pocos preceptos morales conocidos y repetidos desde el alba de la historia.

A este respecto, los acontecimientos alemanes son mucho más extremados y quizá también más reveladores. No está sólo el horrible hecho de las fábricas de la muerte cuidadosamente establecidas y la absoluta falta de hipocresía en los numerosos contingentes implicados en el programa de exterminio. Igualmente importante, pero quizá más pavorosa, era la colaboración, como si tal cosa, de todos los estratos de la sociedad alemana, incluidas las antiguas élites que los nazis dejaron intactas y que nunca se identificaron con el partido en el poder. Pienso que es posible justificar con los hechos la afirmación de que moralmente, aunque no socialmente, el régimen nazi fue mucho más extremista que el estalinista en sus peores momentos. De hecho, proclamó un nuevo conjunto de valores e introdujo un sistema jurídico acorde con ellos. Demostró, además, que nadie tenía por qué ser un nazi convencido para adaptarse y olvidar, de la noche a la mañana, por así decir, no su posición social, sino las convicciones morales que una vez la acompañaron.

En el examen de estos temas, y especialmente en la denuncia moral general de los crímenes nazis, suele pasarse casi siempre por alto que la verdadera cuestión moral no se planteó con la conducta de los nazis, sino con la de aquellos que simplemente «sintonizaron» con ella y no actuaron por convencimiento. No es demasiado difícil ver e incluso comprender cómo alguien puede decidir «probar su vileza» y, llegada la ocasión, intentar subvertir el decálogo, empezando por el mandamiento «Matarás» y terminando por el precepto «Mentirás». En toda comunidad, como bien sabemos hoy día, hay siempre un cierto número de delincuentes y, aunque la mayoría de ellos adolecen de una imaginación más bien limitada, podemos conceder que unos cuantos de ellos, probablemente, no están menos dotados que Hitler y algunos de sus secuaces. Lo que esas personas hicieron fue horrible y la manera en que organizaron primero Alemania y luego la Europa ocupada por los nazis reviste gran interés para la ciencia política y el estudio de las formas de gobierno; pero ni lo uno ni lo otro plantean problema moral alguno. La moral degeneró hasta convertirse en un simple conjunto de *mores* —maneras, costumbres, convenciones, que se podían cambiar a voluntad— no por la acción de criminales, sino por la de personas corrientes que, mientras las normas morales fueron socialmente aceptadas, nunca soñaron que dudarían de lo que se les había enseñado a creer. Y este asunto, es decir, el problema que plantea, no se resuelve si admitimos, como debemos hacer, que la doctrina nazi no permaneció en el pueblo alemán, que la criminal moral de Hitler volvió a ser sustituida en un momento, el momento en que la «historia» anunció la derrota. Por consiguiente, hemos de decir que fuimos testimonios del total derrumbamiento de un orden «moral» no sólo una vez, sino dos veces, y este súbito retorno a la «normalidad», en contra de lo que a menudo se supone de manera complaciente, sólo puede reforzar nuestras dudas.

Cuando vuelvo mi pensamiento a las dos últimas décadas transcurridas desde el final de la última guerra, tengo la sensación de que esta cuestión moral ha permanecido dormida porque ha quedado oculta por algo de lo que, de hecho, es mucho más difícil hablar y que es casi imposible de asimilar: el horror mismo en su desnuda monstruosidad. La primera vez que nos enfrentamos a él, parecía, no sólo para mí, sino para muchas otras personas, trascender todas las categorías morales en la medida en que hacía estallar, ciertamente, todas las normas jurídicas. Uno puede expresarlo de varias maneras.

Yo solía decir que es algo que nunca debería haber sucedido, pues los hombres serán incapaces de castigarlo o de perdonarlo. No hemos de llegar a poder reconciliarnos con ello, asimilarlo, tal como debemos hacer con todo lo que es ya pasado (bien porque era algo malo y debemos superarlo, bien porque era bueno y no podemos dejar que se pierda). Es un pasado que se ha ido haciendo peor a medida que pasaban los años, y ello en parte porque los alemanes, durante demasiado tiempo, rehusaron procesar siquiera a los asesinos que había entre ellos, pero en parte también porque ese pasado no podía «dominarlo» nadie. Incluso el famoso poder curativo del tiempo nos ha fallado de alguna manera. Porque ese pasado ha conseguido hacerse peor a medida que han pasado los años, de manera que a veces nos vemos tentados de pensar: esto no se acabará nunca mientras no estemos todos muertos. Ello, sin duda, es debido a la complacencia del régimen de Adenauer, que durante tanto tiempo no hizo absolutamente nada acerca de los famosos «asesinos entre nosotros» y no consideró la participación en el régimen de Hitler, a no ser que incurriera en actos delictivos, como razón suficiente para descalificar a ningún aspirante a la función pública. Pero éstas, pienso, son sólo explicaciones parciales: el hecho es también que ese pasado ha resultado ser «indomable» para todo el mundo, no sólo para la nación alemana. Y la incapacidad del procedimiento de un tribunal civilizado para abordarlo de forma jurídica, su insistencia en pretender que esos asesinos de nuevo cuño no se diferencian en nada de los asesinos ordinarios y actuaron por los mismos motivos, es sólo una, aunque quizás a la larga la más funesta, consecuencia de este estado de cosas. No hablaré de ello aquí cuando estamos tratando cuestiones morales, no legales. Lo que quería señalar es que el mismo horror indecible, la negativa a pensar lo impensable, ha sido quizá lo que ha impedido una muy necesaria reconsideración de las categorías jurídicas y nos ha hecho olvidar las lecciones estrictamente morales y, esperémoslo, más manejables que están estrechamente relacionadas con el conjunto de los hechos ocurridos pero que parecen inocuas cuestiones secundarias en comparación con el horror de fondo.

Por desgracia, debemos reconocer que aún hay otro aspecto que obstaculiza nuestra empresa. Dado que a la gente le resulta difícil, y con razón, convivir con algo que los deja sin respiración y sin habla, se rinden con demasiada frecuencia a la fácil tentación de traducir su incapacidad de expresión oral a las primeras expresiones puramente emotivas, todas ellas insuficientes, que tienen a mano. A consecuencia de ello, la historia que nos ocupa suele contarse hoy día en forma de sentimientos que ni siquiera necesitan ser triviales ellos mismos para sentimentalizar y trivializar la historia. Son muy escasos los ejemplos en que no es así, la mayoría de ellos no reconocidos o desconocidos. La atmósfera misma en que se discuten hoy día los hechos está sobrecargada de emociones, a menudo de escaso calibre, y quienquiera que plantee estas cuestiones ha de esperar verse arrastrado, suponiendo que pueda discutirlas, a un nivel en que nada serio puede discutirse. Sea como fuere, mantengamos la distinción entre el horror indecible, en el que uno no aprende nada más que lo que puede comunicarse directamente, y las experiencias no horribles, pero a menudo repulsivas, en que la conducta de la gente está expuesta a un juicio normal y donde se plantea la cuestión de la moral y la ética.

He dicho que la cuestión moral ha permanecido dormida durante bastante tiempo, con lo que doy a entender que ha vuelto a la vida estos últimos años. ¿Qué es lo que la ha despertado? Tal como yo lo veo, hay varios temas interconectados que producen un efecto acumulativo. Primero y más importante, el efecto de los juicios de la posguerra contra los llamados criminales de guerra. Lo decisivo aquí fue el simple hecho del procedimiento judicial, que obligó a todo el mundo, incluidos los estudiosos de la ciencia política, a mirar las cosas desde un punto de vista moral. Es bien sabido, creo, que apenas existe un curso vital en el que uno encuentre personas tan cautelosas y desconfiadas de las normas morales, incluso de los criterios de justicia, como en las profesiones jurídicas. Las modernas ciencias sociales y psicológicas han contribuido también, por supuesto, a este escepticismo general. Y, sin embargo, el simple hecho del procedimiento judicial en los casos criminales, la secuencia de acusación-defensa-juicio que se mantiene en todas las variantes de sistemas jurídicos y que es tan vieja como la historia escrita, desafía todos los escrúpulos y todas las dudas. No, desde luego, en el sentido de que pueda acallarlos, sino en el sentido de que esa institución concreta descansa en el supuesto de la responsabilidad y la culpa personales, por un lado, y en una creencia en el funcionamiento de la conciencia, por otro. Las cuestiones legales y la morales no son en absoluto las mismas, pero tienen en común el hecho de que tienen que ver con personas y no con sistemas ni organizaciones.

La innegable grandeza del procedimiento judicial radica en que debe centrar su atención en la persona individual, y ello incluso en la época de la sociedad de masas, en que todo el mundo siente la tentación de considerarse a sí mismo como una simple pieza de engranaje en algún tipo de maquinaria, sea en la maquinaria bien engrasada de alguna gigantesca burocracia, social, política o profesional, sea en el casual cúmulo de circunstancias caóticas y mal ajustadas en que transcurren nuestras vidas. El desplazamiento casi automático de responsabilidades que habitualmente se produce en la sociedad moderna se detiene bruscamente en el momento en que uno entra en la sala del tribunal. Todas las justificaciones de naturaleza abstracta y no específica —todo aquello, desde el *Zeitgeist* hasta el complejo de Edipo, que indica que uno no es un hombre, sino una función de algo y, por tanto, una cosa intercambiable por otra y no alguien determinado— se desvanecen. Independientemente de lo que puedan decir las modas científicas de la época, de cuánto hayan penetrado en la opinión pública e influido, por consiguiente, en los hombres de leyes, la institución misma desafía todo eso, y debe hacerlo o dejar de existir. Y en el momento en que venimos a la persona individual, la pregunta que hay que formular ya no es: «¿Cómo funcionó este sistema?», sino: «¿Por qué el acusado se hizo funcionario de esta organización?».[1]

Ello, por supuesto, no equivale a negar que sea importante para las ciencias políticas y sociales comprender el funcionamiento de los gobiernos totalitarios, penetrar en la esencia de la burocracia y su inevitable tendencia a hacer funcionarios de los hombres, meras piezas de engranaje de la maquinaria administrativa, logrando así deshumanizarlos. Lo que importa es que la administración de justicia puede tener en cuenta esos factores únicamente en la medida en que son circunstancias, acaso atenuantes, de lo que hizo el hombre de carne y hueso. En una burocracia perfecta —que en términos de gobierno es el gobierno de nadie— el procedimiento judicial sería superfluo: bastaría con cambiar las piezas de engranaje defectuosas por otras en buen estado. Cuando Hitler dijo que esperaba que llegase el día en que en Alemania fuera considerado como una desgracia ser jurista, expresaba con la mayor coherencia su sueño de una burocracia perfecta.

El horror indecible al que aludía antes como una reacción congruente ante el sistema en su conjunto se disuelve en la sala del tribunal, en la que tratamos con personas en el discurso ordenado de acusación, defensa y juicio. La razón de que esos procedimientos judiciales puedan suscitar cuestiones específicamente morales —lo que no es el caso en los juicios de delincuentes comunes— salta a la vista; esas personas no son criminales corrientes, sino más bien personas muy corrientes que han cometido delitos con mayor o menor entusiasmo simplemente porque hicieron lo que se les había dicho que hicieran. Entre ellas había también delincuentes comunes que pudieron hacer impunemente dentro del sistema nazi lo que siempre habían deseado hacer; pero por mucho que los sádicos y pervertidos aparecieran bajo los focos en la publicidad sobre los juicios, en nuestro contexto tienen un interés menor.

Pienso que es posible mostrar que esos juicios permitieron hacerse una idea más general de la concreta parte de culpa que corresponde a quienes no pertenecían a ninguna de las categorías de delincuentes pero desempeñaron, pese a todo, su papel dentro del régimen, o de la parte que corresponde a quienes se limitaron a guardar silencio y tolerar las cosas tal como ocurrían pese a estar en condiciones de denunciarlo. Recordarán ustedes las ruidosas protestas que acogieron la acusación lanzada por Hochhuth contra el papa Pío XII, así como mi libro sobre el juicio de Eichmann. Si descartamos las voces de las partes directamente interesadas —el Vaticano o las organizaciones judías—, la característica más destacada de esas «controversias» era el interés abrumadoramente predominante por las cuestiones estrictamente morales. Aún más llamativo que este interés era quizá la increíble confusión moral que esos debates pusieron de manifiesto, junto con una extraña tendencia a ponerse en el sitio del reo, fuera quien fuese en cada momento. Hubo todo un coro de voces que me aseguraron que «hay un Eichmann en cada uno de nosotros», del mismo modo que hubo todo un coro que le dijo a Hochhuth que el culpable no era el papa Pío XII —un simple hombre y un simple Papa, al fin y al cabo—, sino toda la cristiandad e incluso la raza humana entera. Los únicos reos verdaderos, se percibía e incluso se decía con frecuencia, eran personas como Hochhuth y yo misma, que osábamos ponernos a juzgar; pues no puede juzgar nadie que no haya estado en las mismas circunstancias, en las que, presumiblemente, habría actuado como los demás. Esta postura, dicho sea de paso, coincidía extrañamente con la opinión de Eichmann sobre el asunto.

En otras palabras, aunque las cuestiones morales fueron acaloradamente debatidas, al mismo tiempo se las desvió y eludió con el mismo celo. Y no es que ello se debiera a la naturaleza concreta de las cuestiones debatidas, sino que parece ocurrir siempre que se debaten cuestiones morales, no en general, sino en casos particulares. Así, por ejemplo, recuerdo un incidente acaecido hace unos años en relación con el famoso concurso de jugar con trampa emitido por televisión. Un artículo de Hans Morgenthau en el *New York Times Magazine* («Reaction to the Van Doren Reaction», 22 de noviembre de 1959) señalaba lo evidente: que está mal hacer trampa por dinero, doblemente mal en temas intelectuales y tres veces mal en el caso de un profesor. La respuesta fue un auténtico ultraje: semejante juicio atentaba contra la caridad cristiana y a nadie, excepto a un santo, podía pedírsele que resistiese la tentación de tanto dinero. Y eso no se dijo en tono cínico, como burla de la respetabilidad burguesa, ni tampoco llevaba la intención de un argumento nihilista. Nadie dijo —como habría ocurrido sin lugar a dudas treinta o cuarenta años antes, al menos en Europa— que hacer trampas es divertido, que la virtud es aburrida y la gente con sentido moral es pesada. Ni dijo tampoco nadie que el concurso televisivo estaba mal, que cosas como una pregunta de 64.000 dólares eran casi una invitación al comportamiento fraudulento, ni se alzó nadie en favor de la dignidad de la enseñanza y para criticar a la universidad por no impedir que uno de sus miembros incurriera en lo que era a todas luces una conducta contraria a la profesión, aun cuando no hubiera de darse ninguna trampa. De las abundantes cartas escritas en respuesta al artículo se desprendía claramente que la gran mayoría del público, incluidos muchos estudiantes, pensaban que la única persona a la que había que censurar sin lugar a dudas era al hombre que había juzgado, no al hombre que había obrado mal, ni a una institución, ni a la sociedad en general o los medios de comunicación en particular.

Enumeraré ahora brevemente las cuestiones generales que esta situación, de hecho, tal como yo la veo, ha puesto a la orden del día. Creo que la primera conclusión es que nadie en su sano juicio puede ya sostener que la conducta moral es algo que va de suyo: *das Moralische versteht sich von selbst*, presupuesto con arreglo al que la generación a la que pertenezco fue educada todavía. Dicho presupuesto comprende una tajante distinción entre legalidad y moralidad, y aunque existía un vago consenso tácito en que, a grandes rasgos, la ley del país expresa todo lo que la ley moral puede exigir, no había apenas dudas de que, en caso de conflicto, la ley moral era superior y había de ser obedecida en prioridad. Esta tesis, a su vez, podía tener sentido sólo si dábamos por supuestos todos aquellos fenómenos que solemos tener presentes cuando hablamos de la conciencia humana. Cualquiera que sea la fuente del conocimiento moral —mandamientos divinos o razón humana—, todo hombre cuerdo, se supone, lleva en su interior una voz que le indica lo que está bien y lo que está mal, y ello independientemente de la ley del país y de las voces de sus congéneres. Kant señaló en una ocasión que podría haber una dificultad: «Nadie —dijo— que pase su vida entre bribones sin conocer nada más puede tener un concepto de la virtud» («*Den Begriff der Tugend würde kein Mensch haben, wenn er immer unter lauter Spitzbuben wäre*»). Pero con eso no quería decir sino que la mente humana se guía en estos asuntos por ejemplos. Ni por un momento habría dudado de que, ante el ejemplo de la virtud, la razón humana sabe lo que está bien y que su opuesto está mal. Por descontado, Kant creía haber explicitado la fórmula que la mente humana aplica siempre que ha de distinguir lo que está bien de lo que está mal. Llamó a dicha fórmula el imperativo categórico; pero no cayó en la ilusión de que había hecho un descubrimiento en filosofía moral que habría entrañado que nadie antes de él supiera lo que está bien y lo que está mal, idea a todas luces absurda. Compara su fórmula (sobre la que diremos algo más en las próximas sesiones) con una brújula mediante la cual a los hombres les resultará fácil «distinguir qué es bien, qué es mal [...]. Sin enseñarle nada nuevo [a la razón común] nada nuevo, se le hace atender solamente, como hacía Sócrates, a su propio principio, y que no hace falta ciencia ni filosofía alguna para saber qué es lo que se debe hacer para ser honrado y bueno. [...]. El conocimiento de lo que todo hombre está obligado a hacer y, por tanto, también a saber, es cosa que compete a todos los hombres, incluso al más común».[2] Y si alguien le hubiera preguntado a Kant dónde se encuentra ese conocimiento que está al alcance de todos, habría respondido que en la estructura racional de la mente humana, mientras que otros, por supuesto, habrían situado ese mismo conocimiento en el corazón humano. Lo que Kant no habría dado por descontado es que el hombre vaya a actuar también con arreglo a ese juicio. El hombre no es sólo un ser racional, pertenece también al mundo de los sentidos, que lo tentará para que se rinda a sus inclinaciones en lugar de seguir el dictado de su razón o de su corazón. Por eso la conducta moral no va de suyo, sino sólo el conocimiento moral, el conocimiento del bien y del mal. Puesto que las inclinaciones y la tentación están arraigadas en la naturaleza humana, aunque no en la razón humana, al hecho de que el hombre se sienta tentado a obrar mal siguiendo sus inclinaciones Kant lo llamó «mal radical». Ni él ni ningún otro filósofo moral ha creído realmente que el hombre pueda querer el mal por sí mismo; todas las transgresiones las explica Kant como excepciones que el hombre se siente tentado a hacer a una ley que por otro lado reconoce como válida: así, por ejemplo, el ladrón reconoce las leyes de la propiedad, y hasta desea estar protegido por ellas, limitándose a hacer una excepción transitoria respecto de ellas en su propio favor.

Nadie desea ser malvado, y aquellos que pese a todo actúan con maldad caen en un *absurdum morale*, en una absurdidad moral. Quien lo hace está realmente en contradicción consigo mismo, con su propia razón, y, por consiguiente, según las propias palabras de Kant, debe despreciarse a sí mismo. Que el temor a ese autodesprecio no puede ser suficiente para garantizar la legalidad es obvio; pero en tanto uno se mueva en una sociedad de ciudadanos respetuosos de la ley, da por supuesto que el autodesprecio funcionará. Kant sabía, desde luego, que muy a menudo el autodesprecio, o más bien el miedo a tener que despreciarse uno mismo, no funciona, y su explicación de este hecho era que el hombre puede mentirse a sí mismo. Por eso declaraba repetidamente que la verdadera «llaga o mancha» de la naturaleza humana es la mendacidad, la facultad de mentir.[3] A primera vista, esta afirmación resulta muy sorprendente, pues ninguno de nuestros códigos éticos o religiosos (con la excepción del de Zoroastro) contiene el mandamiento «No mentirás», por no hablar ya del hecho de que no sólo nosotros, sino todos los códigos de las naciones civilizadas han colocado el asesinato encabezando la lista de los delitos del ser humano. Curiosamente, Dostoievski parece haber compartido —sin saberlo, por supuesto— la opinión de Kant. En *Los hermanos Karamazov*, Dmitri K. le pregunta al *starov*: «¿Qué he de hacer para lograr la salvación?», y el *starov* responde: «Ante todo, no te mientas nunca a ti mismo».

He dejado fuera de esta esquemática exposición preliminar todos los preceptos y creencias morales específicamente religiosos, no porque los crea poco importantes (todo lo contrario), sino porque en el momento en que la moral se derrumbaba apenas desempeñaron papel alguno. Estaba claro que nadie tenía ya miedo de un Dios vengador o, más concretamente, de posibles castigos en el más allá. Como una vez observara Nietzsche: «*Naivität, als ob Moral übrigbliebe, wenn der sanktionierende* Gott *fehlt! Das "Jenseits" absolut notwendig, wenn der Glaube an Moral aufrechterhalten werden soll*».[4] Tampoco las Iglesias pensaron en amenazar así a sus fieles una vez que resultó que eran las autoridades del Estado las que exigían la comisión de crímenes. Y los pocos que en todas las Iglesias y en todas las formas de vida rehusaron participar en crímenes no invocaron creencias ni temores religiosos, aun cuando resultara que eran creyentes, sino que se limitaron a declarar, como otros, que no podían asumir ellos mismos la responsabilidad por aquellos actos. Esto suena bastante extraño y está, ciertamente, en disonancia con los innumerables pronunciamientos piadosos de las Iglesias después de la guerra, especialmente las reiteradas admoniciones de aquí y de allá insistiendo en que nada podrá salvarnos excepto el retorno a la religión. Pero es un hecho, y demuestra en qué medida la religión, si es algo más que un asunto social, se ha convertido realmente en el más privado de los asuntos privados. Pues, desde luego, nosotros no sabemos qué pasó en el corazón de esos hombres, si tenían o no miedo al infierno y a la condenación eterna. Todo lo que sabemos es que apenas hubo alguno que pensara que esas antiquísimas creencias sirvieran de justificación pública.

Hay, no obstante, otra razón por la que he dejado la religión al margen de la discusión y he empezado señalando la gran importancia de Kant en esta materia. La filosofía moral no tiene sitio allá donde la religión, y especialmente la religión revelada en el sentido judeo-cristiano, es la norma válida para la conducta humana y el criterio válido para juzgarla. Esto no significa, por supuesto, que ciertas doctrinas que conocemos sólo en un contexto religioso no sean de gran pertinencia para la filosofía moral. Si volvemos la vista a la filosofía tradicional, premoderna, tal como se desarrolló en el marco de la religión cristiana, descubriremos de pronto que no existía ninguna subdivisión moral dentro de la filosofía. La filosofía medieval se dividía en cosmología, ontología, psicología y teología racional: esto es, en una doctrina acerca de la naturaleza y el universo, acerca del Ser, acerca de la naturaleza de la mente y el alma humanas y, por último, acerca de las pruebas racionales de la existencia de Dios. En la medida en que se debatían cuestiones «éticas», especialmente en Tomás de Aquino, ello se hacía al modo antiguo, en el que la ética era parte integrante de la filosofía política, donde se define la conducta del hombre en la medida en que es ciudadano. Tenemos, así, en Aristóteles dos tratados que contienen en conjunto lo que él llama filosofía de los asuntos humanos: su *Ética nicomáquea* y su *Política*. La primera trata del ciudadano, la segunda, de las instituciones civiles; la primera precede a la segunda porque la «buena vida» del ciudadano es la *raison d'être* de la polis, la institución de la ciudad. El objetivo es descubrir cuál es la mejor constitución, y el tratado sobre la buena vida, la *Ética*, finaliza con un esbozo del programa para el tratado de política. Tomás de Aquino, a la vez fiel discípulo de Aristóteles y cristiano, siempre va a parar al punto en que se ve obligado a disentir de su maestro, y en ninguna parte es esa diferencia más clara que cuando sostiene que toda falta o pecado es un quebrantamiento de las leyes prescritas por la razón divina a la naturaleza. Desde luego, Aristóteles también habla de la divinidad, que para él es lo imperecedero y lo inmortal, y también piensa que la suprema virtud humana, precisamente porque el hombre es mortal, consiste en morar lo más cerca posible de la divinidad. Pero no hay ninguna prescripción, ningún mandamiento al respecto susceptible de ser obedecido o desobedecido. Todo gira en torno a la «buena vida», a qué género de vida es mejor para el hombre, algo que obviamente compete al hombre descubrir y juzgar.

En la baja Antigüedad, tras el declive de la polis, las diversas escuelas filosóficas, especialmente los estoicos y los epicúreos, no sólo desarrollaron un tipo de filosofía moral, sino que tenían la tendencia, al menos en sus versiones romanas, a transformar toda la filosofía en doctrinas morales. La búsqueda de la buena vida seguía siendo la misma: ¿cómo puedo alcanzar el máximo de felicidad aquí en la Tierra? Sólo que esta pregunta quedaba ahora separada de todas sus implicaciones políticas y se la planteaban los hombres en su vida privada. Toda esa literatura está llena de sabias recomendaciones, pero uno no encontrará en ella, no más que en Aristóteles, un verdadero mandamiento que quede fuera de toda discusión, como sí se encuentra en todas las doctrinas religiosas. Incluso Tomás de Aquino, el máximo racionalizador del cristianismo, había de admitir que la razón última por la que una determinada prescripción es correcta y un mandamiento concreto ha de ser obedecido radica en su origen divino. Dios así lo dijo.

Ésta puede ser una respuesta definitiva únicamente en el marco de la religión *revelada*; fuera de ese marco, no podemos plantear la pregunta que, por lo que sabemos, fue Sócrates el primero en plantear, en el *Eutifrón* platónico, donde desea saber: «¿Aman los dioses la piedad porque es piadosa o es piadosa porque ellos la aman?». Dicho de otra manera: ¿aman los dioses la bondad porque es buena o la llamamos buena porque los dioses la aman? Sócrates nos deja con la pregunta en el aire, y un creyente dirá sin duda que es su origen divino lo que distingue los principios buenos del mal: son conformes a una ley dada por Dios a la naturaleza y al hombre, la cumbre de su creación. En la medida en que el hombre es creación de Dios, está claro que las mismas cosas que Dios «ama» deben parecerle buenas también a aquél, y en ese sentido Tomás de Aquino señaló en cierta ocasión, como respondiendo a la pregunta de Sócrates, que Dios ordena el bien porque es bueno, en oposición a Duns Escoto, quien sostuvo más adelante que lo bueno es bueno porque Dios lo manda. Pero, incluso en esa forma más racionalizada, el carácter *obligatorio* del bien para el hombre radica en el mandamiento divino. De aquí se sigue el importantísimo principio de que en la religión, pero no en la moral, el pecado se entiende primordialmente como desobediencia. En la tradición estrictamente religiosa no encontraremos por ningún lado la inequívoca y ciertamente radical respuesta que dio Kant a la pregunta socrática: «No consideraremos los mandamientos como obligatorios por ser mandamientos de Dios, sino que los consideraremos mandamientos de Dios por constituir para nosotros una obligación interna».[5] Sólo donde se ha logrado esta emancipación frente a los mandamientos religiosos, donde, según palabras del propio Kant en sus *Lecciones de ética*, «Nosotros mismos somos jueces de la revelación [...]», es decir, donde la moral es un asunto estrictamente humano, podemos hablar de filosofía moral.[6] Y el mismo Kant, que en su filosofía teorética estaba tan interesado en mantener la puerta abierta a la religión, incluso después de haber mostrado que no podemos tener conocimiento alguno en esa materia, tenía idéntico cuidado en bloquear todos los pasos que pudieran haber llevado nuevamente a la religión en su filosofía práctica o moral. Exactamente igual que «Dios no es el causante de que el triángulo tenga tres ángulos», así también ni siquiera Dios puede ser «el autor de esa ley [la moral]» (*Lecciones de ética*, 91). En este inequívoco sentido, hasta Kant, la filosofía moral había dejado de existir después de la Antigüedad. Probablemente pensarán ustedes en Spinoza, que llamó *Ética* a su obra capital, pero Spinoza empieza su obra con una sección titulada «De Dios», y todo lo que sigue se deriva de esta primera parte. Si desde Kant ha existido o no filosofía moral es, en el mejor de los casos, una cuestión abierta.

La conducta moral, a partir de lo que hemos visto hasta ahora, parece depender primariamente del trato del hombre consigo mismo. No debe contradecirse a sí mismo haciendo una excepción en favor propio, no debe colocarse en una posición en la que haya de despreciarse a sí mismo. Moralmente hablando, ello debe bastar no sólo para permitirle distinguir lo que está bien de lo que está mal, sino también para hacer lo primero y evitar lo segundo. Kant, con la coherencia de pensamiento que distingue al gran filósofo, coloca, pues, los deberes que el hombre tiene para consigo mismo por delante de los que tiene para con los demás. Algo que es ciertamente muy sorprendente, al estar en curiosa contradicción con lo que solemos entender por conducta moral. No es ciertamente una cuestión de interés por los demás, sino por uno mismo, no de humildad, sino de dignidad humana e incluso de orgullo humano. La norma no es ni el amor al prójimo ni el amor a uno mismo, sino el respeto a sí mismo.

Esto aparece de la manera más clara y más hermosa en un famoso pasaje de la *Crítica de la razón práctica*, de Kant: «Dos cosas llenan el ánimo de admiración y respeto, siempre nuevos y crecientes, cuanto con más frecuencia y admiración se ocupa de ellas la reflexión: *el cielo estrellado sobre mí y la ley moral en mí*». Uno podría pensar que esas «dos cosas» están en el mismo plano y afectan a la mente humana de la misma manera. Pues bien, todo lo contrario. Kant sigue diciendo: «El primer espectáculo de una innumerable multitud de mundos aniquila, por decirlo así, mi importancia como *criatura animal*. [...] El segundo, en cambio, eleva mi valor como inteligencia infinitamente por medio de mi personalidad, en la cual la ley moral me descubre una vida independiente de la animalidad y aun de todo el mundo sensible».[7] Por tanto, lo que me salva de la aniquilación, de ser «un mero grano de polvo» en la infinidad del universo, es precisamente ese «yo invisible» que puede alzarse frente a aquél. Subrayo este elemento de orgullo no sólo porque va contra la quintaesencia de la ética cristiana, sino también porque la pérdida de sensibilidad al respecto me parece evidente sobre todo en aquellos que debaten hoy estos temas, casi siempre sin saber cómo apelar a la virtud cristiana de la humildad. Esto, sin embargo, no equivale a negar que existe un problema fundamental en esa preocupación moral por el yo. Hasta qué punto el problema es difícil podemos calibrarlo mediante el hecho de que los mandamientos religiosos fueron igualmente incapaces de formular sus prescripciones morales generales sin recurrir al yo como norma definitiva («Ama al prójimo como a ti mismo», o «No hagas a los demás lo que no quisieras que te hicieran a ti»).

En segundo lugar, la conducta moral no tiene nada que ver con la obediencia a ninguna ley dictada desde fuera, sea la ley de Dios o las leyes de los hombres. En la terminología de Kant, ésa es la distinción entre legalidad y moralidad. La legalidad es moralmente neutral: tiene su lugar en la religión y en la política institucionalizadas, pero no en la moral. El orden político no requiere la integridad moral, sino sólo ciudadanos respetuosos de la ley, y la Iglesia es siempre una iglesia de pecadores. Estos órdenes propios de comunidades determinadas han de distinguirse del orden moral, que vincula a todos los hombres, incluso a todos los seres racionales. En palabras del propio Kant: «El problema del establecimiento del Estado tiene solución, incluso para un pueblo de demonios, por muy fuerte que suene (siempre que tengan entendimiento)».[8] En un tono similar, se ha dicho que un demonio puede ser un buen teólogo. En el orden político, como en el marco religioso, puede haber sitio para la obediencia, y del mismo modo que esa obediencia se impone en la religión institucionalizada con la amenaza de castigos futuros, así también el orden legal existe sólo en la medida en que existen sanciones. Lo que no puede ser castigado está permitido. En cambio, si acaso se puede decir que yo obedezco al imperativo categórico, eso significa que obedezco a mi propia razón, y la ley que yo me doy a mí mismo es válida para todas las criaturas racionales, para todos los seres inteligentes, se hallen donde se hallen. Porque si no quiero contradecirme a mí mismo, actúo de tal manera que la máxima que rige mi acción puede convertirse en ley universal. Yo soy el legislador, el pecado o el delito no pueden ya definirse como desobediencia a la ley de algún otro, sino como rechazo a desempeñar mi parte como legislador del mundo.

Este aspecto rebelde de las doctrinas de Kant suele pasarse por alto porque expone su fórmula general —que un acto moral es un acto que establece una ley universalmente válida— en forma de un imperativo en lugar de definirla en una proposición. La razón principal de este malentendido en Kant es el significado altamente equívoco de la palabra «ley» en la tradición del pensamiento occidental. Cuando Kant hablaba de la ley moral, empleaba la palabra de conformidad con el uso político, en el que la ley del país se considera obligatoria para todos los habitantes, en el sentido de que han de obedecerla. Que se privilegie la obediencia como la actitud que hay que tener ante la ley del país es debido, a su vez, a la transformación que el término había sufrido merced al uso religioso, en el que la Ley de Dios sólo puede llegar al hombre en forma de Mandamiento: «Harás...», siendo la obligación, como hemos visto, no el contenido de la ley ni el posible consentimiento del hombre al respecto, sino el hecho de que Dios así nos lo ha ordenado. Aquí sólo cuenta la obediencia.

A estos dos significados, conexos entre sí, de la palabra hemos de añadir ahora el uso, muy importante y bastante diferente, que se hace de ella combinando el concepto de ley con el de naturaleza. Las leyes de la naturaleza son, por así decir, obligatorias: sigo una ley de la naturaleza cuando muero, pero no se puede decir, salvo metafóricamente, que la obedezco. Kant, por consiguiente, distinguía entre «leyes de la naturaleza» y las morales «leyes de la libertad», que no entrañan necesidad, sólo obligación. Pero si por ley entendemos los mandatos que debo obedecer o la necesidad natural a la que estoy sujeto de todos modos, entonces el término «ley de la libertad» es una contradicción en los términos. La razón de que no seamos conscientes de la contradicción es que incluso en nuestro uso están todavía presentes connotaciones mucho más antiguas procedentes de la Antigüedad griega y, especialmente, romana; connotaciones que, independientemente de lo que puedan significar, no tienen nada que ver con los mandamientos, la obediencia ni la necesidad.

Kant definía el imperativo categórico contraponiéndolo al imperativo hipotético. Este último nos dice lo que debemos hacer si queremos alcanzar cierta meta; indica un medio con vistas a un fin. En realidad, no es ningún imperativo en el sentido moral. El imperativo categórico nos dice qué hacer sin referencia a otro fin. Esta distinción no deriva en absoluto de los fenómenos morales, sino que está tomada del análisis que hace Kant de ciertas proposiciones en la *Crítica de la razón pura*, donde encontramos proposiciones categóricas e hipotéticas (así como disyuntivas) en la tabla de los juicios. Una proposición categórica podría ser, por ejemplo: este cuerpo es pesado; a la que podría corresponder una proposición hipotética: si sostengo este cuerpo, me tambaleo bajo su peso. En su *Crítica de la razón práctica*, Kant transformó estas proposiciones en imperativos para darles un carácter obligatorio. Aunque el contenido deriva de la razón —y aunque la razón puede obligar, nunca obliga en la forma de un imperativo (nadie le ordenaría a alguien: «Dirás: "Dos y dos son cuatro"»)—, la forma imperativa se percibe como necesaria porque aquí la proposición razonable se dirige a la Voluntad. En palabras del propio Kant: «La representación de un principio objetivo en cuanto que es constrictivo para una voluntad se denomina mandato (de la razón), y la fórmula del mandato se llama *imperativo*» (*Fundamentación de la metafísica de las costumbres*, 81).*

La razón, ¿manda a la voluntad? En tal caso, la voluntad no será ya libre, sino que estará sometida al dictado de la razón. La razón sólo puede decirle a la voluntad: Esto es bueno de conformidad con la razón; si quieres conseguirlo, has de obrar en consecuencia. Lo cual, en terminología de Kant, sería una especie de imperativo hipotético o no sería imperativo alguno. Y esta perplejidad no se hace menor cuando leemos que «la voluntad no es otra cosa que razón práctica», y que «la razón determina indefectiblemente a la voluntad», por lo que debemos concluir o bien que la razón se determina a sí misma o, como dice Kant, que «la voluntad es una facultad de no elegir nada más que lo que la razón [...] reconoce [...] como bueno» (*Fundamentación*, 80-81). Se seguiría entonces que la voluntad no es más que un órgano ejecutivo de la razón, la rama ejecutiva de las facultades humanas, conclusión que está en la más flagrante contradicción con el famoso enunciado inicial de la obra que vengo citando, los *Fundamentación de la metafísica de las costumbres*: «Ni en el

* *Fundamentación de la metafísica de las costumbres*, Madrid, Espasa Calpe, 1995. (*N. del t.*)

mundo ni, en general, fuera de él es posible pensar nada que pueda ser considerado bueno sin restricción, excepto una *buena voluntad*» (*Fundamentación*, 53).

Algunos de los motivos de perplejidad que os he mostrado aquí proceden de la perplejidad inherente a la propia facultad humana de querer, facultad de la que la filosofía antigua no sabía nada y que no fue descubierta en toda su temible complejidad hasta Pablo y Agustín. Volveré más tarde sobre este tema, pero aquí sólo quiero dirigir vuestra atención a la necesidad que sintió Kant de dar a su proposición racional un carácter obligatorio, porque, a diferencia de las paradojas de la voluntad, el problema de hacer obligatorias las proposiciones morales ha perseguido a la filosofía moral desde su comienzo con Sócrates. Cuando Sócrates decía que es mejor sufrir la injusticia que cometerla, hacía una afirmación que, según él, era de razón, pero el problema con esa afirmación, desde siempre, ha sido que no puede probarse. Su validez no puede demostrarse sin salirse del discurso de la argumentación racional. En Kant, como en toda filosofía posterior a la Antigüedad, nos encontramos con la dificultad añadida de persuadir a la voluntad para que acepte el dictado de la razón. Si dejamos a un lado las contradicciones y nos fijamos sólo en lo que Kant quiso decir, resulta evidente que pensaba que la Buena Voluntad es aquella que, cuando se le dice: «Harás...», responde: «Sí, lo haré». Y a fin de describir esta relación entre dos facultades humanas que está claro que no son la misma y que una no determina automáticamente a la otra, introdujo la forma del imperativo y volvió a introducir el concepto de obediencia, por así decir, por la puerta trasera.[9]

Tenemos, por último, el más sorprendente motivo de perplejidad al que antes sólo he aludido: la evasión, la salida por la tangente o la renuncia a explicar la maldad humana. Si la tradición de la filosofía moral (como algo distinto de la tradición del pensamiento religioso) está de acuerdo en un punto, desde Sócrates hasta Kant y, como veremos, hasta el presente, ello es que resulta imposible que el hombre cometa maldades de manera deliberada, que quiera el mal por sí mismo. Ni que decir tiene que el catálogo de vicios humanos es antiguo y muy rico, y en una relación en que no faltan ni la gula ni la pereza (pecados menores, después de todo) falta, en cambio, curiosamente el sadismo, el simple placer de causar y observar el dolor y el sufrimiento; es decir, falta el único vicio que podemos llamar con razón el vicio de todos los vicios, que por siglos y siglos ha sido conocido tan sólo en la literatura pornográfica y en las representaciones pictóricas de la perversión. Puede que haya sido siempre bastante común, pero de ordinario se lo confinaba en el dormitorio y sólo raramente era llevado a los tribunales. Incluso la Biblia, en la que todos los demás defectos humanos aparecen en un sitio u otro, guarda silencio al respecto, al menos hasta donde yo sé; y ésa puede muy bien ser la razón por la que Tertuliano, y también Tomás de Aquino, con toda inocencia, por así decir, contaban la contemplación de los sufrimientos del infierno entre los placeres que cabía esperar en el paraíso. El primero en escandalizarse realmente ante esto fue Nietzsche (*Genealogía de la moral*, 1.15). Tomás de Aquino, por cierto, matizaba los goces futuros: a los santos no les resultan placenteros los sufrimientos como tales, sino como demostración de la divina justicia.

Pero eso son únicamente vicios, y el pensamiento religioso, a diferencia del filosófico, nos habla del pecado original y de la corrupción de la naturaleza humana. Pero ni siquiera aquí se nos habla de acción deliberadamente mala: Caín no quería convertirse en Caín cuando mató a Abel, e incluso Judas Iscariote, el máximo ejemplo de pecado mortal, se ahorcó. Religiosamente (no moralmente) hablando, parece que todos ellos han de ser perdonados porque no sabían lo que hacían. Hay una excepción a esta regla, que aparece en las enseñanzas de Jesús de Nazaret, el mismo que había predicado el perdón para todos aquellos pecados que, de un modo u otro, pueden explicarse por la debilidad humana, a saber, dogmáticamente hablando, por la corrupción de la naturaleza humana a causa de la caída original. Y, sin embargo, este gran amante de los pecadores, de aquellos que prevaricaron, señala una vez en el mismo contexto que hay otros que provocan escándalo, *skándala* u ofensas vergonzosas, para quienes «sería mejor que les ataran una piedra de molino al cuello y los arrojaran al mar». Mejor sería que no hubieran nacido. Pero Jesús no nos dice cuál es la naturaleza de esas ofensas escandalosas: percibimos la verdad de sus palabras pero no podemos determinarla.

Estaríamos mejor situados si nos permitiéramos acudir a la literatura, a Shakespeare o Melville o Dostoievski, donde encontramos a los grandes malvados. Puede que tampoco ellos sean capaces de decirnos nada concreto acerca de la naturaleza del mal, pero al menos no lo eluden. Sabemos, y casi podemos ver, cómo obsesionaba su mente constantemente y cuán conscientes eran de las posibilidades de la maldad humana. Y, sin embargo, me pregunto si ello podría sernos de mucha utilidad. En el fondo de los mayores villanos —Yago (no Macbeth ni Ricardo III), Claggart en *Billy Budd*, de Melville, y en todo Dostoievski— hay siempre desesperación y la envidia que la acompaña. Que todo mal radical procede de las profundidades de la desesperación es algo que nos ha dicho explícitamente Kierkegaard (y que podríamos haber aprendido del Satanás de Milton y de muchos otros). Resulta así muy convincente y muy plausible, porque se nos ha dicho y enseñado también que el mal no es sólo *diábolos*, el calumniador que levanta falsos testimonios, o Satanás, el enemigo que tienta a los hombres, pero que es también Lucifer, el portador de la luz, un ángel caído. En otras palabras, no necesitábamos a Hegel y el poder de la negación para combinar lo mejor y lo peor. El verdadero malhechor siempre ha tenido una cierta aureola de nobleza, aunque no, por supuesto, el pequeño truhán que miente y hace trampas en el juego. Claggart y Yago actúan por envidia de aquellos que saben que son mejores que ellos; es la sencilla nobleza del Moro, don divino, lo que provoca la envidia, o la aún más sencilla pureza e inocencia de un humilde camarada de a bordo frente al que Claggart es claramente superior social y profesionalmente. No dudo de la penetración psicológica de Kierkegaard o de la literatura que lo respalda. Pero ¿no está claro que hay todavía algo de nobleza incluso en esa envidia hija de la desesperación que sabemos que está totalmente ausente de la realidad? Según Nietzsche, el hombre que se desprecia a sí mismo ¡respeta al menos a aquel que, dentro de él, desprecia! Pero el mal auténtico es el que nos causa un horror indecible, cuando todo lo que podemos decir es: «Esto nunca tenía que haber ocurrido».

II

Las palabras mismas que empleamos para los temas que estamos tratando, «ética» y «moral», significan mucho más de lo que indica su origen etimológico: no nos ocupamos de costumbres, maneras ni hábitos, ni siquiera de virtudes en sentido estricto, puesto que las virtudes son el resultado de algún tipo de preparación o enseñanza. Nos ocupamos más bien de la afirmación, suscrita por todos los filósofos que alguna vez trataron la materia, de que, primero, hay una distinción entre lo correcto y lo incorrecto, y que es una distinción absoluta, a diferencia de las distinciones entre grande y pequeño, pesado y ligero, que son relativas; y que, segundo, todo ser humano en su sano juicio está capacitado para hacer esta distinción. Parece desprenderse de estos supuestos que no puede haber ningún descubrimiento nuevo en filosofía moral (siempre se ha sabido lo que está bien y lo que está mal). Nos quedamos sorprendidos al ver que esta división de la filosofía no ha recibido nunca otro nombre que indicara su verdadera naturaleza, pues convinimos en que el supuesto fundamental de toda filosofía moral, que es mejor sufrir la injusticia que cometerla, así como la convicción de que esta afirmación es evidente por sí misma para cualquier persona cuerda, no ha superado la prueba del tiempo. Por el contrario, nuestra propia experiencia parece afirmar que los nombres originales de estas cuestiones (*mores* y *ethos*), que dan a entender que no se trata más que de maneras, costumbres y hábitos, pueden en cierto sentido ser más adecuados de lo que los filósofos habían pensado. Con todo, no estábamos dispuestos a arrojar, por esa razón, la filosofía moral por la ventana. Pues interpretamos que el acuerdo entre el pensamiento filosófico y el religioso en esta materia pesa tanto como el origen etimológico de las palabras que usamos y las experiencias que hemos tenido nosotros mismos.

Las pocas proposiciones morales que supuestamente sintetizan todos los preceptos y mandamientos concretos, como «Ama al prójimo como a *ti mismo*» y, finalmente, la célebre fórmula kantiana: «Actúa de tal manera que la máxima de tu acción pueda llegar a ser una ley general para todos los seres dotados de razón», toman todas como criterio el Yo y, por consiguiente, el trato del hombre consigo mismo. En nuestro contexto, no importa si el criterio es el amor a sí mismo, como en los preceptos judeo-cristianos, o el temor al autodesprecio, como en Kant. Eso nos sorprende porque, al fin y al cabo, se supone que la moral rige la conducta del hombre hacia los demás, y si hablamos de bondad o pensamos en aquellos personajes históricos que consideramos buenos —Jesús de Nazaret, san Francisco de Asís, etc.—, es probable que los alabemos por su ausencia de egoísmo, así como solemos equiparar la maldad humana a alguna clase de egoísmo, egocentrismo, etc.

Y aquí, una vez más, el lenguaje se pone del lado del Yo, del mismo modo que se ponía del lado de quienes creen que todas las cuestiones de moral se reducen a asuntos de costumbres y maneras. En todas las lenguas, «conciencia» no significa originalmente una facultad que permite conocer y juzgar lo que está bien y lo que está mal, sino la facultad mediante la que conocemos y somos conscientes de nosotros mismos. En latín, como en griego, la palabra que designa la consciencia [*conciousness*] pasó a utilizarse para indicar también la conciencia [*conscience*] moral; en francés, la misma palabra, *conscience*, se usa todavía en ambos sentidos, el cognoscitivo y el moral; y en inglés, sólo recientemente ha adquirido «conscience» su peculiar significado moral. Recordemos el viejo *gnothi sautón* de Delfos, «Conócete a ti mismo», inscrito en el templo de Apolo, que juntamente con *medèn agan*, «nada en demasía», pueden considerarse, y han sido considerados, los primeros preceptos generales prefilosóficos de carácter moral.

Las proposiciones morales, como todas las proposiciones que pretenden ser verdaderas, han de ser evidentes por sí mismas o sustentarse en pruebas o demostraciones. Si resultan evidentes por sí mismas, son de naturaleza coercitiva; la mente humana no puede evitar aceptarlas, se inclina ante el dictado de la razón. La evidencia se impone y para sostenerla no hace falta ningún argumento, ningún discurso que no sea de simple elucidación o clarificación. Ni que decir tiene que lo que se presupone aquí es la «recta razón», y uno puede objetar que no todos los hombres están dotados por igual de ella. En el caso de la verdad moral como distinta de la verdad científica, sin embargo, se supone que el más común de los hombres y el más refinado son igualmente receptivos ante una evidencia constrictiva, que todo ser humano está en posesión de ese género de racionalidad, de la ley moral dentro de mí, como Kant acostumbraba a decir. Las proposiciones morales se han tenido siempre por evidentes y muy pronto se descubrió que no pueden probarse, que son axiomáticas. De aquí se seguiría que una obligación —el «Harás...» o «No harás...», el imperativo— es innecesaria, y yo he tratado de mostrar las razones históricas del imperativo categórico de Kant, que también podría perfectamente haber sido un enunciado categórico, como el de Sócrates: «Es mejor sufrir la injusticia que cometerla», en lugar de: «Sufrirás la injusticia antes que cometerla». Sócrates, sin embargo, creía que, puesto ante unas razones suficientes, uno no puede dejar de actuar en consecuencia, mientras que Kant, sabiendo que la voluntad —esa facultad desconocida en la Antigüedad— puede decir no a la razón, sintió la necesidad de introducir una obligación. La obligación, con todo, no es en absoluto evidente por sí misma, y nunca ha sido probada sin salirse del ámbito del discurso racional. Detrás del «Harás...», «No harás...», hay siempre un «o de lo contrario...», la amenaza de una sanción impuesta por un Dios vengador, o por el consenso de la comunidad, o por la conciencia, que es la amenaza del castigo autoinfligido que solemos llamar remordimiento. En el caso de Kant, la conciencia nos amenaza con el desprecio de nosotros mismos; en el caso de Sócrates, como veremos, con la autocontradicción. Y aquellos que temen el desprecio de sí mismos o la autocontradicción son de nuevo aquellos que viven consigo mismos; encuentran evidentes por sí mismas las proposiciones morales, no necesitan de la obligación.

Un ejemplo tomado de nuestra experiencia reciente ilustra este punto. Si examinamos las pocas, poquísimas personas que en medio del derrumbe moral de la Alemania nazi permanecieron intactas y libres de toda culpa, descubriremos que nunca pasaron por nada parecido a un gran conflicto moral o una crisis de conciencia. No hubieron de sopesar las distintas cuestiones (la cuestión del mal menor o de la lealtad a su país o a su juramento, o cualquier otra cosa que pudiese haber estado en juego). Nada de eso. Puede que debatieran los pros y los contras de la acción y que hubiese siempre muchas razones que hablaran en contra del éxito en tal dirección; puede también que tuvieran miedo, y era mucho lo que había que temer. Pero nunca dudaron de que los crímenes seguían siendo crímenes aun cuando estuvieran legalizados por el gobierno, y que era mejor no participar en dichos crímenes bajo ninguna circunstancia. En otras palabras, no sintieron una obligación, sino que actuaron con arreglo a algo que para ellos era evidente aunque hubiera dejado de serlo para quienes les rodeaban. Por eso su conciencia, si de eso se trataba, no tenía carácter obligatorio, decía: «Eso *no puedo* hacerlo» en lugar de: «Eso *no debo* hacerlo».

El lado positivo de este «No puedo» es que corresponde a la evidencia de la proposición moral; significa: «No puedo matar a personas inocentes del mismo modo que no puedo decir "dos y dos son cinco"». Al «Harás...» o «Debes...» siempre puede oponerse «No lo haré» o «No puedo hacerlo» por la razón que sea. Moralmente, las únicas personas dignas de confianza cuando llega la hora de la verdad, son aquellas que dicen: «No puedo».[10] El inconveniente de esta completa adecuación de la presunta evidencia de la verdad moral es que debe ser siempre puramente negativa. No tiene nada que ver con la acción, no dice nada más que «Lo sufriría antes que hacerlo». Políticamente hablando —es decir, desde el punto de vista de la comunidad o del mundo en que vivimos—, eso es una irresponsabilidad; su criterio es el yo y no el mundo, su mejora ni su transformación. Esas personas no son héroes ni santos y, si se convierten en mártires, cosa que, desde luego, puede ocurrir, ello es contra su voluntad. Es más, en el mundo, donde cuenta el poder, esas personas son impotentes. Podríamos llamarlas personalidades morales, pero más adelante veremos que eso es casi una redundancia; la cualidad de ser persona, como distinta del simple ser humano, no figura entre las cualidades, dones, talentos o defectos individuales con que nacen los hombres, y de los que pueden usar o abusar. La cualidad personal de un individuo es precisamente su cualidad «moral», si no tomamos la palabra en su sentido etimológico ni en su sentido convencional, sino en el de la filosofía moral.

Está, por último, la paradoja de que tanto el pensamiento filosófico como el religioso eluden en cierto modo el problema del mal. De conformidad con nuestra tradición, toda forma de maldad humana se explica como ceguera e ignorancia humana o como flaqueza humana, inclinación a ceder a la tentación. El hombre —así reza el argumento subyacente— no es capaz de hacer automáticamente el bien ni de hacer deliberadamente el mal. Es *tentado* a hacer el mal y necesita *esforzarse* para hacer el bien. Esta idea ha llegado a estar tan enraizada —no en virtud de las enseñanzas de Jesús de Nazaret, sino de las doctrinas de la filosofía moral cristiana— que la gente suele considerar correcto lo que no le gusta hacer e incorrecto todo aquello que a uno le tienta. El enunciado filosófico más célebre y también más influyente de este prejuicio secular lo encontramos en Kant, para quien toda inclinación es por definición una tentación, tanto la inclinación a hacer el bien como la tentación a obrar mal. Esto queda perfectamente ilustrado por una anécdota poco conocida relacionada con el proverbial paseo diario de Kant por las calles de Königsberg, siempre a la misma hora exacta, y con el hecho de que hubiera cedido al hábito de dar limosna a los mendigos que encontraba. Con este propósito llevaba consigo monedas nuevas, a fin de no ofender a los mendigos dándoles monedas sucias y gastadas. Tenía también la costumbre de dar unas tres veces lo que era usual, con el resultado, como es natural, de que los mendigos lo asediaban. Finalmente tuvo que cambiar el horario de su paseo diario, pero se sentía tan avergonzado de contar la verdad que inventó la historia de que un aprendiz de carnicero lo había asaltado. Pues el verdadero motivo de modificar su paseo era, por supuesto, que su hábito de dar limosna no podía en modo alguno conciliarse con su fórmula moral, el imperativo categórico. En efecto, ¿qué ley general, válida para todos los mundos posibles habitados por seres racionales, podría derivarse de la máxima «Da a todo el que te pida»?

Cuento esta anécdota para señalar una visión de la naturaleza humana que sólo muy pocas veces encontramos expresada teóricamente en la historia del pensamiento moral. Es, pienso, un simple hecho que la gente se siente tantas veces *tentada* a hacer el bien y necesita *esforzarse* para hacer el mal como a la inversa. Maquiavelo sabía esto muy bien cuando dijo en *El príncipe* que a los gobernantes hay que enseñarles «cómo *no* ser buenos», y no quería decir que había que enseñarles cómo ser malos y pérfidos, sino simplemente cómo evitar ambas inclinaciones y actuar de conformidad con los principios políticos, bien diferentes de los morales y religiosos, así como de los criminales. Para Maquiavelo, el criterio para juzgar es el mundo y no el yo —el criterio es exclusivamente político—, y eso es lo que lo hace tan importante para la filosofía moral. Está más interesado en Florencia que en la salvación de su alma y piensa que las personas que están más preocupadas por la salvación de las almas que por el mundo deben mantenerse apartadas de la política. En un nivel de pensamiento mucho más bajo, aunque mucho más influyente, encontramos la afirmación de Rousseau de que el hombre es bueno y se vuelve malvado en la sociedad y por influjo de ésta. Pero Rousseau tan sólo quiere decir que la sociedad hace a los hombres indiferentes a los sufrimientos de sus congéneres, en tanto que el hombre por naturaleza siente una «repugnancia innata a ver sufrir a los demás». Por eso habla de ciertas cualidades naturales, cuasi físicas, que podríamos muy bien compartir con otras especies animales, lo contrario de las cuales es la perversión, no menos física y no menos parte de nuestra naturaleza animal, pero no el mal y la maldad deliberada.

Volvamos por un momento a la cuestión de la inclinación y la tentación, y la cuestión de por qué Kant tendía a equipararlas o por qué veía en toda inclinación una tentación que podía hacer que uno se descarriara. Toda inclinación tiende hacia el exterior, se asoma fuera del yo en dirección a cualquier cosa que pueda afectarnos desde el mundo externo. Es precisamente a través de la inclinación, mediante ese asomarse fuera de mí mismo igual que me asomo por la ventana para mirar la calle, como establezco contacto con el mundo. Bajo ninguna circunstancia puede mi inclinación estar determinada por mi trato conmigo mismo; si me pongo a mí mismo en juego, si reflexiono sobre mí mismo, pierdo, por así decir, el objeto de mi inclinación. La vieja y, sin embargo, extraña idea de que puedo amarme a mí mismo presupone que puedo inclinarme hacia mí mismo tal como me inclino fuera de mí mismo en dirección a los demás, sean objetos o personas. En el léxico de Kant inclinación quiere decir estar *afectado* por las cosas que hay fuera de mí, cosas que puedo desear o por las que puedo sentir una afinidad natural; y este verse afectado por algo que no surge de mí mismo, de mi razón o mi voluntad, es para Kant incompatible con la libertad humana. Yo me siento atraído o repelido por algo y, por consiguiente, no soy ya un agente libre. La ley moral, por el contrario, válida, como recordaréis, para todos los seres dotados de razón, incluidos los posibles habitantes de otro planeta o los ángeles, está libre de verse afectada por nada que no sea ella misma. Y dado que la libertad se define como *no* determinada por causas externas, sólo una voluntad libre de inclinaciones puede llamarse buena y libre. Hemos visto que la escapatoria del mal en esta filosofía reside en el supuesto de que la voluntad no puede ser libre y malvada al mismo tiempo. La maldad, en términos kantianos, es un *absurdum morale*, un absurdo moral.[11]

En el *Gorgias*, Sócrates presenta tres tesis altamente paradójicas: 1) es mejor sufrir la injusticia que cometerla; 2) es mejor, para el que la comete, ser castigado que quedar impune; y 3) el tirano que puede hacer impunemente todo lo que le apetece es un hombre infeliz. No nos ocuparemos de la última de estas tesis y sólo tocaremos la segunda. Nosotros hemos perdido sensibilidad para percibir la naturaleza paradójica de enunciados de este tipo. Polo, uno de los interlocutores de Sócrates, le espeta a éste que «dice cosas que ningún ser humano diría» (*Gorgias*, 473e) y Sócrates no lo niega. Por el contrario, está convencido de que todos los atenienses estarán de acuerdo con Polo y que él mismo se ha «quedado solo, incapaz de estar de acuerdo» con ellos (472b); y sin embargo cree que todos los hombres están en realidad de acuerdo con él —sin saberlo—, exactamente igual que el Gran Rey y el tirano malvado nunca se dieron cuenta de que eran los más desgraciados de los hombres. A lo largo del diálogo se manifiesta la convicción de todos los interesados en el sentido de que todo hombre desea y hace lo que piensa que es mejor para él; se da por descontado que lo que es mejor para el individuo lo es también para la sociedad, y la pregunta de qué hacer en caso de conflicto no se plantea nunca de manera explícita. Los participantes en el diálogo han de decidir qué es lo que constituye la felicidad y qué la desgracia, e invocar las opiniones de la mayoría, del número, es como dejar que los niños formen un tribunal para juzgar acerca de asuntos de salud y dieta, cuando el médico está en el banquillo y es el cocinero quien redacta la sentencia. Nada de lo que Sócrates dice en apoyo de estas paradojas convence a sus adversarios siquiera por un momento, y todo el empeño concluye como la empresa, mucho más grandiosa, de la *República*, contando Sócrates un «mito» que él cree que es un «logos», esto es, un argumento razonado, y que le cuenta a Calicles como si fuera la verdad (*Gorgias*, 523a-527b). Y luego leemos el cuento, quizás un cuento de comadres, sobre la vida y la muerte: la muerte es la separación de cuerpo y alma, cuando el alma, arrancada de su cuerpo, aparece desnuda ante un juez igualmente carente de cuerpo, «contemplando el alma con el alma misma» (523e). Tras esto viene la bifurcación de los caminos, uno que conduce a la Isla de los Bienaventurados, el otro al Tártaro, y el castigo de las almas deformes, feas, manchadas con las marcas de sus delitos. Algunas de ellas se volverán mejores gracias al castigo, mientras que se convertirán en ejemplos expuestos a los ojos de los demás, presumiblemente en una especie de Purgatorio, «de manera que vean cómo sufren y tengan miedo y se hagan mejores» (525b). Y está claro que el Tártaro se hallará muy poblado y la Isla de los Bienaventurados, en cambio, será casi un desierto, habitada muy probablemente por unos pocos «filósofos que no se ocuparon en demasiadas actividades durante su vida y no fueron chismosos, sino atentos únicamente a los asuntos de su incumbencia» (526c).

Los dos enunciados de que aquí se trata, que es mejor para el que obra mal ser castigado que quedar impune y que es mejor sufrir la injusticia que cometerla, no pertenecen en absoluto a la misma categoría, y el mito, estrictamente hablando, se refiere sólo a la paradoja del castigo. Desarrolla una metáfora introducida en un momento anterior del diálogo, la metáfora de un alma sana y un alma enferma o deforme, formada por analogía con el cuerpo y que le permite a Platón comparar el castigo al hecho de tomar una medicina. Es poco probable que esta forma metafórica de hablar acerca del alma sea socrática. Fue Platón el primero que elaboró una doctrina del alma, y es igualmente improbable que Sócrates, quien, a diferencia de Platón, no era ciertamente un poeta, contara nunca estas bonitas historias. Para nuestro propósito retendremos sólo los siguientes puntos del mito: primero, que estos mitos aparecen siempre después de que ha quedado bastante claro que todos los intentos de convencer han fracasado y, por tanto, como una especie de alternativa al argumento razonado; segundo, que el significado subyacente es invariablemente que, si no te convence lo que digo, mejor será que creas en la siguiente historia; y tercero, que el filósofo es el único, entre todos, que llega a la Isla de los Bienaventurados.

Dirijamos ahora nuestra atención a esa incapacidad para convencer, por un lado, y, por otro, a la inconmovible convicción de Sócrates de que él está en lo cierto aun cuando admita que todo el mundo está contra él. Muy al final del diálogo admite incluso algo más: concede la estupidez y la ignorancia (*apaideusía*) (527d-e), y de manera nada irónica. Hablamos de estos asuntos, dice, como niños, que no son nunca capaces de mantener la misma opinión sobre el mismo tema durante demasiado tiempo, sino que cambian de idea constantemente. («Pues me parece vergonzoso que, siendo lo que en este momento parece que somos, pretendamos ser algo, cuando nunca tenemos la misma opinión sobre las mismas cosas, y precisamente sobre las más importantes. ¡Hasta tal punto de estupidez hemos llegado!» [527d].) Pero los asuntos que aquí se ventilan no son un juego de niños; por el contrario, son «los más importantes». Este reconocimiento de que cambiamos de opinión en materia de moral es muy grave. Sócrates parece estar de acuerdo aquí con sus adversarios, que sostienen que sólo la doctrina de que el poder es justo es «natural», que todo lo demás, y especialmente todas las leyes, son sólo por convención y que las convenciones cambian de lugar en lugar y de tiempo en tiempo. De modo que «lo que es justo [*ta díkaia*] no tiene existencia natural alguna, los hombres están perpetuamente enzarzados disputando acerca de los derechos y modificándolos, y cualquier alteración que introducen en cualquier momento tiene autoridad en ese momento, debiendo su existencia al artificio y a la legislación y de ningún modo a la naturaleza» (*Leyes*, 889e-890a).

He tomado esta cita de la última obra de Platón, en la que no aparece Sócrates, pero que hace clara alusión al *Gorgias*. Aquí, Platón ha abandonado tanto la creencia socrática en el saludable efecto del discurso como su propia antigua convicción de que hay que inventar, por así decir, un mito con el que amenazar a la mayoría. La persuasión, dice, no será posible porque estas cosas parecen difíciles de comprender, «por no decir que haría falta un tiempo desmesuradamente largo». Propone, por tanto, que «se escriban las leyes», porque así permanecerán «siempre en reposo». Las leyes, por supuesto, serán una vez más obra del hombre y no «naturales», pero se ajustarán a lo que Platón llamaba las Ideas; y aunque las personas sabias estarán al corriente de que las leyes no son «naturales» ni sempiternas —tan sólo una imitación humana— la mayoría acabará creyendo que sí lo son, por seguir «en reposo» y sin cambios. Esas leyes no son la verdad, pero tampoco meras convenciones. Se llega a las convenciones por consentimiento, mediante el consenso de la gente, y recordarán que, en el *Gorgias*, los adversarios de Sócrates son descritos como «amantes del *demos*, el pueblo», verdaderos demócratas, podríamos decir, frente a quienes Sócrates se describe a sí mismo como el amante de la filosofía, lo que no quiere decir hoy una cosa y mañana otra, sino siempre lo mismo. Pero es la filosofía, no Sócrates, lo que es inmutable y siempre lo mismo, y aunque Sócrates confiesa estar enamorado de la filosofía, niega del modo más enfático que sea sabio: su sabiduría consiste simplemente en saber que ningún mortal puede ser sabio.

Es precisamente en este punto donde Platón se aparta de Sócrates. En la doctrina de las Ideas, que es exclusivamente platónica y no socrática y que encontrarán expuesta a tal efecto en la *República*, Platón enseñaba la existencia separada de un reino de Ideas o Formas, en el que cosas tales como la Justicia, el Bien, etc., «existen por naturaleza con un ser propio». No mediante el discurso, sino contemplando esas Formas, visibles a los ojos de la mente, el filósofo entra en conocimiento de la Verdad, y mediante su alma, que es invisible e imperecedera —a diferencia del cuerpo, que es visible y perecedero, sujeto a cambio constante—, participa de la Verdad invisible, imperecedera, inmutable. Es decir, participa de ella viéndola y poseyéndola, no mediante el razonamiento y la argumentación. Cuando les hablé de la evidencia de los enunciados morales generales, de su naturaleza constrictiva para quienes los captan, así como de la imposibilidad de probar su verdad axiomática a quienes no los captan, estaba hablando en términos platónicos más que socráticos. Sócrates creía en la palabra hablada, esto es, en la argumentación a la que es posible llegar mediante el razonamiento, razonamiento que sólo puede proceder en una secuencia de enunciados hablados. Dichos enunciados deben seguirse lógicamente unos de otros, no deben contradecirse entre sí. El objeto de ello, como dice en el *Gorgias*, es «fijarlos y encadenarlos [...] en palabras que son como cadenas de hierro y diamante, de modo que ni tú ni nadie más pueda romperlos». Todo aquel que es capaz de hablar y está al corriente de las reglas de la contradicción debe entonces quedar encadenado por la conclusión final. Los primeros diálogos platónicos pueden leerse fácilmente como una magnífica serie de refutaciones de esta creencia; el problema es precisamente que la palabras y los argumentos no pueden «fijarse con cadenas de hierro». Ello no es posible porque «dan vueltas» (*Eutifrón*), porque el proceso mismo de razonamiento no tiene fin. En el reino de las palabras, y todo pensamiento como proceso es un proceso de habla, nunca encontraremos una regla de hierro con la que determinar lo que está bien y lo que está mal con la misma certeza con la que determinamos —por usar nuevamente ejemplos socráticos o platónicos— lo que es pequeño y lo que es grande mediante el número, lo que es pesado y lo que es ligero mediante el peso, donde el criterio de medida es siempre el mismo. La doctrina platónica de las Ideas introdujo esas pautas y medidas en la filosofía, y todo el problema de distinguir lo que está bien de lo que está mal se redujo entonces a saber si uno está o no en posesión del criterio o la «idea» que debo aplicar en cada caso particular. Por eso, para Platón, toda la cuestión de saber quién se conducirá y quién no con arreglo a preceptos morales se decide en función del tipo de «alma» que cada hombre posee, alma que supuestamente puede perfeccionarse mediante el castigo.

Esto aparece de manera muy explícita en la *República*, donde Sócrates encuentra en Trasímaco las mismas dificultades que en el *Gorgias* ofrece Calicles. Trasímaco sostiene que aquello que conviene al gobernante es lo que se llama «justo»; «justo» no es más que el nombre que dan los que detentan el poder a toda acción que imponen por ley a sus súbditos. Calicles, en cambio, había explicado que las leyes, como meras convenciones, las hace la mayoría de los débiles para protegerse frente a la minoría poderosa. Ambas teorías sólo en apariencia son opuestas: la cuestión de lo correcto y lo incorrecto en ambos casos es una cuestión de poder, y podemos pasar sin dificultad del *Gorgias* a la *República* en este aspecto (aunque de ningún modo en otros). En la *República* hay dos discípulos de Sócrates que asisten al diálogo entre éste y Trasímaco: Glaucón y Adimanto, y no quedan más convencidos por los argumentos de Sócrates que el propio Trasímaco. De ahí que tomen a su cargo la causa de Trasímaco. Sócrates, después de escucharlos, exclama: «Debe de haber ciertamente algo divino en vuestra naturaleza [*physis*, véase *República*, 367e] para que hagáis vuestra la causa de la injusticia con tanta elocuencia sin estar, con todo, convencidos vosotros mismos de que es mejor que la justicia». Sócrates, no habiendo logrado convencer a sus propios discípulos, no sabe cómo seguir. Y entonces se desvía de su indagación estrictamente moral (como hoy diríamos) hacia la cuestión política de cuál es la mejor forma de gobierno, pretextando que es más fácil leer las letras grandes que las pequeñas, y dando por supuesto que, en un examen del Estado, hallará los mismos rasgos que quería analizar en las personas, pues el Estado no es más que el hombre ampliado. En nuestro contexto, es decisivo que sea claramente su propia naturaleza la que ha convencido a Glaucón y Adimanto de la verdad de que la justicia es mejor que la injusticia; pero cuando se trata de argumentar sobre el tema, no quedan convencidos por los argumentos de Sócrates y demuestran que pueden argumentar muy bien y de manera muy convincente contra lo que saben que es verdad. No es el *logos* lo que les convence, sino lo que ven con los ojos de la mente, y la parábola de la caverna es también en parte una explicación de la imposibilidad de traducir convincentemente la evidencia percibida en palabras y argumentos.

Si piensan a fondo estas cosas, llegarán fácilmente a la solución platónica: aquella minoría cuya naturaleza, la naturaleza de sus almas, les permite ver la verdad, no necesitan ninguna obligación, ningún «Harás... o de lo contrario...», pues lo que importa es evidente por sí mismo. Y como los que no pueden ver la verdad no pueden ser persuadidos con argumentos, hay que encontrar algún medio de hacer que se comporten, forzarles a actuar, sin estar convencidos, como si también ellos hubieran «visto». Este medio son, obviamente, los mitos del más allá que Platón utilizaba para concluir muchos de los diálogos que tratan de asuntos morales y políticos. Historias que al principio introduce más bien con desconfianza, quizá sólo como cuentos de viejas, para finalmente renunciar del todo a ellas en su última obra (las *Leyes*).

Me he detenido en la doctrina platónica para mostrarles cómo se presentan las cosas —¿o habremos de decir «se presentaban»?— si uno no confía en la conciencia. Pese a su origen etimológico (esto es, su identidad original con la consciencia), la conciencia adquirió su carácter específicamente moral sólo cuando se la entendió como un órgano a través del cual el hombre oye la voz de Dios más que sus propias palabras. Por consiguiente, si queremos hablar sobre estos temas en términos seculares, no tenemos muchos sitios a los que acudir aparte de la antigua filosofía precristiana. Y ¿no es sorprendente que encontremos allí, en medio de un pensamiento filosófico que no está en modo alguno comprometido con ningún dogma religioso, una doctrina del infierno, el purgatorio y el paraíso, rematada por un Juicio Final, con premios y castigos, con la distinción entre pecados veniales y mortales, y todo lo demás? Lo único que es inútil que busquemos es la idea de que los pecados puedan ser perdonados.

Sea como fuere que deseemos interpretar este hecho desconcertante, dejemos clara una cosa: la nuestra es la primera generación, desde la aparición del cristianismo en Occidente, en que las masas, y no sólo una pequeña élite, han dejado de creer en «estados futuros» (como todavía la Padres Fundadores lo expresaron) y en que la gente (al parecer) acepta pensar en la conciencia como un órgano que reaccionará sin la esperanza de premios y sin el temor de castigos. Si la gente cree todavía que esta conciencia se guía por alguna voz divina es, cuando menos, dudoso. El hecho de que todas nuestras instituciones jurídicas, en cuanto se ocupan de actos delictivos, recurran todavía a ese órgano como fuente de información, para todos, de lo que está bien y lo que está mal, aunque no estén familiarizados con libros de leyes, no es ningún argumento a favor de su existencia. Con frecuencia las instituciones sobreviven mucho tiempo a los principios básicos en que se fundamentan.

Pero volvamos a Sócrates, que no tenía conocimiento alguno de la teoría platónica de las Ideas ni, por consiguiente, de la evidencia axiomática, no discursiva, de las cosas vistas con los ojos de la mente. En el *Gorgias*, Sócrates, confrontado con la naturaleza paradójica de su afirmación y con su incapacidad para convencer, replica del modo siguiente: dice primero que Calicles «no estará de acuerdo consigo mismo, sino que durante toda su vida se contradirá a sí mismo». Y luego añade que, por lo que a él respecta, cree que «sería mejor para mí que mi lira, o un coro por mí dirigido, desentonaran y carecieran por completo de armonía, y que la mayoría de los hombres estuvieran en desacuerdo conmigo y me contradijeran, antes que yo, que soy uno, desentonara conmigo mismo y me contradijera» (482b-c). La noción clave en este pasaje es *«yo, que soy uno»*, frase que por desgracia no aparece en muchas de las traducciones. El significado es claro: aun cuando yo soy uno, no soy simplemente uno, tengo un yo y me relaciono con dicho yo como algo propio. Este yo no es en absoluto una ilusión; se hace oír hablándome —yo me hablo a mí mismo, no sólo soy consciente de mí mismo— y, en ese sentido, aunque yo soy uno, soy dos-en-uno y puede haber armonía o desarmonía con el yo. Si estoy en desacuerdo con otras personas, puedo apartarme de ellas; pero no puedo apartarme de mí mismo y, por consiguiente, es mejor que trate primero de estar de acuerdo con mi yo antes de tomar en consideración a todos los demás. Este mismo pasaje expone también la razón real por la que es mejor sufrir la injusticia que cometerla: si obro mal, estoy condenado a vivir con un malhechor en una intimidad insoportable; no puedo librarme nunca de él. Por eso el crimen que queda oculto a los ojos de los dioses y de los hombres, un crimen que no aparece en absoluto porque no hay nadie ante quien pueda aparecer y que encontraremos mencionado en Platón una y otra vez, no existe realmente: igual que yo soy mi propio interlocutor cuando pienso, también soy mi propio testigo cuando actúo. Conozco al agente y estoy condenado de por vida a convivir con él. Él no está callado. Ésa es la única razón que llega a dar Sócrates, y la cuestión es por qué esa razón no convence a su adversario y por qué es convincente para aquellas personas que Platón en la *República* llama personas dotadas de una naturaleza noble. Pero fijémonos en que Sócrates habla aquí de una cosa totalmente distinta: no se trata de ver algo imperecedero y divino fuera de uno mismo, para cuya apercepción necesitaríamos un órgano especial, igual que necesitamos la vista para percibir el mundo visible que nos rodea. Con Sócrates no hace falta ningún órgano especial porque permanecemos dentro de nosotros mismos y no hay ninguna pauta trascendente, como dirían ustedes, ni nada fuera de nosotros mismos, captado con los ojos de la mente, que nos informe de lo que está bien y lo que está mal. Desde luego, es difícil, por no decir imposible, convencer a otros, mediante el discurso, de la verdad de lo dicho, pero nosotros hemos llegado a ello por mor de ese vivir uno consigo mismo que se hace manifiesto en el discurso entre uno y uno mismo. Si estás en conflicto contigo mismo, es como si estuvieras forzado a vivir y mantener contacto diario con tu propio enemigo. Nadie puede desear eso. Si vives mal, vives en compañía de un malhechor y, aunque muchos prefieren obrar mal en beneficio propio antes que ser maltratados, nadie preferirá convivir con un ladrón, un asesino o un mentiroso. Esto es lo que olvida la gente que elogia al tirano que ha llegado al poder gracias al asesinato y al fraude.

En el *Gorgias* aparece sólo una breve referencia a la cuestión de saber en qué puede consistir la relación entre mí y el Yo, entre yo y yo mismo. Por ello dirijo ahora mi atención a otro diálogo, el *Teeteto*, el diálogo sobre el conocimiento, donde Sócrates da una clara explicación de éste. Trata de explicar lo que entiende por *dianoeisthai*, pensar una cosa a fondo, y dice: «Llamo conocimiento a un discurso que la mente sostiene consigo misma acerca de cualquier tema de consideración. Te lo explicaré aunque yo mismo no estoy demasiado seguro al respecto. Tengo la impresión de que no es nada más que *dialégesthai*, hablar de una cosa a fondo, sólo que la mente se plantea a sí misma preguntas y se las responde, diciéndose *sí* o *no* a sí misma. Luego llega al límite donde hay que decidir las cosas, cuando ambos lados dicen lo mismo y ya no hay incertidumbre, y nosotros establecemos eso como la opinión de la mente. Hacerse una idea y formarse una opinión es lo que llamo discurso, y esa misma opinión la llamo enunciado hablado, proferido no ante otros sino ante uno mismo, en silencio». Encontramos la misma descripción, con palabras casi idénticas, en el *Sofista*: el pensamiento y el enunciado hablado son lo mismo, sólo que el pensamiento es un diálogo sostenido por la mente consigo misma sin sonidos, y la opinión es el final de dicho diálogo. Que quien obra mal no será un buen interlocutor para ese diálogo silencioso parece bastante obvio.[12]

Por lo que sabemos del Sócrates histórico, parece probable que quien pasaba su tiempo en la plaza del mercado —la misma plaza que el filósofo de Platón rehúye explícitamente (*Teeteto*)— debe de haber creído que no todos los hombres tienen una voz de la conciencia innata, pero sienten la necesidad de hablar de las cosas a fondo; que todos los hombres hablan consigo mismos. O, por decirlo más técnicamente, que todos los hombres son dos-en-uno, no sólo en el sentido de la consciencia y la autoconsciencia (que en todo lo que hago soy al mismo tiempo consciente de que lo estoy haciendo), sino en el muy específico y activo sentido de ese diálogo silencioso, de mantener un constante trato, de estar en conversación con ellos mismos. Con sólo que supieran lo que estaban haciendo, debe de haber pensado Sócrates, entenderían la importancia que tenía para ellos no hacer nada que pudiera malograrlo. Si la facultad del habla distingue al hombre de las demás especies animales —eso es lo que los griegos creían realmente y lo que Aristóteles dijo más tarde en su célebre definición del hombre—, entonces es en ese diálogo silencioso de mí mismo conmigo mismo donde se demuestra mi cualidad específicamente humana. En otras palabras, Sócrates creía que los hombres no son simplemente animales racionales, sino seres pensantes, y que renunciarían a todas sus demás ambiciones y sufrirían incluso injurias e insultos antes que perder esa facultad.

El primero en discrepar fue Platón, como hemos visto, que esperaba ver sólo a los filósofos —que han hecho del pensar su oficio particular— en la Isla de los Bienaventurados. Y como es imposible negar que ninguna otra actividad humana exige de manera tan perentoria e inevitable el trato de uno mismo consigo mismo como el diálogo silencioso del pensamiento, y puesto que, después de todo, el pensar no está entre las actividades más frecuentes y comunes de los hombres, tenemos una tendencia natural a estar de acuerdo con Platón. Sólo que olvidamos que nosotros, que ya no creemos en el pensamiento como un hábito humano común, todavía sostenemos que incluso los hombres más ordinarios han de ser conscientes de lo que está bien y lo que está mal y deben convenir con Sócrates en que es mejor sufrir el mal que hacerlo. Lo que importa desde el punto de vista político no es si es más desgraciado el acto de golpear a alguien injustamente o el de ser injustamente golpeado. Lo que importa es únicamente conseguir un mundo en que dichos actos no tengan lugar (*Gorgias*, 508).

Permitidme indicaros algunas de las direcciones en que pueden llevarnos estas consideraciones respecto a las paradojas que enuncié al comienzo.

La razón de que la filosofía moral, pese a tratar de los «asuntos más importantes», nunca haya encontrado un nombre adecuado a su elevado propósito puede residir en el hecho de que los filósofos no podían pensar en ella como una sección especial de la filosofía, como la lógica, la cosmología, la ontología, etc. Si el precepto moral surge de la actividad pensante misma, si es la condición implícita del diálogo silencioso entre yo y yo mismo sobre cualquier asunto, entonces es más bien la condición prefilosófica de la filosofía misma y, por tanto, una condición que el pensamiento filosófico comparte con todas las demás formas no técnicas de pensamiento. Pues los objetos de esta actividad, desde luego, no quedan en absoluto restringidos a los temas específicamente filosóficos o, para el caso, científicos. El pensamiento como actividad puede darse a partir de cualquier hecho; está presente cuando yo, tras observar un incidente en la calle o verme implicado en algún acontecimiento, empiezo a reflexionar sobre lo ocurrido, contándomelo a mí mismo como una especie de historia, preparándola de este modo para su ulterior comunicación a otros, etc. Esto mismo es más verdad aún, por supuesto, si el tema de mi reflexión silenciosa resulta ser algo que he hecho yo mismo. Obrar mal significa malograr esta capacidad; la manera más segura para el criminal de no ser nunca descubierto y evitar el castigo es olvidar lo que ha hecho y no volver a pensar en ello nunca más. Por la misma razón, podemos decir que el remordimiento consiste ante todo en no olvidar lo que uno ha hecho, en «volver a ello», tal como indica el verbo hebreo *shuv*. Esta conexión entre pensar y recordar es particularmente importante en nuestro contexto. Nadie puede recordar lo que no ha pensado a fondo mediante la conversación consigo mismo al respecto.

Sin embargo, aunque pensar en este sentido no técnico no es ciertamente prerrogativa de ningún tipo especial de hombres, filósofos o científicos, etc. —constatamos su presencia en todos los géneros de vida y podemos, en cambio, descubrir su ausencia en los llamados intelectuales—, no puede negarse que es ciertamente mucho menos frecuente de lo que Sócrates suponía, si bien uno confía en que sea un poquito más frecuente de lo que Platón temía. Es indudable que puedo renunciar a pensar y recordar y seguir siendo, con todo, un ser humano bastante normal. El peligro, sin embargo, es muy grande no sólo para mí mismo, cuya habla, habiendo renunciado a la suprema actualización de la capacidad humana de hablar, se tornará por eso mismo carente de sentido, sino también para los demás, que se ven forzados a vivir con una criatura posiblemente muy inteligente y, sin embargo, totalmente incapaz de pensar. Si me niego a recordar, estoy realmente dispuesto a hacer cualquier cosa (al igual que mi coraje sería absolutamente temerario si el dolor, por ejemplo, fuera una experiencia inmediatamente olvidada).

Esta cuestión del recuerdo nos acerca al menos un poquito a la molesta cuestión de la naturaleza del mal. La filosofía (al igual que la gran literatura, tal como he indicado antes) conoce al malvado sólo como alguien que se halla desesperado y cuya desesperación lo envuelve en una cierta aureola de nobleza. No voy a negar que ese tipo de malhechor exista, pero estoy segura de que los mayores males que conocemos no se deben a aquel que debe enfrentarse a sí mismo de nuevo y cuya maldición es que no puede olvidar. Los mayores malhechores son aquellos que no recuerdan porque no han pensado nunca en el asunto, y sin memoria no hay nada que pueda contenerlos. Para los seres humanos, pensar en asuntos pasados significa moverse en profundidad, echar raíces y estabilizarse de este modo a sí mismos, de forma que no se vean arrastrados por nada de lo que ocurra: el *Zeitgeist* o la historia o la simple tentación. El mayor mal no es radical, no tiene raíces, y al no tenerlas no tiene límites, puede llegar a extremos inconcebibles y arrasar el mundo entero.

He mencionado la cualidad de ser persona como algo distinto de ser meramente humano (al modo como los griegos se distinguían a sí mismos de los bárbaros como *logon échontes*), y he dicho que hablar de una personalidad moral es casi una redundancia. Tomando pie en la justificación que da Sócrates de su proposición moral, podemos decir ahora que en este proceso de pensamiento en que yo actualizo la diferencia específicamente humana del habla, me constituyo explícitamente a mí mismo como una persona, y permaneceré uno en la medida en que sea capaz de esa constitución una y otra vez. Si eso es lo que comúnmente llamamos personalidad y no tiene nada que ver con talentos e inteligencia, es el resultado simple y casi automático de la actividad de pensar. Por decirlo de otra manera, cuando se perdona, es la persona, no el delito, lo que queda perdonado. En el mal radical, no queda persona alguna a la que poder siquiera perdonar.

Es en este contexto donde puede quizás entenderse algo mejor la curiosa insistencia de todo pensamiento moral y religioso en la importancia del apego a uno mismo. No se trata de amarme a mí mismo tal como puedo amar a otros, sino de ser más dependiente de ese interlocutor silencioso que llevo conmigo, estar quizá más a su disposición, por así decir, que a la de cualquier otro. El miedo a perderse a uno mismo es legítimo, pues es el miedo a no ser ya capaz de hablar consigo mismo. Y no sólo el pesar y la aflicción, sino también la alegría y la felicidad y todas las demás emociones se harían totalmente insoportables si hubieran de permanecer mudas e inarticuladas.

Pero el asunto tiene aún otra faceta. La descripción socrático-platónica del proceso de pensamiento me parece tan importante porque remite, aunque sólo sea de pasada, al hecho de que los hombres existen en plural y no en singular, que son los hombres, y no el Hombre, quienes habitan la Tierra. Incluso cuando estamos junto a nosotros mismos, cuando articulamos o actualizamos ese estar-solos, descubrimos que estamos en compañía, en la compañía de nosotros mismos. La soledad, esa pesadilla que, como todos sabemos, puede muy bien asaltarnos en medio de una muchedumbre, es precisamente ese sentirse abandonado por uno mismo, la incapacidad temporal de ser dos-en-uno, por así decir, mientras nos hallamos en una situación en la que no hay nadie más que nos haga compañía. Contemplado desde este punto de vista, es ciertamente verdad que mi comportamiento hacia los demás dependerá de mi comportamiento hacia mí mismo. Con la única diferencia de que este último no entraña ningún contenido específico, ningún deber ni obligación especial, nada, en definitiva, más que la mera capacidad de pensar y recordar, o su pérdida.

Permitidme por último que os recuerde aquellos asesinos del Tercer Reich que no sólo llevaban una vida familiar irreprochable, sino que gustaban de pasar su tiempo leyendo a Hölderlin y escuchando a Bach, demostrando así (como si faltaran pruebas al respecto) que los intelectuales pueden ser arrastrados al crimen como cualquier otra persona. Pero ¿acaso la sensibilidad y el gusto por las llamadas cosas superiores de la vida no son capacidades mentales? Lo son, ciertamente, pero esta capacidad de apreciación no tiene nada que ver con el pensamiento, que, como recordaremos, es una *actividad* y no el disfrute pasivo de nada. En la medida en que el pensamiento es una actividad, puede traducirse en productos, en cosas como poemas, música o pintura. Todas las cosas de ese género son, de hecho, objetos de pensamiento, igual que los muebles y los objetos que usamos diariamente se llaman con razón objetos de uso: unos están inspirados por el pensamiento y los otros están inspirados por el uso, por alguna necesidad o algún deseo humanos. Lo que es significativo en esos asesinos de elevada cultura es que no ha habido ni uno solo de ellos que escribiera un poema digno de recordarse, compusiera una pieza de música digna de escucharse ni pintara un cuadro que alguien quisiera colgar de la pared. Se requiere algo más que atención para escribir un buen poema, componer una buena pieza musical o pintar un cuadro: hacen falta cualidades especiales. Pero no hay cualidad que pueda resistir la pérdida de integridad que se da cuando uno ha perdido su más elemental capacidad de pensamiento y recuerdo.

III

La moral tiene que ver con el individuo en su singularidad. El criterio de lo que está bien y lo que está mal, la respuesta a la pregunta «¿Qué debo hacer?», no depende en última instancia de los hábitos y las costumbres que comparto con quienes me rodean, ni de un mandamiento de origen divino o humano, sino de lo que yo decido en relación conmigo mismo. En otras palabras, no puedo hacer determinadas cosas porque, una vez que las haga, ya no podré vivir conmigo mismo. Ese vivir conmigo mismo es algo más que consciencia, más que la conciencia de mí mismo que me acompaña en todo lo que hago y en cualquier estado en que me halle. Estar conmigo mismo y juzgar por mí mismo es algo que se articula y actualiza en los procesos de pensamiento, y cada proceso de pensamiento es una actividad en la que hablo conmigo mismo acerca de todo aquello que me afecta. Al modo de existencia presente en ese diálogo silencioso conmigo mismo lo llamaré ahora *solitud*. Por consiguiente, la solitud es algo más y algo diferente de otras formas de estar solo, en particular y sobre todo la soledad y el aislamiento.

La solitud significa que, aunque solo, estoy junto con alguien (esto es, yo mismo). Significa que soy dos-en-uno, en tanto que la soledad, al igual que el aislamiento, no conocen esta especie de cisma, esta interna dicotomía en la que me hago preguntas a mí mismo y recibo respuestas. La solitud y su actividad correspondiente, que es el pensar, puede ser interrumpida por alguna otra persona que se dirija a mí o, como cualquier otra actividad, al hacer otra cosa o por simple agotamiento. En cualquiera de esos casos, los dos que yo era en el pensamiento vuelven a ser *uno*. Si alguien se dirige a mí, debo hablarle a él y no a mí mismo y, al hablarle, se produce en mí un cambio. Me torno uno, en posesión, por supuesto, de conciencia de mí, es decir, de consciencia, pero ya no plena y articuladamente en posesión de mí mismo. Si se dirige a mí una sola persona y, como a veces ocurre, empezamos a hablar en forma dialogal acerca de las mismas cosas por las que uno u otro de los dos se ha interesado mientras se hallaba en solitud, entonces es como si yo me dirigiera ahora a otro yo. Y este otro yo, *allos autós*, fue correctamente definido por Aristóteles como el amigo. Por otro lado, si mi proceso de pensamiento en solitud se detiene por alguna razón, me torno uno otra vez. Y como ese uno que ahora soy está sin compañía, puedo salir en busca de la compañía de otros —gente, libros, música—, y si éstos me faltan o soy incapaz de establecer contacto con ellos, me siento dominado por el aburrimiento y la soledad. Para eso no hace falta estar solo: puede uno estar muy aburrido y muy solo en medio de una muchedumbre, pero no en verdadera solitud, es decir, en mi propia compañía o en la de un amigo, entendido como otro yo. Por eso es mucho más difícil de soportar el estar solo en medio de una muchedumbre que en solitud, tal como Meister Eckhart observó en cierta ocasión.

El último modo de estar solo, que yo llamo aislamiento, tiene lugar cuando no estoy ni conmigo mismo ni en compañía de otros, sino ocupado en las cosas del mundo. El aislamiento puede ser la condición natural de todos los tipos de trabajo en que uno se halla tan concentrado en lo que está haciendo que la presencia de los demás, incluida la de uno mismo, no puede sino molestarle. Semejante trabajo puede ser productivo, la fabricación de algún nuevo objeto, pero no tiene por qué ser así: aprender, incluso la mera lectura de un libro, exige cierto grado de aislamiento, de protección frente a la presencia de otros. El aislamiento puede darse también como un fenómeno negativo: otros con los que comparto un cierto interés por el mundo pueden dejarme. Esto ocurre con frecuencia en la vida política: es el ocio forzoso del político, o más bien del hombre que es un ciudadano pero ha perdido el contacto con sus conciudadanos. El aislamiento en este segundo sentido, negativo, puede soportarse sólo si se transforma en solitud, y cualquiera que esté familiarizado con la literatura latina sabrá cómo los romanos, en contraste con los griegos, descubrieron la solitud y, con ella, la filosofía como modo de vida en el ocio forzoso que acompaña la retirada de los asuntos públicos. Cuando uno descubre la solitud desde el punto de vista de una vida activa pasada en compañía de sus iguales, llega al punto en el que Catón dijo: «Nunca estoy más activo que cuando no hago nada, nunca estoy menos solo que cuando estoy conmigo mismo». Uno puede escuchar todavía en estas palabras, creo, la sorpresa de un hombre activo, originalmente no solitario y muy alejado de la inactividad, al descubrir las delicias de la solitud y la actividad mental de ese dos-en-uno.

En cambio, si uno llega a descubrir la solitud a partir de la pesadilla de la soledad, entenderá por qué un filósofo, Nietzsche, presentó sus reflexiones sobre este tema en un poema («Aus Hohen Bergen», al final de *Más allá del bien y del mal*) celebrando el Mediodía de la Vida, cuando los desesperados anhelos de amigos y compañía que brotan de la soledad han quedado satisfechos porque «*Um Mittag war's da wurde Eins zu Zwei*», «Era mediodía cuando uno se hizo dos». (Hay un aforismo mucho más antiguo sobre la presentación de reflexiones en un poema donde Nietzsche observa: «El poeta presenta sus reflexiones mediante el vehículo del ritmo: generalmente es así porque aquéllas no podrían caminar» [*Humano, demasiado humano*, 189]. ¿Qué ha pasado, quisiera una preguntar educadamente, para que un filósofo actúe de ese modo?)

Menciono esas diversas formas de estar solo, o las diversas formas en que la singularidad humana se articula y actualiza a sí misma, porque es muy fácil confundirlas, no sólo porque tendemos a ser descuidados y poco dados a las distinciones, sino también porque esas diversas formas cambian unas en otras de manera constante y casi imperceptible. La preocupación por el yo como el criterio último de la conducta moral se da sólo, obviamente, en la solitud. Su validez demostrable se encuentra en la fórmula general «Es mejor sufrir la injusticia que cometerla», que, tal como vimos, se basa en la idea de que es mejor estar enfrentado con el mundo entero que, siendo uno, estar enfrentado consigo mismo. Esta validez puede, por consiguiente, mantenerse para el hombre sólo en la medida en que éste es un ser pensante, necesitado de compañía con vistas al proceso de pensamiento. Nada de lo que hemos dicho es válido para la soledad y el aislamiento.

Pensar y recordar, hemos dicho, es la manera humana de echar raíces, de ocupar el propio lugar en el mundo, al que todos llegamos como extraños. Lo que solemos llamar persona o personalidad, como algo distinto de un simple ser humano o de un nadie, brota efectivamente del enraizamiento que se da en este proceso de pensamiento. En ese sentido, he dicho que es casi redundante hablar de personalidad moral; una persona, desde luego, puede ser de buen o de mal natural, sus inclinaciones pueden ser generosas o mezquinas, ella misma puede ser agresiva o sumisa, abierta o cerrada; puede estar dada a toda suerte de vicios, del mismo modo que puede haber nacido inteligente o estúpida, hermosa o fea, amigable o más bien ruda. Todo eso tiene poco que ver con lo que aquí nos interesa. Si es un ser pensante, enraizado en sus pensamientos y recuerdos, y conocedor, por tanto, de que ha de vivir consigo mismo, habrá límites a lo que puede permitirse hacer, y esos límites no se le impondrán desde fuera, sino que serán autoimpuestos. Esos límites pueden cambiar de manera considerable e incómoda de una persona a otra, de un país a otro, de un siglo a otro siglo; el mal extremo, sin límites, sólo es posible allí donde esas raíces autogeneradas, que automáticamente limitan las posibilidades, están totalmente ausentes donde los hombres se limitan a deslizarse sobre la superficie de los acontecimientos, donde se permiten a sí mismos dejarse arrastrar sin llegar a penetrar nunca hasta la profundidad de que cada uno es capaz. Esa profundidad, por supuesto, varía también de persona a persona, de siglo a siglo, tanto en sus aspectos cualitativos como en sus dimensiones. Sócrates creía que enseñando a la gente *cómo* pensar, cómo hablar con ellos mismos, como algo distinto del arte de persuadir, propio del orador, y de la ambición del sabio de enseñar *qué* pensar y cómo aprender, haría mejores a sus conciudadanos; pero si aceptáramos este supuesto y le preguntáramos a Sócrates qué sanciones habría para aquel célebre crimen oculto a los ojos de los dioses y de los hombres, sólo podría responder diciendo: la pérdida de esa capacidad, la pérdida de la solitud y, tal como he tratado de explicar, la pérdida de la creatividad: en otras palabras, la pérdida del yo que constituye a la persona.

Dado que la filosofía moral fue, después de todo, el producto de la filosofía y que los filósofos no podrían haber sobrevivido a la pérdida del yo y a la pérdida de la solitud, no podemos ya sorprendernos de que el criterio último del comportamiento hacia los demás haya sido siempre el yo, no sólo en el pensamiento estrictamente filosófico, sino también en el religioso. Así, encontramos una mezcla más bien curiosa de pensamiento precristiano y cristiano en Nicolás de Cusa, quien (en *La visión de Dios*, 7) hace a Dios dirigirse al hombre casi con las mismas palabras que el «Conócete a ti mismo» de Delfos: *Si tu tuus, et ego ero tuus* («Si tú eres tuyo, yo también lo seré»). El fundamento de toda conducta, dice, es «que yo elija ser yo mismo» (*ut ego eligam mei ipsius esse*), y el hombre es libre porque Dios le ha dejado libertad para ser él mismo si así lo desea (*ut sim, si volam, mei ipsius*). A esto debemos añadir ahora que este criterio, si bien puede verificarse en las experiencias y las condiciones esenciales del pensamiento, no se presta a la exposición en preceptos y leyes concretas de comportamiento. Por ello, el supuesto casi unánime de la filosofía moral a lo largo de los siglos se alza en chocante contradicción con nuestra creencia actual de que la ley del país expresa las normas morales esenciales sobre las que todos los hombres están de acuerdo, bien porque Dios las promulgó así, bien porque pueden derivarse de la naturaleza del hombre.

Dado que Sócrates creía que lo que nosotros llamamos moral, que en realidad afecta al hombre en su singularidad, mejora también al hombre como ciudadano, es muy justo tomar en consideración las objeciones políticas que se hicieron entonces y que pueden hacerse aún hoy día. Contra la pretensión de Sócrates de hacer mejores a los ciudadanos, la ciudad pretendía que lo que hacía era corromper a los jóvenes de Atenas y que socavaba las creencias tradicionales sobre las que descansaba la conducta moral. Permítanme que exponga las objeciones, citando o parafraseando lo que podrán encontrar, sobre todo, en la *Apología*. Sócrates, que pasa su vida examinándose a sí mismo y a los demás, instruyéndolos a ellos y a sí mismo en el pensar, no puede por menos de poner en tela de juicio todos los criterios y medidas existentes. Lejos de hacer a los demás más «morales», socava la moral y sacude los cimientos de creencias incuestionables y de una incuestionable obediencia. Quizá fue acusado falsamente de tratar de introducir nuevos dioses, pero sólo porque hizo algo peor: «Nunca enseñó ni hizo profesión de enseñar conocimiento alguno». Más aún, como él mismo admite, su vocación le había llevado a una vida de privacidad (*idioteuein allà me demosieuein*) en la que había renunciado a la vida con la gran mayoría, que es la vida pública. Es decir, casi ha probado cuánta razón tenía la opinión pública de Atenas cuando decía que la filosofía era exclusivamente para los jóvenes que todavía no han accedido a la ciudadanía, y que, incluso entonces, aunque necesaria para la educación, debía practicarse con precaución, pues inducía la *malakía*, la blandura de ánimo. Finalmente, para rematarlo todo, y nuevamente con la admisión explícita de Sócrates, lo único que pudo aportar cuando trató de justificar su propia conducta fue una «voz» que hablaba desde su interior y que podía llegar a hacerle desistir de lo que se proponía hacer pero nunca lo instaba a actuar.

Ninguna de estas objeciones puede despacharse sin más. Pensar equivale a examinar y preguntar; siempre entraña aquel derribo de ídolos que tanto gustaba a Nietzsche. Cuando Sócrates se ponía a preguntar, nada quedaba a salvo: ni los criterios aceptados de la gente corriente, ni los igualmente aceptados criterios opuestos de los sofistas. El diálogo conmigo mismo en solitud o con otro yo, aun cuando se lleve a cabo en la plaza del mercado, rehúye a la multitud. Y cuando Sócrates decía que, en su opinión, Atenas no había sido nunca favorecida con un bien mayor que su actividad aguijoneadora de la ciudad tal como un tábano aguijonea un gran caballo bien alimentado pero más bien indolente, podría muy bien haber querido decir solamente que nada mejor le puede acaecer a una multitud que su fragmentación en hombres singulares a quienes cabe apelar en su singularidad. Si ello fuera posible, si a cada hombre se le pudiera hacer pensar y juzgar por sí mismo, entonces ciertamente sería también posible hacerlo sin normas y reglas fijas. Si esta posibilidad se rechaza, y ha sido rechazada prácticamente por todos después de Sócrates, entonces se entiende fácilmente por qué la polis lo consideraba un hombre peligroso. Cualquiera que se limitara a escuchar el examen socrático sin pensar, sin embarcarse en el proceso mismo de pensamiento, podría muy bien corromperse; es decir, podría quedar privado de los criterios a los que se atenía sin pensar. En otras palabras, todo aquel que fuera susceptible de corromperse se hallaba en grave riesgo de ser corrompido. A esta ambigüedad, a saber, que el mismo acto puede hacer mejores a las personas buenas y peores a las malas, se refirió en cierta ocasión Nietzsche, que se quejaba de haber sido mal comprendido por una mujer: «Ella me dijo a mí mismo que no tenía moral, y yo había creído que, al igual que yo, tenía una moral más rigurosa que la de cualquier otra persona».[13] El malentendido es común, si bien el reproche, en este caso particular (Lou Andreas-Salomé), estaba fuera de lugar. Todo esto es en gran medida verdad mientras admitamos que las convenciones, las reglas y normas con arreglo a las que habitualmente vivimos no quedan demasiado bien cuando las examinamos y que sería temerario depositar nuestra confianza en ellas en casos de urgencia. De lo que se desprende que la moral socrática es políticamente relevante sólo en tiempos de crisis y que el yo como criterio último de conducta moral es, políticamente, una especie de medida de emergencia. Lo cual implica que la invocación de supuestos principios morales para el comportamiento cotidiano suele ser un fraude; apenas necesitamos que la experiencia nos diga que los moralistas estrechos que constantemente apelan a elevados principios morales y a normas fijas suelen ser los primeros en adherirse a cualquier norma fija que se les ofrezca, y que la sociedad respetable, que los franceses llaman *les bien-pensants*, tiene más probabilidades de volverse nada respetable e incluso criminal que la mayoría de los bohemios y *beatniks*. Todas las cosas de las que hemos estado hablando aquí son importantes sólo en circunstancias excepcionales; y los países en los que esas circunstancias excepcionales se convirtieron en la ley del país y la cuestión de cómo comportarse en semejantes circunstancias llegó a ser la cuestión más candente del momento, fueron acusados, por eso mismo, de mal gobierno, por decirlo suavemente. Pero aquellos que en condiciones perfectamente normales invocan excelsas normas morales se parecen mucho a quienes toman el nombre de Dios en vano.

Esta propiedad de la cuestión moral, que es, políticamente, un caso límite, se pone de manifiesto cuando consideramos que la única recomendación que podemos esperar obtener de «Es mejor estar enfrentado al mundo entero que estar enfrentado conmigo mismo» será siempre puramente negativa. Ese criterio nunca nos dirá qué hemos de hacer, únicamente nos impedirá hacer ciertas cosas, aun cuando las haga todo el mundo a nuestro alrededor. No hay que olvidar que el proceso de pensamiento mismo es incompatible con cualquier otra actividad. El dicho «*detente* y piensa» es desde luego totalmente exacto. Siempre que pensamos, interrumpimos todo lo que pudiéramos haber estado haciendo, y en tanto seamos dos-en-uno somos incapaces de hacer nada que no sea pensar.

Por consiguiente, existe algo más que una mera distinción entre pensar y actuar. Existe una tensión inherente entre estos dos géneros de actividad; y la burla que hace Platón de los hiperactivos, de esos que siempre están en movimiento y nunca se detienen, es una actitud que, de una u otra forma, aparecerá en todo auténtico filósofo. Esta tensión, no obstante, ha quedado paliada mediante una noción también cara a todos los filósofos: la idea de que pensar es también una forma de actuar; que pensar, como se dice a veces, es una especie de «acción interior». Son muchas las razones que abonan esta confusión, razones irrelevantes cuando el filósofo habla en defensa propia frente a los reproches que le dirigen los hombres de acción y los ciudadanos, y razones pertinentes que tienen su origen en la naturaleza del pensamiento. El pensamiento, a diferencia de la contemplación, con la que demasiado frecuentemente se identifica, es efectivamente una *actividad* y, más aún, una actividad que produce ciertos resultados morales, a saber, que el que piensa se constituye a sí mismo en alguien, una persona o personalidad. Pero actividad y acción no son lo mismo, y el resultado de la actividad de pensar es una especie de subproducto con respecto a la actividad misma. No es lo mismo que el fin al que un acto tiende y busca conscientemente. La distinción entre pensamiento y acción se expresa a menudo mediante el contraste entre espíritu y poder, donde espíritu e impotencia se identifican automáticamente, y hay algo más que una punta de verdad en estas expresiones.

La principal distinción, políticamente hablando, entre Pensamiento y Acción radica en que yo estoy solo con mi propio yo o con el yo de otro mientras pienso, en tanto que estoy en compañía de muchos otros en el momento en que empiezo a actuar. Para los seres humanos, que no son omnipotentes, el poder sólo puede estribar en una de las muchas formas de pluralidad humana, en tanto que toda forma de singularidad humana es impotente por definición. Es verdad, sin embargo, que incluso en la singularidad o dualidad de los procesos de pensamiento, la pluralidad está en cierto modo, germinalmente, presente en la medida en que sólo puedo pensar escindiéndome en dos aun siendo uno. Pero este dos-en-uno, contemplado desde el punto de vista de la pluralidad humana, es como la última traza de compañía —aun siendo *uno* por mí mismo, soy o puedo hacerme dos—, que resulta tan importante únicamente porque descubrimos la pluralidad donde menos esperaríamos hallarla. Pero por lo que se refiere al hecho de estar con otros, debe considerarse todavía un fenómeno marginal.

Estas consideraciones pueden explicar, quizá, por qué la moral socrática, con sus propiedades negativas, marginales, se ha revelado como la única moral que funciona en situaciones límite, esto es, en momentos de crisis y urgencia. Cuando las normas dejan de ser en modo alguno válidas —como en Atenas en el último tercio del siglo V y durante el siglo IV, o en Europa en el último tercio del siglo XIX y durante el siglo XX—, no queda sino el ejemplo de Sócrates, que puede que no haya sido el mayor filósofo, pero que es todavía el filósofo por excelencia. Sin olvidar que, para el filósofo que no sólo piensa, sino que disfruta extraordinariamente y, en opinión de muchos de sus conciudadanos, desordenadamente con su actividad de pensar, el subproducto moral del pensamiento tiene de por sí una importancia secundaria. Él no examina las cosas para hacerse mejor a sí mismo o a los demás. Si sus conciudadanos, que tienden de todos modos a sospechar de él, han de decirle: «Te dejaremos libre a condición de que renuncies a esa investigación tuya y a la filosofía», la respuesta será siempre la respuesta socrática: «Yo os tengo en la más alta consideración y aprecio, pero [...] mientras me quede aliento y fuerza no renunciaré a la filosofía [...]. No cambiaré mi forma de vida».

Volvamos una vez más al problema de la conciencia, cuya existencia misma se nos ha vuelto problemática a la luz de nuestras experiencias más recientes. Supuestamente, la conciencia es una forma de *sentir* más allá de la razón y el argumento y una forma de conocer, mediante el sentimiento, lo que está bien y lo que está mal. Lo que ha quedado de manifiesto fuera de toda duda, pienso yo, es el hecho de que semejantes sentimientos ciertamente existen, que las personas *se sienten* culpables o inocentes, pero que, ¡ay!, esos sentimientos no son indicaciones fiables, en realidad no son en absoluto indicaciones, de lo que está bien y lo que está mal. Los sentimientos de culpa, por ejemplo, pueden suscitarse a causa de un conflicto entre viejos hábitos y nuevos mandatos —el viejo hábito de no matar y el nuevo mandato de matar—, pero también pueden suscitarse por una causa opuesta: una vez que las muertes o cualquier otra cosa exigida por la «nueva moral» se ha convertido en hábito y es aceptada por todo el mundo, el mismo hombre puede sentirse culpable si no se atiene a ella. En otras palabras, esos sentimientos indican conformidad y disconformidad, no moralidad. La Antigüedad, como he dicho antes, no conocía todavía el fenómeno de la conciencia; éste fue descubierto como aquel órgano del hombre que oye la voz de Dios, para ser adoptado luego por la filosofía secular, donde su legitimidad es dudosa. Dentro del ámbito de la experiencia religiosa no puede haber conflictos de conciencia. La voz de Dios habla claramente, y la cuestión es únicamente si yo la obedeceré o no. Por otro lado, los conflictos de conciencia en sentido secular no son en realidad más que deliberaciones entre yo y yo mismo; no se resuelven mediante el sentimiento sino mediante el pensamiento. Sin embargo, en la medida en que conciencia no significa sino ese estar en paz conmigo mismo, que es la condición *sine qua non* del pensamiento, es ciertamente una realidad; pero ésta, como ahora sabemos, sólo dirá: «No puedo hacerlo y no lo haré». Dado que está referida al propio yo, no cabe esperar de ella ningún impulso para actuar.[14]

Recordemos, finalmente, aquellas pocas indicaciones sobre cómo se presenta el problema del mal desde el punto de vista de este género de moral estrictamente filosófico. El mal, definido con respecto al yo y al intercambio de pensamientos entre yo y yo mismo, sigue siendo tan formal y vacío de contenido como el imperativo categórico de Kant, cuyo formalismo ha irritado tan a menudo a sus críticos. Si Kant dijo que es errónea toda máxima que no pueda convertirse en una ley universalmente válida, es como si Sócrates hubiera dicho que es erróneo todo acto con cuyo agente yo no pueda seguir conviviendo. Comparativamente, la fórmula de Kant parece menos formal y mucho más estricta; el robo y el asesinato, la falsificación y el falso testimonio quedan prohibidos de manera igualmente tajante. La cuestión de si yo no preferiría vivir con un ladrón a vivir con un asesino, que quizá me preocuparía bastante menos un falsificador que alguien que hubiera dado falsos testimonios, etc., ni siquiera se plantea. La razón de esta diferencia es también que Kant realmente, pese a tantas afirmaciones en sentido contrario, nunca distinguió suficientemente entre legalidad y moralidad, y que pretendía que la moral se convirtiera, sin intermediario alguno, en fuente de la ley, de manera que el hombre, fuera donde fuese e hiciera lo que hiciese, fuera su propio legislador, una persona completamente autónoma. En la fórmula de Kant, es el mismo mal el que hace al hombre ladrón o asesino, la misma fatal flaqueza de la naturaleza humana. Otro ejemplo, ciertamente de peso, de una enumeración de transgresiones no graduadas en función de la gravedad es el decálogo, que también se suponía que era el fundamento de la ley del país.

Ahora bien, es verdad que si tomamos sólo una de las tres fórmulas socráticas, «Es mejor sufrir la injusticia que cometerla», encontraremos la misma curiosa indiferencia ante posibles grados de mal; pero tal indiferencia desaparece si añadimos el segundo criterio de tener que vivir con uno mismo, tal como aquí hemos hecho. Pues éste es un principio puramente moral, distinto de uno legal. En tanto en cuanto afecta al agente, todo lo que puede decir es: «Esto no puedo hacerlo» o, en el caso de que haya cometido ya el acto: «Nunca debí hacerlo», dando a entender que podría haber actuado mal antes, pero sin consecuencias irreparables. En este punto surge una distinción entre las transgresiones a las que nos vemos confrontados cada día y ante las que sabemos cómo actuar o cómo librarnos de ellas mediante el castigo o mediante el perdón, y aquellos otros delitos de los que sólo podemos decir: «Nunca debió ocurrir». A partir de esta declaración sólo queda un paso que dar para concluir que quienquiera que hizo eso nunca debió haber nacido. Obviamente, esa distinción se parece mucho a la distinción de Jesús de Nazaret entre las transgresiones que se espera que yo perdone «siete veces al día» y aquellos delitos en que «sería mejor que le colgaran al autor una rueda de molino en torno al cuello y lo arrojaran al mar».

Dado nuestro contexto, hay dos cosas especialmente sugerentes en esta sentencia. Primero, la palabra que aquí se utiliza para delito es *skándalon*, que originalmente se refería a una trampa tendida a los enemigos y que ahora se usa como equivalente de la palabra hebrea *mikhshol* o *zur mikhshol*, que significa «obstáculo». La distinción entre las meras transgresiones y esos mortales obstáculos parece indicar algo más que la distinción corriente entre pecados mortales y veniales; indica que dichos obstáculos no pueden apartarse de nuestro camino como las meras transgresiones. Segundo, y sólo en apariencia incompatible con esta lectura del texto, obsérvese que sería mejor *para aquél* no haber nacido siquiera, pues esta expresión hace que el comentario suene como si el causante del agravio, de cuya naturaleza se dice únicamente que es un obstáculo insuperable, se hubiera desvanecido.

Pero independientemente de lo lejos que llevemos las consecuencias de los pocos enunciados que, de un modo u otro, son todavía las únicas concepciones sobre las que podemos volver en nuestra pesquisa sobre la naturaleza del mal, una cosa es innegable, a saber, el carácter intensamente personal y, si queréis, subjetivo incluso, de todos los criterios que aquí he propuesto. Éste es probablemente el aspecto más discutible de mis consideraciones, y volveré a él en la siguiente sesión, cuando examine la naturaleza del juicio. Hoy por hoy permitidme únicamente recordaros, como si fuera en defensa propia, dos afirmaciones que expresan esencialmente la misma idea, aunque tienen su origen en fuentes y tipos de personas totalmente dispares; pueden quizá daros una indicación de adónde quiero ir a parar. La primera de dichas afirmaciones procede de Cicerón, y la segunda, de Meister Eckhart, el gran místico del siglo XIV. En las *Disputaciones Tusculanas*, Cicerón examina las opiniones enfrentadas de los filósofos sobre ciertas cuestiones, que carecen de interés en nuestro contexto. Y cuando se trata de decidir cuál de ellas es correcta y cuál no, de forma súbita e inesperada introduce un criterio completamente diferente. Desecha la cuestión de la verdad objetiva y dice que, puesto a elegir entre los pitagóricos y Platón, «Por dios que preferiría equivocarme con Platón que compartir ideas verdaderas con esa gente». Y hace que su interlocutor en el diálogo haga una vez más hincapié en el asunto: tampoco a él le preocuparía equivocarse y errar con tal hombre. Más sorprendente aún que esta afirmación, que es meramente polémica, resulta la afirmación de Eckhart, que es abiertamente herética. En uno de los llamados dichos que se conservan (y que, de hecho, son anécdotas), se supone que Eckhart se ha topado con el hombre más feliz, que resulta ser un mendigo. La historia da varias vueltas hasta que finalmente se le pregunta al mendigo si aún se consideraría feliz si se encontrara en el infierno. Y el mendigo, que ha basado sus argumentos en su amor a Dios y en el supuesto de que uno tiene en su presencia aquello que ama, responde: «Oh, sí, estaría mucho más a gusto con Dios en el infierno que en el cielo sin Él». Lo interesante está en que tanto Cicerón como Eckhart convienen en que se llega a un punto en que todos los criterios objetivos —verdad, premios y castigos en el más allá, etc.— ceden ante el criterio «subjetivo» del tipo de persona que deseo ser y con el que deseo convivir.

Si aplicamos esas sentencias a la cuestión de la naturaleza del mal, el resultado será una definición del agente y de cómo ha actuado más que del acto mismo o de su resultado final. Y encontraremos que este desplazamiento del objetivo *que* hecho por alguien al subjetivo *quien* del agente es un dato marginal incluso en nuestro sistema jurídico. Pues si bien es verdad que acusamos a alguien por lo que ha hecho, es igualmente verdad que cuando un asesino es perdonado, uno no tiene ya en cuenta su acto. No es el asesinato lo que se perdona, sino a su autor, su persona tal como se presenta con sus circunstancias e intenciones. El problema con los criminales nazis era precisamente que renunciaban voluntariamente a todas sus cualidades personales, como si no quedara nadie a quien castigar o perdonar.

Protestaban una y otra vez que nunca habían hecho nada por propia iniciativa, que no tenían intencionalidad alguna, ni buena ni mala, y que sólo obedecían órdenes.

Dicho de otra manera: el mayor mal que puede perpetrarse es el cometido por nadie, es decir, por seres humanos que se niegan a ser personas. Dentro del marco conceptual de estas consideraciones, podríamos decir que los malhechores que rehúsan pensar por sí mismos lo que están haciendo y que se niegan también retrospectivamente a pensar en ello, es decir, a volver atrás y recordar lo que hicieron (que es la *teshuvah* o arrepentimiento) no han logrado realmente constituirse en personas. Al empecinarse en seguir siendo nadie, demuestran no ser capaces de mantener trato con otros que, buenos, malos o indiferentes, son por lo menos personas.

Todo lo que hemos descubierto hasta ahora es negativo. Nos hemos ocupado de una actividad y no de la acción, y el criterio último ha sido la relación con uno mismo, no la relación con los demás. Volvamos ahora nuestra atención a la acción como algo distinto de la actividad y al comportamiento hacia los demás como algo distinto del trato con uno mismo. En ambos casos nos limitaremos a las cuestiones morales; nos atendremos a los hombres en su singularidad y dejaremos fuera de consideración todas las cuestiones políticas tales como la constitución de comunidades y el gobierno, así como el apoyo de los ciudadanos a las leyes de su país, o su acción concertada en aras de una empresa común. Hablaré, por consiguiente, de la acción no política, que no tiene lugar en público, y acerca de las relaciones no políticas con otros, que no son relaciones con otros yoes, es decir, con amigos, ni están predeterminadas por algún interés mundano común. Los dos fenómenos que llamarán principalmente nuestra atención están efectivamente conectados. El primero de ellos es el fenómeno de la *voluntad*, que, de conformidad con nuestra tradición, me incita a la acción, y el segundo es la cuestión de la naturaleza del bien en un sentido enteramente positivo, más que la cuestión negativa de cómo evitar el mal.

He señalado antes que el fenómeno de la voluntad era algo desconocido en la Antigüedad. Pero antes de intentar determinar su origen histórico, cosa que tiene considerable interés, trataré muy brevemente de ofrecer un sucinto análisis de su función en relación con las demás facultades humanas. Supongamos que tenemos ante nosotros un plato de fresas y que *deseo* comerlas. Este deseo era, por supuesto, algo bien conocido por la filosofía antigua; deseo ha querido siempre decir ser atraído por algo externo a uno. Eso era algo natural y no de un orden demasiado elevado, sino correspondiente, por así decir, a la esfera animal del hombre. La cuestión de si debo o no ceder a ese deseo era, según los antiguos, algo que decidía la razón. Así, por ejemplo, si padezco cierto tipo de alergia, la razón me dice que no eche mano a las fresas. Si a pesar de eso me las comeré o no depende de la fuerza de mis deseos, por un lado, y de la fuerza que la razón ejerza sobre ellos, de otro lado. Me comeré las fresas o bien porque estoy privado de razón o bien porque mi razón es más débil que mi deseo. La bien conocida oposición entre la razón y las pasiones, amén de la vieja cuestión de si la razón es la esclava de las pasiones o, por el contrario, las pasiones deben y pueden estar bajo el control de la razón, remite a las viejas nociones esquemáticas acerca de la jerarquía de las facultades humanas.[15]

Es en esta dicotomía donde se inserta la facultad de la voluntad. La inserción significa que ni el deseo ni la razón quedan abolidos ni siquiera degradados a un rango inferior; ambos mantienen su posición. Pero el nuevo descubrimiento es que hay algo en el hombre que puede decir sí o no a los preceptos de la razón, por lo que el hecho de que yo ceda al deseo no se debe a ignorancia ni a debilidad, sino a mi voluntad, una tercera facultad. Ni la razón es suficiente por su parte ni el deseo lo es por la suya. Porque —y ésta es la quintaesencia del nuevo descubrimiento— «la mente no se mueve hasta que no quiere moverse» (Agustín, *De libero arbitrio voluntatis*, 3.1.2). Yo puedo decidir contra el consejo deliberado de la razón igual que puedo decidir contra la simple atracción de los objetos de mi apetito, y es la voluntad más bien que la razón o el apetito lo que decide la cuestión de lo que voy a hacer. Por consiguiente, yo puedo querer lo que no deseo y puedo no querer, resistirme conscientemente, a lo que la razón me dice que es correcto, y en cada acto ese Quiero o No-quiero son los factores decisivos. La voluntad es el árbitro entre la razón y el deseo, y como tal sólo la voluntad es libre. Más aún, mientras la razón revela lo que es común a todos los hombres y el deseo lo que es común a todos los organismos vivos, sólo la voluntad es exclusivamente mía.[16]

Incluso con este breve análisis resultará evidente que el descubrimiento de la voluntad tiene que haber coincidido con el descubrimiento de la libertad como cuestión filosófica, en tanto que distinta del hecho político. Se nos hace ciertamente bastante extraño constatar que la cuestión de la libertad, particularmente la libertad de la voluntad, que desempeña tan enorme papel en todo el pensamiento filosófico y religioso poscristiano, no apareciera nunca en la filosofía antigua.[17] Esta extrañeza, sin embargo, se disipa en el momento en que comprendemos que ningún elemento de libertad en absoluto puede residir en la razón ni en el deseo. Todo lo que la razón, por un lado, me diga puede ser convincente o constructivo y mis apetitos, por otro lado, se entienden como la reacción desiderativa ante todo lo que me afecta desde el exterior.

La libertad, según la filosofía antigua, iba íntegramente unida al Puedo; «libre» significaba ser capaz de hacer lo que uno quería hacer. Decir, por ejemplo, que un paralítico que había perdido su libertad de movimiento, o un esclavo que se hallaba a las órdenes de su amo, eran sin embargo libres en la medida en que poseían el poder de la voluntad, habría sonado a contradicción en los términos. Y si atendemos a la filosofía de los estoicos tardíos, especialmente la del esclavo filósofo Epicteto (cuyos escritos son contemporáneos de los de Pablo, el primer escritor cristiano), donde la cuestión de la libertad interior al margen de las circunstancias exteriores, políticas, se plantea una y otra vez, veremos inmediatamente que ello no equivale en absoluto a un desplazamiento del deseo a la voluntad, o del Puedo al Quiero, sino sólo a un desplazamiento en los objetos de mis deseos. Para permanecer libre aun siendo esclavo, debo educar mis apetitos de tal modo que deseen sólo lo que puedo conseguir, lo que depende sólo de mí mismo y, por tanto, está realmente en mi poder. El paralítico, en esta interpretación, sería libre, exactamente tan libre como cualquier otro, con sólo que dejara de desear utilizar sus miembros.[18]

He traído a colación el ejemplo de Epicteto para evitar malentendidos. Este tipo de interiorización, de restricción del Puedo al desplazarlo de la realidad al ámbito de una vida interior ilimitada en sus posibilidades, precisamente porque es irreal, tiene poco en común con nuestra cuestión. Gran parte de lo que Nietzsche tuvo que decir como crítica del cristianismo sólo es aplicable realmente a estas etapas finales de la filosofía antigua. Epicteto puede entenderse ciertamente como un ejemplo de aquella mentalidad resentida propia de un esclavo que, cuando su amo le diga: «No eres libre porque no puedes hacer esto ni aquello», responderá: «Tampoco quiero hacerlo, por lo tanto soy libre».

Creo que ha sido Eric Voegelin quien ha dicho que todo aquello que entendemos por la palabra «alma» era bastante desconocido antes de Platón. En el mismo sentido sostendría yo que el fenómeno de la voluntad en todas su intrincada complejidad era desconocido antes de Pablo, y que el descubrimiento de Pablo tuvo lugar en estrechísima conexión con las enseñanzas de Jesús de Nazaret. Antes he citado el «Ama a tu prójimo como a ti mismo». Como sabéis, esta frase de los Evangelios es en realidad una cita del Antiguo Testamento; su origen es hebreo, no cristiano. Lo he mencionado porque hemos visto que allí también es el yo el criterio último de lo que debo y lo que no debo hacer. Recordaréis también que Jesús contrapuso a esa regla: «Pero yo os digo: Amad a vuestros enemigos y orad por los que os persiguen», etc. (Mateo, 5,44).* Esto ocurre cuando Jesús radicaliza todos los viejos preceptos y mandamientos, como cuando dice: «Habéis oído que fue dicho: "No adulterarás". Pero yo os digo que todo aquel que mira a una mujer deseándola, ya adulteró con ella en su corazón» (Mateo, 5,27-28), y otros pasajes similares, nada de lo cual es ajeno a la doctrina hebrea, pero mucho más intensificado. Lo mismo vale hasta cierto punto para el mandamiento de «amar a los enemigos», pues encontramos algo de un tono similar en Proverbios (25,21), donde se dice: «Si tu enemigo tiene hambre, dale de comer; si tiene sed, dale de beber», sólo que Jesús no añade: «Pues así echas ascuas sobre su cabeza; Yavé te lo pagará» (como hace Pablo, en Romanos, 12, citando todavía textualmente los Proverbios). Jesús añade únicamente: «Que vosotros podéis ser los hijos de vuestro Padre, que está en los Cielos». En esta forma, «ama al enemigo» es más que una simple intensificación del precepto hebreo. Esto queda bastante claro cuando uno recuerda algunas otras palabras dichas en el mismo contexto, por ejemplo: «Da a todo aquel que te pida» y «Al que quiera litigar contigo para quitarte la túnica, déjale también el manto» (Mateo, 5,40). Nada, ciertamente, es más evidente, creo, que el que en estos consejos de comportamiento el yo y el trato de mí mismo conmigo no son ya el criterio último de conducta. Lo que se busca aquí no es en absoluto sufrir antes que hacer el mal, sino algo completamente diferente, a saber, hacer el bien a los demás, y el único criterio es el prójimo.

Este curioso desprecio del yo, el intento deliberado de autoextinción en aras de Dios y de mi prójimo, es sin duda la quintaesencia de toda ética cristiana digna de ese nombre. Y nuestra equiparación actual de la bondad con el desprecio del yo (de donde hemos concluido, un tanto irreflexivamente, me temo, que maldad y egoísmo son idénticos) es un eco lejano de las auténticas experiencias de alguien que amaba hacer el bien de la misma manera que Sócrates amaba la actividad del pensamiento. E igual que Sócrates sabía muy bien que su

* Las citas bíblicas se han extraído de la edición de la *Sagrada Biblia*, de Eloino Nacar Fuster y Albert Colunga Cueto, O.P., Madrid, Biblioteca de Autores Cristianos, 1999. (*N. del t.*)

amor a la sabiduría se apoyaba sólidamente en el hecho de que ningún hombre puede *ser* sabio, así también encontramos en Jesús la sólida convicción de que su amor por la bondad se apoyaba en el hecho de que ningún hombre puede *ser* bueno: «¿Por qué me llamas bueno? Nadie es bueno excepto uno, nuestro Padre que está en los Cielos». Y así como ningún proceso de pensamiento es concebible siquiera sin ese dos-en-uno, esa escisión en la que el yo se actualiza y articula, así también, por el contrario, no es posible hacer el bien si al hacerlo somos conscientes de ello. Aquí no cuenta nada más que el criterio «No sepa tu izquierda lo que hace la derecha», ni siquiera basta aquel otro: «Cuando hagas, pues, limosna, no vayas tocando la trompeta delante de ti» (Mateo, 6,2); debo estar, por así decir, ausente de mí mismo y no ser visto por mí. En este sentido y en el sentido en que hablábamos antes acerca de la solitud, el hombre que se enamora de hacer el bien emprende la más solitaria carrera que puede haber para el hombre, a no ser que crea en Dios, que tenga a Dios por compañía y testimonio. Es tan fuerte este elemento de auténtica soledad en todo intento positivo de hacer el bien y no contentarse con rechazar el mal, que incluso Kant, que por otro lado tenía tanto cuidado en eliminar a Dios y los preceptos religiosos de su filosofía moral, apela a Dios como testimonio de la existencia de la buena voluntad, que de otro modo resultaría imposible de explorar y detectar.

He comentado brevemente la naturaleza extraordinariamente paradójica de la afirmación de Sócrates y cómo nosotros, por la fuerza del hábito y de la tradición, hemos dejado de tener oídos para ella. Otro tanto cabe decir, con mayor énfasis aún, de la radicalización de los antiguos mandamientos hebreos en las enseñanzas de Jesús. El esfuerzo que impuso a sus seguidores debe de haber sido insoportable, y la única razón de que nosotros ya no lo sintamos así es que apenas nos lo tomamos en serio. Quizá nadie sintió más vivamente el esfuerzo exigido por esas enseñanzas que Pablo después de su conversión.

Se ha dicho a menudo que el fundador del cristianismo no fue Jesús de Nazaret, sino Pablo de Tarso; él, ciertamente, fue el fundador de la filosofía cristiana, con su peculiar énfasis en la cuestión de la libertad y el problema del libre albedrío. El pasaje decisivo, que durante largo tiempo, prácticamente durante toda la Edad Media, estuvo en el centro de la discusión, aparece en la carta a los Romanos. Es el famoso capítulo 7, que empieza con la reflexión sobre la ley y termina con la necesidad, para el hombre, de la gracia divina para salvarse. La introducción de la ley presupone la voluntad. A cada «Harás...» le responde un «Quiero». La ley, como recordaréis, hace posible que los hombres distingan lo que está bien de lo que está mal, «ya que donde no hay ley no hay transgresión» (Romanos, 4,15), luego «pues de la ley sólo nos viene el conocimiento del pecado» (Romanos, 3,20). Con todo, y éste es el presupuesto de cuanto sigue, la ley, que indica claramente qué está bien y qué está mal, no ha logrado en absoluto su propósito; por el contrario, Pablo, citando los Salmos, dice: «No hay uno sabio, no hay quien busque a Dios. [...] no hay quien haga el bien, no hay ni siquiera uno» (Romanos, 3,11-12). ¿Cómo es posible? Pablo lo explica poniéndose a sí mismo como ejemplo: lo que ocurre es que él *conoce*, que está de acuerdo (*synphemi*) con la ley, que es buena, y lo que es más, desea actuar conforme a ella y, no obstante, «Hago lo que no quiero». «No pongo por obra lo que quiero, sino lo que aborrezco, eso hago». Por consiguiente, «no hago el bien que quiero, sino el mal que no quiero» (Romanos, 7,19). A partir de lo cual sólo puede concluir: «pues el querer está presente en mí; pero no veo *cómo* llevar a cabo lo que es bueno» [y que yo quiero hacer, añadiríamos nosotros]. Como Pablo cree que la razón de que no pueda llevar a cabo lo que quiere es la dicotomía entre lo carnal y lo espiritual, que hay «otra ley en mis miembros, en pugna contra la ley de mi mente», puede creer todavía que «con la mente sirvo a la ley de Dios; pero con la carne sirvo a la ley del pecado».

Si nos tomamos este pasaje con la seriedad que creo que hay que tomárselo, está bastante claro que la voluntad, ese instrumento presuntamente tan poderoso que da todos los impulsos para actuar, fue descubierta en su impotencia, en la experiencia de que aun cuando sé *y* procuro resistir a mis deseos, me hallo, sin embargo, en una posición en la que debo decir: «No puedo». Por consiguiente, lo primero que aprendemos acerca de la voluntad es un «Quiero pero no puedo». El Quiero, sin embargo, no queda en absoluto aplastado por la experiencia del No puedo, sino que sigue queriendo, por así decir, y cuanto más quiere, más clara aparece su insuficiencia. La voluntad se presenta aquí como una especie de *arbiter —liberum arbitrium—* entre la mente que conoce y la carne que desea. En este papel de árbitro, la voluntad es libre; esto es, decide espontáneamente. En palabras de Duns Escoto, el filósofo del siglo XIII que, contra Tomás de Aquino, insistía en la primacía de la voluntad con respecto a las demás facultades humanas: «Sólo la voluntad es la causa total de la volición en la voluntad» (*nihil aliud a voluntate est causa totalis volitionis in voluntate*). Pero mientras la voluntad es libre, el hombre carnal, aunque posee esa facultad de libertad, no es completamente libre. No es lo bastante fuerte para hacer lo que quiere; todos sus pecados y transgresiones pueden entenderse como debilidades, como pecados veniales o perdonables, excepto el pecado mortal de asentimiento que se convierte en el pecado contra el espíritu. A esto Escoto añade, en contra de los filósofos: el hombre espiritual tampoco es libre. Si sólo el Puedo es libre, ambos carecen de libertad. Si el No puedo del hombre carnal es forzado por el deseo, el intelecto no puede obrar mal forzado por la verdad. Aquí, todo Puedo presupone un No debo.

De este primer encuentro con el fenómeno de la voluntad hemos de retener el Quiero-y-no-puedo, y observar que esta *primera escisión* que la voluntad produce en mí es completamente diferente de la escisión que tiene lugar en el pensamiento. La escisión de la voluntad dista mucho de ser pacífica: no anuncia un diálogo de mí conmigo mismo, sino una lucha sin cuartel que dura hasta la muerte. Observaremos también *la impotencia de la voluntad* y quizá tengamos aquí un primer barrunto de por qué la voluntad, que entre todas las demás facultades alcanzó tal hambre de poder, pudo identificarse en el último y acaso mayor exponente de toda esta tendencia, en Nietzsche, con la voluntad de poder. Podemos concluir esta parte del problema con dos citas de Agustín; una de las *Confesiones*, la otra, de una de sus cartas. Lo que Pablo ha mostrado claramente es, primero, que «Querer y poder no son lo mismo» (*non hoc est velle quod posse*) (*Confesiones*, 8.8); y segundo, «Si no hubiera voluntad, la ley no podría mandar nada; si la voluntad fuera suficiente, la gracia no serviría de nada» (*nec lex iuberet, nisi esset voluntas, nec gratia iuvaret, si sat esset voluntas*) (*Epistolae*, 177.5).

La segunda parte de nuestro problema se desarrolla en la filosofía de Agustín. El paso decisivo que éste dio más allá de las formulaciones de Pablo es la idea de que la trampa en la que queda presa la voluntad no nace de la naturaleza dual del hombre, que es carnal y espiritual. La voluntad es una facultad mental y, en lo que se refiere al cuerpo, goza de un poder absoluto: «La mente manda al cuerpo y el cuerpo obedece instantáneamente; la mente se manda a sí misma y encuentra resistencia». Por consiguiente, precisamente con respecto a aquellos fenómenos carnales que hacían desesperar a Pablo, Agustín está muy seguro del poder de la voluntad: «No podríais imaginar nada que esté tanto en nuestro poder como eso de que, cuando queremos actuar, actuemos. En consecuencia, no hay nada que esté tanto en nuestro poder como la voluntad misma» (*Retractationes*, 1.8.3 y *De libero arbitrio*, 3.2.7). No obstante, debido a esa resistencia de la voluntad a sí misma, Pablo sabía de lo que estaba hablando. Está en la naturaleza misma de la voluntad «en parte querer y en parte no querer», pues si la voluntad no encontrara resistencia en sí misma, no habría de formular mandatos y exigir obediencia. Pero «no quiere del todo; por consiguiente, no manda del todo. Manda en la medida en que quiere; y la cosa mandada no se hace en la medida en que ella no quiere. [...] Pues si la voluntad fuese plena, ni siquiera mandaría que la cosa fuera, porque ya sería. Por tanto, no es ninguna monstruosidad querer en parte y en parte no querer. [... pues] hay dos voluntades» (*Confesiones*, 8.9). En otras palabras, la voluntad misma está escindida en dos, y no sólo en el sentido de que en parte quiero el bien y en parte el mal, como si hubiera una pugna de dos principios en mi interior y yo fuera el escenario de la batalla. Lo mismo ocurre «cuando las dos voluntades son malas», como, por ejemplo, en el caso del hombre que por un lado quiere ir al teatro, por otro quiere ir al circo, en tercer lugar quiere robar en casa de otra persona y en cuarto lugar quiere cometer adulterio, actividades que sólo tiene la oportunidad de realizar ahora. En última instancia, como habréis observado, Agustín ha introducido cuatro voluntades operando al mismo tiempo, y nos apresuraremos a señalar que este ejemplo, como muchos otros, se aproxima mucho a la deliberación, y deliberar y querer no son lo mismo. No obstante, si consideramos todas las facultades mentales desde el supuesto de la primacía de la voluntad, como hace Agustín en el libro 8 de las *Confesiones*, entonces la deliberación aparecerá como una forma de querer: «Allá donde alguien delibera, hay un alma que fluctúa entre voluntades opuestas». Está claro que en dichas fluctuaciones la voluntad se halla ahora dividida en tres, cuatro y más partes, y se queda paralizada.[19]

Seguiremos ocupándonos de este tema en la próxima sesión, pero por el momento retengamos lo siguiente: hemos descubierto otra facultad humana que está escindida en dos, no porque se le oponga otra parte de la naturaleza humana completamente diferente, sino porque su esencia misma consiste en existir como dos-en-uno. Esa escisión dentro de la voluntad misma, sin embargo, es una pugna y no un diálogo. Porque si, por el contrario, la voluntad fuese una, resultaría superflua, lo que quiere decir que no tendría nadie a quien mandar. De ahí que la manifestación más importante de la voluntad sea dar órdenes. Pero ahora resulta que la voluntad, para ser obedecida, debe al mismo tiempo consentir o querer obediencia, de modo que la escisión no se produce entre dos iguales, interlocutores en un diálogo, sino entre uno que manda y uno que obedece. Como a nadie le gusta obedecer, y como la voluntad, escindida sólo en su interior, no ejerce ningún poder fuera o por encima de ella misma para hacer cumplir sus mandatos, parece lo más natural que siempre encuentre la máxima resistencia. Finalmente, mientras la mente se escinde en dos en la actividad pensante, para la que la forma de diálogo parece la más idónea, con la voluntad ocurre algo totalmente diferente. Se supone que la voluntad nos mueve a actuar, y a tal objeto debemos ser imperativamente Uno. En otras palabras, una voluntad dividida contra sí misma es menos idónea para la tarea de la deliberación. Si tal es el modo de ser de la voluntad, ¿qué bien puede hacer? Y, en cambio, sin querer, ¿cómo podría yo verme movido a actuar?

IV

Nuestro examen de la moral socrática ha arrojado únicamente resultados negativos y no nos ha revelado más que la condición en la que podríamos evitar hacer el mal: la condición de no estar enfrentados con nosotros mismos, aun cuando ello pudiera significar estar enfrentados con el mundo entero. La fórmula socrática se fundamentaba en la razón; esto es, en una razón que no es ni puro intelecto que hubiera de aplicarse a todo lo que se presentara, ni contemplación, la facultad de ver con los ojos de la mente alguna verdad descifrada o revelada, sino razón como actividad de pensar. Y nada en dicha actividad indicaba que de ella pudiera surgir un impulso para obrar. De ahí concluimos que la importancia de esa fórmula, de la que nunca hemos dudado, su validez y significación práctica, se manifestaba claramente en situaciones de emergencia, en tiempos de crisis en que, por así decir, nos hallamos con la espalda contra la pared. Hablamos de un fenómeno marginal o un precepto límite, no porque creyéramos que el pensar mismo es nada de eso, sino porque considerábamos que los aspectos morales del pensamiento tienen una importancia secundaria para el propio proceso de pensamiento y que éste puede darnos indicaciones positivas para nuestra conducta, entre otras razones, porque se lleva a cabo en solitud.

En consecuencia, dirigimos nuestra atención a otra facultad, la voluntad, que desde su descubrimiento en un contexto religioso ha reivindicado el honor de acoger todos los gérmenes de la acción y de tener el poder de decidir qué hacer, no simplemente qué no hacer. Y vimos que, mientras la moral socrática, fundamentada en la actividad de pensar, atendía principalmente a evitar el mal, la ética cristiana, fundamentada en la facultad de la voluntad, pone plenamente el acento en actuar, en hacer el bien. Vimos también que el criterio último de la moral socrática para disuadir de obrar mal era el yo y el trato de mí conmigo mismo: en otras palabras, el mismo axioma de no contradicción en el que se basa nuestra lógica y que desempeña todavía un papel destacado en la fundamentación de una moral secular, no cristiana, en Kant. El criterio último para hacer positivamente el bien, por otro lado, lo encontramos en el desapego de uno mismo, en la pérdida de interés por el propio yo. Vimos que una de las razones de este sorprendente desplazamiento podría no ser la mera inclinación amorosa hacia el prójimo aun cuando sea enemigo, sino el simple hecho de que nadie puede hacer el bien y saber lo que está haciendo. «No sepa tu izquierda lo que hace la derecha.» Por eso la escisión en dos, el dos-en-uno presente en la actividad pensante, no es posible aquí. Por decirlo de una manera un tanto extremada: si deseo hacer el bien, no debo pensar en lo que estoy haciendo. Y para despojar esta cuestión del contexto religioso en el que se formuló por vez primera, citaré un pasaje particularmente bello y muy característico de Nietzsche que suena a eco tardío de estas palabras. Dice Nietzsche (*Más allá del bien y del mal*, nº 40):

> Hay actos de una naturaleza tan delicada que es mejor que los destruyas con cierta rudeza para hacerlos irreconocibles; hay actos de amor de una generosidad extravagante tras los cuales no hay nada más aconsejable que coger un bastón y apalear a todos los testigos: simplemente para borrarles la memoria. Hay personas que saben cómo borrar su propia memoria, la maltratan a fin de vengarse del único testigo de sus actos. La vergüenza es ingeniosa. Y no es de nuestros peores actos de los que más nos avergonzamos. [...] Podría imaginarme cómo alguien que tuviera algo precioso y frágil que ocultar rodaría por la vida, dando tumbos como una vieja barrica de vino joven.

Por lo demás, después de todas estas consideraciones, permitidme recordaros nuestro primer intento, seguramente prematuro, de determinar cuál podría haber sido la definición del mal según la doctrina socrática, por un lado, y según la predicación y el ejemplo vivo de Jesús de Nazaret, por otro. Según Sócrates, está mal todo aquello que yo no puedo soportar haber hecho, y el que obra mal sería alguien inadecuado para tener trato con él, especialmente para el trato mental de uno consigo mismo. Encontramos idéntica posición en el tantas veces citado aforismo de Nietzsche: «Mi memoria me dice: Hice esto. Mi orgullo replica: No pude haberlo hecho. El orgullo es implacable. Finalmente, mi memoria cede» (*Más allá del bien y del mal*, nº 68). Para nuestros fines, dejemos de lado la forma moderna en que reaparece la vieja posición y donde la represión, todavía desconocida en el antiguo hogar del alma, se presenta como el remedio supremo. Para nosotros es decisivo que, tal como hemos señalado antes, la facultad de la memoria es lo que impide obrar mal. Vimos que el criterio es aquí extremadamente subjetivo en dos sentidos: lo que puedo soportar haber hecho sin perder mi integridad como persona podría variar de un individuo a otro, de uno a otro país, de un siglo a otro. Pero también es subjetivo en cuanto que todo se resuelve finalmente en la cuestión de con quién deseo estar, y no en normas y reglas «objetivas». He citado las curiosas y curiosamente coincidentes tesis de Cicerón y Meister Eckhart, el primero afirmando que preferiría equivocarse con Platón antes que compartir la verdad con unos charlatanes, y el segundo declarando que preferiría estar en el infierno con Dios que en el paraíso sin él. En un plano popular, encontramos la misma actitud en el proverbio romano «*Quod licet Iovi non licet bovi*» («Lo que le está permitido a Júpiter no le está permitido a un buey»). En otros términos, lo que uno hace depende de quién es. Lo que a unos les está permitido no les está permitido a otros, de donde se sigue que a un buey le pueden estar permitidas muchas cosas que no le están permitidas a Júpiter.

El mal, según Jesús, se define como un «tropiezo», *skándalon*, que los poderes humanos no pueden evitar, de modo que el que realmente obra mal aparece como el hombre que nunca debiera haber nacido: «Sería mejor que le colgaran una rueda de molino en torno al cuello y lo arrojaran al mar». El criterio ya no es el yo y aquello con lo que el yo puede soportar vivir o no, sino las obras y las consecuencias de los actos en general. El *skándalon* es lo que no está en nuestro poder reparar —mediante el perdón o mediante el castigo— y lo que permanece, por tanto, como un obstáculo para todas las obras y acciones ulteriores. Y el agente no es alguien que, como lo entiende Platón, pueda reformarse mediante el castigo o que, si ya es incapaz de reformarse, ofrezca un ejemplo disuasor a los demás; el agente es alguien que ataca el orden del mundo como tal. Es, por tomar otra de las metáforas de Jesús, como la mala hierba, «la cizaña del campo», con la que no se puede hacer nada sino destruirla, quemarla. Jesús no dijo nunca cuál es ese mal que no puede ser perdonado por los hombres ni por Dios, y la interpretación del *skándalon*, el tropiezo, como pecado contra el Espíritu Santo no nos dice mucho al respecto, excepto que es el mal que uno consiente de todo corazón, que comete voluntariamente. Esta interpretación me parece difícil de conciliar con lo que se dice en los Evangelios, donde la cuestión del libre albedrío no se plantea todavía. Pero lo que sin duda se recalca aquí es el daño hecho a la comunidad, el peligro que supone para todos.

Me parece evidente que ésta es la actitud del hombre de acción en contraposición a la del hombre cuyo principal interés y preocupación es pensar. El radicalismo de Jesús en la cuestión del mal —un radicalismo tanto más impresionante cuanto que va íntimamente unido a la mayor generosidad posible hacia toda clase de malhechores, incluidos adúlteros, prostitutas, ladrones y publicanos— nunca ha sido aceptado, que yo sepa, por ningún filósofo que se haya ocupado del problema. Basta con pensar en Spinoza, para quien lo que llamamos mal no es sino un aspecto bajo el que se presenta a los ojos humanos la incuestionable bondad de todo lo que es, o en Hegel, para quien el mal como lo negativo es la poderosa fuerza que impulsa la dialéctica del devenir, y en cuya filosofía los que obran mal, lejos de ser la cizaña en medio del trigo, aparecen incluso como los fertilizantes del campo. Justificar el mal en su doble sentido de maldad e infortunio ha constituido desde siempre una de las tareas más desconcertantes de la metafísica. La filosofía en sentido tradicional, que se enfrenta con el problema del Ser como un todo, se ha sentido siempre obligada a afirmar y encontrar un lugar adecuado para todo lo que es. Volveré de nuevo a Nietzsche para resumir esta faceta de nuestro problema. Dijo éste (*La voluntad de poder*, nº 293): «La noción de una acción que hay que rechazar, desechar [*verwerfliche Handlung*], plantea dificultades. Nada de lo que ocurre puede ser tal que haya que rechazarlo; uno no debe querer eliminarlo, pues todo está tan íntimamente conectado con todo lo demás que rechazar una cosa significa rechazarlo todo. Una acción desechada quiere decir un mundo desechado». La noción de la que aquí habla Nietzsche, que podríamos llamar un «no» sin paliativos a un hecho concreto o a una persona concreta en el sentido de «No debiera haber ocurrido, no debiera haber nacido», es ciertamente una noción detestada por todos los filósofos. Y cuando Nietzsche afirmaba que «los malos y los infortunados están en una posición más favorable para descubrir ciertas partes de la verdad» (*Más allá del bien y del mal*, nº 39), estaba firmemente anclado en esa tradición, sólo que traducía en términos muy concretos las ideas más bien abstractas de sus predecesores; que semejantes afirmaciones sonaran heréticas a sus propios oídos, que eran todavía los oídos del hijo de un pastor protestante, es otra cuestión. Es verdad, sin embargo, que va más allá de esa tradición cuando, en el mismo aforismo, alude a «las malas personas que son felices, una especie de hombres sobre quienes los moralistas callan». Esta observación puede no ser especialmente profunda, y parece que Nietzsche no volvió nunca a ella, pero toca el corazón mismo de todo el problema, al menos del problema planteado en términos tradicionales.

Porque cuando dije en la sesión precedente que, según la filosofía tradicional, es la voluntad, y no la razón ni el simple deseo, lo que empuja al hombre a la acción, dije una verdad a medias. Sin duda, la voluntad, como vimos, se entiende como el árbitro entre la razón y los deseos y, como tal, ha de estar libre de determinación por aquélla o por éstos. Y, tal como se ha señalado desde Agustín y Duns Escoto, desde Kant y Nietzsche, la voluntad o es libre o no existe; debe ser la «causa total de ella misma» (Duns Escoto), porque si quieres asignarle una causa, inmediatamente caes en una regresión infinita de causas, preguntando de cada una cuál es la causa de esa causa. Agustín señaló esto en *De libero arbitrio*, 3.17. Es una facultad mental descubierta por Pablo, desarrollada por Agustín y, a partir de entonces, interpretada y reinterpretada como ninguna otra facultad humana lo ha sido. Pero la cuestión de su existencia real ha sido siempre debatida en mayor grado que la de la razón, el deseo o cualquier otra de nuestras facultades. La paradoja, dicho brevemente, es ésta: sólo con el descubrimiento de la voluntad como depositaria de la libertad humana se les llegó a ocurrir a los hombres que pudieran no ser libres, aun cuando no se vieran forzados por fuerzas naturales ni por el destino ni por sus semejantes. Por supuesto, siempre se ha sabido que el hombre puede ser esclavo de sus deseos y que la moderación y el autocontrol son los signos de un hombre libre. Se consideraba que los hombres que no sabían cómo controlarse tenían almas esclavas, como el hombre derrotado en la guerra que dejaba que lo hicieran prisionero y lo vendieran como esclavo en lugar de suicidarse. Si uno era un cobarde o un tonto, se rendía y pasaba de una condición a otra. El problema surgió, como vimos, cuando se descubrió que el Quiero y el Puedo no son lo mismo, al margen de las circunstancias externas. Más aún, el Quiero-pero-no-puedo no es lo mismo que cuando un hombre paralítico dice: «Quiero mover los miembros pero no puedo», en cuyo caso el cuerpo resiste a la mente. Por el contrario, las paradojas de la voluntad se hacen evidentes únicamente cuando la mente se dice a sí misma lo que ha de hacer. Esto se caracteriza como la ruptura de la voluntad, que al mismo tiempo quiere y no quiere. La pregunta es, entonces: ¿puede decirse que soy libre, no forzado por los demás ni por la necesidad, si hago lo que no quiero o, a la inversa, soy libre si logro hacer lo que quiero? Ahora bien, esta cuestión de si los hombres son o no son libres cuando empiezan a actuar no puede resolverse de manera apodíctica, pues el acto mismo cae siempre dentro de una secuencia de hechos en cuyo contexto aparece causado por otros hechos: es decir, queda dentro de un contexto de causalidad. Por otro lado se ha dicho, una y otra vez, que ningún precepto, ni moral ni religioso, podría tener sentido sin el presupuesto de la libertad humana, lo cual es bastante cierto y evidente; pero es una mera hipótesis. Y lo más que podemos decir al respecto es lo que Nietzsche afirmaba: tenemos dos hipótesis, la hipótesis de la ciencia según la cual no hay voluntad, y la hipótesis de sentido común según la cual la voluntad es libre. Y esta última es «un sentimiento dominante del que no podemos liberarnos aunque se demostrara la hipótesis científica» (*La voluntad de poder*, nº 667). En otras palabras, en el momento en que empezamos a actuar, damos por sentado que somos libres, sea cual sea la verdad del asunto. Esto, según parece, sería una prueba lo bastante firme, por así decir, si fuéramos sólo seres actuantes. Pero el problema es que no lo somos, y que en el momento en que dejamos de actuar y empezamos a reflexionar sobre lo que hemos hecho con otros, o siquiera cómo tal acto concreto encaja en la textura global de nuestra vida, el asunto se vuelve de nuevo altamente dudoso. Retrospectivamente, todo parece explicable mediante causas, precedentes o circunstancias, de modo que hemos de admitir la legitimidad de ambas hipótesis, cada una de ellas válida para su propio campo de experiencia.

El recurso que tradicionalmente ha utilizado la filosofía para escapar de este dilema es en realidad bastante simple, aunque pueda parecer complicado en algunas circunstancias concretas. La dificultad radica en que haya algo que no esté determinado por nada y, sin embargo, no sea arbitrario; que el árbitro no arbitre arbitrariamente. Y lo que está detrás de la voluntad como árbitro entre la razón y los deseos es que *omnes homines beati esse volunt*, que todos los hombres tienden a ser felices, gravitan, por así decir, hacia la felicidad. Uso aquí el término «gravitan» intencionadamente para indicar que aquí se alude a algo más que a los deseos, tendencias, apetitos, etc., cada uno de los cuales puede ser satisfecho independientemente y, sin embargo, dejan al hombre en su conjunto, visto en la totalidad de su vida, «infeliz». Por consiguiente, según esta interpretación, la voluntad, aunque no determinada por ninguna causa concreta, surge de este campo de gravitación, que se supone común a todos los hombres. Por decirlo abruptamente: no es sólo como si el hombre, en cada momento de su vida, deseara poder decir: «Soy feliz, soy feliz, soy feliz», sino más bien como si el hombre al final de su vida deseara poder decir: «He sido feliz». Según los moralistas esto sólo debería ser posible para las personas que no fueran malvadas, lo cual, por desgracia, sólo es una suposición. Si volvemos a nuestro viejo criterio socrático, según el cual la felicidad consistiría en estar en paz con uno mismo, cabría decir que las personas malvadas han perdido su capacidad incluso para plantear la pregunta y responderla, en la medida en que, al estar enfrentadas consigo mismas, han perdido la capacidad de ser dos-en-uno en el diálogo del pensamiento. Este argumento aparece de manera diferente en Agustín, quien sostenía: «El hombre que, sabiendo lo que está bien, deja de hacerlo, pierde la capacidad de saber lo que está bien; y el hombre que, teniendo la capacidad de obrar bien, no quiere, pierde la capacidad de hacer lo que quiere» (*De libero arbitrio*, 3.19.53). En otras palabras, el hombre que actúa contra la atracción gravitatoria hacia la felicidad pierde la capacidad de ser feliz o infeliz. Esto es difícil de sostener si la felicidad es realmente el centro de gravedad de todo el ser propio de cada uno, e independientemente de hasta qué punto el argumento nos pueda parecer plausible o no plausible, la verdad es que pierde gran parte de su credibilidad, si no toda, por el simple hecho de que los mismos que lo propusieron de una forma u otra —desde Platón hasta los moralistas cristianos y a los políticos revolucionarios de finales del siglo XVIII— creyeron necesario amenazar a los «malvados» con una gran «infelicidad» en una vida futura; de hecho, los últimos dieron prácticamente por supuesta la existencia de esa «especie de hombres» sobre la que los moralistas, en su teoría, solían guardar silencio.

Por consiguiente, debemos dejar fuera de consideración esta molesta cuestión de la felicidad. La felicidad de los malvados que triunfan ha sido siempre uno de los hechos más incómodos de la vida y más duros de explicar. Basta con que evoquemos la idea, complementaria de ésta, de la gente que hace el bien o es decente *porque* quiere ser feliz. Con esta razón ocurre como con todas las demás razones en este asunto (citando nuevamente a Nietzsche): «Si alguien nos dijera que necesitaba razones para seguir siendo decente, difícilmente podríamos ya fiarnos de él; sin duda evitaríamos su compañía» (después de todo, ¿acaso no puede cambiar de idea?). Y con esto hemos vuelto a la facultad puramente espontánea que nos incita a actuar *y* hace de árbitro entre razones sin estar sujeta a ellas. Hasta ahora hemos hablado indistintamente de esas dos funciones de la voluntad, su capacidad de impulsar y su capacidad de arbitrar. Todas nuestras descripciones tomadas de Pablo y de Agustín acerca de la doble fractura de la voluntad, el Quiero-y-no-puedo de Pablo, el Quiero-y-no-quiero de Agustín, en realidad se aplican a la voluntad únicamente en la medida en que incita a la acción y no a su función arbitral. Pues esta última función es, de hecho, la misma que el juicio; la voluntad es llamada a juzgar entre proposiciones diferentes y opuestas, y saber si esta facultad de juicio, una de las más misteriosas de la mente humana, debe identificarse con la voluntad, con la razón o quizá con una tercera capacidad mental, es cuando menos un cuestión abierta.

Por lo que hace a la primera función de la voluntad, su capacidad de impulsar, encontramos en Nietzsche dos descripciones curiosamente inconexas y, como veremos, contradictorias. Empezaré por la descripción que sigue las huellas de la interpretación tradicional, es decir, la de Agustín. «Querer no es lo mismo que apetecer, tender a, desear: de todas éstas se distingue aquella facultad por el elemento de mandato que incorpora. [...] Que haya un mandato acerca de algo es inherente al querer» (*La voluntad de poder*, nº 668). Y en otro contexto:

> Alguien que quiere da órdenes a algo dentro de él que obedece. [...] El aspecto más extraño de ese fenómeno múltiple que llamamos Voluntad es que sólo tenemos una palabra para designarlo, y especialmente sólo una palabra para el hecho de que somos en cada caso a la vez quienes dan las órdenes y quienes las obedecen; en tanto que obedecemos, experimentamos unos sentimientos de coerción, de exigencia, de presión, de resistencia, que ordinariamente empiezan a manifestarse inmediatamente después del acto de querer; en cambio, en tanto [...] que mandamos, [...] experimentamos una sensación de placer, y ello tanto más fuertemente cuanto más acostumbrados estemos a superar la dicotomía mediante las nociones del Yo, el Ego, todo ello de manera que damos por sentada la obediencia en nosotros e identificamos, por consiguiente, querer y obrar, querer y actuar. [*Más allá del bien y del mal*, nº 19]

Esta interpretación es tradicional por cuanto insiste en la fractura de la voluntad, cuya parálisis interior, según las enseñanzas cristianas o paulinas, sólo puede curarse mediante la gracia divina. Sólo se desvía decisivamente de esta interpretación en cuanto cree detectar dentro del ámbito interno de la voluntad una especie de ingenioso mecanismo en virtud del cual estamos capacitados para identificarnos sólo con la parte que manda y desdeñar, por así decir, los sentimientos desagradables y paralizantes de verse forzado y, por ende, llamado a resistir. Nietzsche llama a esto un autoengaño, aunque saludable. Al identificarnos con quien da las órdenes, experimentamos el sentimiento de superioridad que emana del ejercicio del poder. Esta descripción, tiende uno a pensar, acaso sería exacta si el querer pudiera agotarse en el mero acto de querer, sin tener que llegar al obrar. La fractura de la voluntad, como vimos, se pone de manifiesto cuando llega la hora de actuar, y los sentimientos que un feliz autoengaño supera mientras no se me exige, por así decir, que entregue la mercancía no pueden ya superarse cuando se descubre que *velle* y *posse*, Quiero y Puedo, no son lo mismo. O, por decirlo en términos nietzscheanos: «La voluntad quiere ser dueña de sí misma» y se da cuenta de que, si la mente se manda a sí misma y no simplemente al cuerpo (en cuyo caso es obedecida al instante, como nos decía Agustín), eso quiere decir que me hago esclavo de mí mismo: que traslado, por así decir, la relación amo-esclavo, cuya esencia es la negación de la libertad, al trato y la relación que establezco conmigo mismo. En consecuencia, el célebre depositario de la libertad resulta ser el destructor de toda libertad.[20]

Y, sin embargo, un importante factor nuevo, no mencionado hasta ahora, se introduce en este punto de la reflexión: el elemento del placer, que Nietzsche entendía como inherente al sentimiento de tener poder sobre los demás. La filosofía de Nietzsche descansa, pues, sobre esta ecuación de la voluntad con la voluntad-de-poder; no niega la fractura de la voluntad en dos que él llama la «oscilación entre el sí y el no» (*La voluntad de poder*, nº 693), la presencia simultánea de placer y disgusto en todo acto de la voluntad, pero considera esos sentimientos negativos de verse forzado y de resistir entre los obstáculos necesarios sin los que la voluntad no conocería su propio poder. Obviamente, esto es una descripción exacta del principio de placer; la mera ausencia de dolor no puede producir placer, y una voluntad que no vence la resistencia no puede despertar sensaciones placenteras. Nietzsche, siguiendo sabiamente las antiguas filosofías hedonistas reformuladas en cierto modo por el sensualismo moderno, especialmente por el «cálculo de dolor y placer» de Bentham, se basaba en su descripción del placer en la experiencia de verse libre del dolor, no en la ausencia del dolor ni en la pura presencia del placer. La intensidad de esa sensación de verse libre del dolor está fuera de duda; sólo puede equipararse en intensidad a la propia sensación de dolor, que siempre es más intensa de lo que podría ser cualquier placer no relacionado con el dolor. No hay duda de que el placer de beber el vino más exquisito no puede compararse en intensidad con el placer experimentado por un hombre terriblemente sediento cuando logra beber agua. No obstante, esta autointerpretación es deficiente, incluso según las propias descripciones de Nietzsche. Éste situó la fuente de placer en la sensación de «que voluntad y acción están de algún modo unidas» (*daas Wille und Aktion irgendwie eins seien* [*Más allá del bien y del mal*, nº 19]), esto es, en el Quiero-y-puedo, independientemente de cualquier sensación negativa —dolor y liberación del dolor—, al igual que el gozo de beber un vaso de vino es independiente y está al margen de las sensaciones de sed y el placer de saciarla.

Por consiguiente, encontramos en Nietzsche otro análisis de la voluntad que recoge el motivo del placer pero lo explica de manera diferente. En la identificación de la voluntad con la voluntad-de-poder, el poder no es en absoluto lo que la voluntad desea o quiere, no es su objetivo ni su contenido. Voluntad y poder, o sentimiento de poder, son lo mismo (*La voluntad de poder*, nº 692). La meta de la voluntad es querer, como la meta de la vida es vivir. El estar dotado de poder es inherente al querer independientemente de cuál sea su objeto o su meta. Por tanto, la voluntad cuya meta es la humildad no es menos poderosa que la voluntad cuya meta es el dominio sobre otros. Esa posesión de poder, la pura potencia del acto de querer mismo, Nietzsche la explica como un fenómeno de abundancia, como indicador de una potencia que va más allá de la fuerza necesaria para hacer frente a las exigencias de la vida cotidiana. «Por la expresión "libre voluntad" significamos este sentimiento de una sobreabundancia de potencia.» Existe, con todo, una tenue analogía con el principio de placer: así como uno sólo puede disfrutar de un buen vaso de vino cuando no está sediento, en cuyo caso cualquier líquido serviría, así también la facultad de la voluntad surgiría en uno sólo después de haber conseguido todo aquello que es realmente indispensable para la mera supervivencia. Esta sobreabundancia de potencia la identifica Nietzsche con el impulso creador; es la raíz de toda productividad. Si esto es verdad (y creo que todos los datos de la experiencia hablan en favor de esta interpretación), podríamos explicar por qué la voluntad se ve como la fuente de espontaneidad que incita a la acción, en tanto que la interpretación de la voluntad como aquello que revela la impotencia última del hombre a través de su naturaleza dialéctica sólo podría conducir a una parálisis completa de todas las fuerzas a no ser que uno confíe en la ayuda divina, como ocurre en la ética estrictamente cristiana. Y, por supuesto, es también esta abundancia de potencia, esta extravagante generosidad o «pródiga voluntad» lo que incita a los hombres a desear y amar hacer el bien (*La voluntad de poder*, nº 749). Lo que más salta a la vista en aquellos pocos hombres de los que sabemos que consagraron su vida entera a «hacer el bien», como Jesús de Nazaret o san Francisco de Asís, no es ciertamente su mansedumbre, sino más bien una potencia sobreabundante, quizá no de carácter, sino de su naturaleza misma.

Es importante entender que este esbozo de la «prodigalidad de la voluntad» que surge de un exceso de potencia no indica metas concretas. Nietzsche hacía hincapié en ello en lo que sigue (*La gaya ciencia*, 360): debemos «distinguir entre la causa de actuar y la causa de actuar de tal o cual manera, en tal sentido determinado, con tal o cual objetivo en mente. La primera causa es una cantidad de potencia sobrante que no espera sino ser usada de cualquier forma o con cualquier contenido. La segunda causa [la meta o el contenido] es insignificante comparada con esa fuerza, a menudo un pequeño incidente, que libera aquella cantidad (como la cerilla aplicada a la dinamita)». Sin duda hay aquí una grave subestimación de esas causas llamadas secundarias que, después de todo, comprenden la cuestión moralmente decisiva de si la voluntad de obrar va en la dirección de obrar bien o de obrar mal. La subestimación es comprensible en el marco de la filosofía de Nietzsche (si la asombrosa acumulación de preguntas y problemas y la constante experimentación con ellos que nunca arroja un resultado inequívoco puede llamarse filosofía).

Pero aquí no nos interesa la filosofía de Nietzsche, sino únicamente ciertos descubrimientos relativos a la facultad de la voluntad. Y hemos de agradecerle que hiciera al menos la distinción entre dos factores que, en las reflexiones tradicionales, así como en las modernas, sobre la voluntad se han venido confundiendo, a saber, su función de mando y su función de arbitraje, la voluntad a la que se invoca y se pone a juzgar entre pretensiones enfrentadas, en cuyo caso se supone que sabe cómo distinguir lo que está bien de lo que está mal. Dentro de la tradición, vemos que todo el tema de la voluntad libre suele estudiarse bajo la rúbrica de *liberum arbitrium*, libre arbitraje, de modo que en el estudio de las cuestiones morales el acento se ha desplazado completamente de la causa de la acción como tal a la pregunta de qué metas perseguir y qué decisiones tomar. En otras palabras, la función de mando de la voluntad (que tantas dificultades planteaba en la mente de Pablo y de Agustín) ha pasado a un segundo plano y su función judicativa (que podía distinguir clara y libremente entre lo correcto y lo incorrecto) ha pasado a primer plano. No es difícil adivinar por qué. Al institucionalizarse el cristianismo, el «Harás...» o «No harás...», aquello que ordena, apareció cada vez más como una voz exclusivamente exterior, ya sea la voz de Dios que habla directamente al hombre, ya sea la voz de la autoridad eclesiástica encargada de hacer oír la voz de Dios a los creyentes. Y la cuestión pasó a ser cada vez más si el hombre poseía dentro de sí un órgano con el que pudiera distinguir entre las distintas voces enfrentadas. Dicho órgano, con arreglo al significado de la expresión latina *liberum arbitrium*, se caracterizaba por la misma imparcialidad que exigimos de la función de juzgar en los procesos legales, en que el juez o el jurado son recusados cuando tienen algún interés personal en el asunto juzgado. El árbitro era originalmente la persona que enfocaba (*adbitere*) un hecho como un espectador desinteresado, un testigo, y precisamente por ese desinterés se le consideraba capaz de emitir un juicio imparcial. Por consiguiente, la libertad de la voluntad como *liberum arbitrium* equivale a su imparcialidad (no significa esa inexplicable fuente de espontaneidad que incita a la acción).[21]

Pero éstas son cuestiones propias de la historia, y ahora volveremos a fijar nuestra atención en la cuestión del juicio, el verdadero árbitro entre lo correcto y lo incorrecto, lo bello y lo feo, lo verdadero y lo falso. Sólo nos interesa aquí la cuestión de cómo distinguir lo que está bien de lo que está mal, pero curiosamente el propio Kant, aun no siendo particularmente sensible a las artes, enfocó este problema con la pregunta: ¿cómo distinguimos lo bello de lo feo? Originalmente concibió su *Crítica del juicio* como una «Crítica del gusto». Kant daba por sentado que semejante problema no se planteaba con lo verdadero y lo correcto, pues creía que así como la razón humana en su capacidad teorética conoce la verdad por sí misma, sin la ayuda de ninguna otra facultad mental, la misma razón, en su capacidad práctica, conoce «la ley moral dentro de mí». Definió el juicio como la facultad que siempre entra en juego cuando nos enfrentamos a casos particulares; el juicio decide sobre la relación entre un caso particular y lo general, sea esto último una regla o norma o un ideal o alguna otra clase de medida. En todos los casos de intervención de la razón y el conocimiento, el juicio subsume lo particular bajo la regla general correspondiente. Incluso esta operación aparentemente simple plantea sus dificultades, pues comoquiera que no hay reglas para la subsunción, ésta debe decidirse libremente. Por consiguiente, una «deficiencia de juicio es lo que ordinariamente se llama estupidez, y para semejante deficiencia no hay remedio. A una persona obtusa y corta de luces [...] se la puede ciertamente formar con el estudio hasta llegar incluso a hacer de ella una persona instruida. Pero, dado que esas personas carecen habituálmente de juicio, no es raro encontrar hombres instruidos que [...] traicionan aquella carencia original, que nunca pueden llegar a ser buenos» (*Crítica de la razón pura*, B172-173). La cosa empeora cuando se trata de aquellos juicios a los que no pueden aplicarse reglas y normas fijas, como en las cuestiones de gusto, y donde, por consiguiente, lo «general» debe considerarse contenido en lo particular. Nadie puede definir la Belleza; y cuando digo que este tulipán concreto es bello no quiero decir que todos lo sean y por tanto éste lo es, ni aplico un concepto de belleza válido para todos los objetos. Qué es la Belleza, en general, lo sé porque la veo y la enuncio al hallarla en sus casos particulares. ¿Cómo conozco y por qué reclamo una cierta validez para esos juicios? Tales son, de forma muy simplificada, las cuestiones centrales que guían la *Crítica del juicio*.

Pero, más en general, podemos decir que la falta de juicio se manifiesta en todos los ámbitos: la llamamos estupidez en el ámbito intelectual (cognoscitivo), mal gusto en cuestiones estéticas y ceguera moral o insensatez cuando se trata de la conducta. Y lo opuesto a todas esas deficiencias concretas, el verdadero fundamento del que nace el juicio dondequiera que se ejerza es, según Kant, el sentido común. Kant mismo analizó principalmente juicios estéticos, pues le parecía que sólo en ese campo juzgamos sin aplicar reglas generales que sean apodícticamente verdaderas o evidentes por sí mismas. Por consiguiente, si aplico ahora sus resultados a la esfera de la moral, doy por supuesto que el ámbito del intercambio y la conducta humanos y los fenómenos que allí encontramos son en cierto modo de la misma naturaleza. Como justificación, recordaré nuestra primera sesión, cuando expliqué el trasfondo, no demasiado agradable, de experiencia real que dio origen a estas consideraciones.

Aludí al derrumbe total de las normas morales y religiosas en personas que a todas luces habían creído siempre firmemente en ellas, y me referí también al hecho innegable de que los pocos que lograron no verse engullidos por el torbellino no eran en absoluto los «moralistas», personas que siempre defendieron reglas de buena conducta, sino por el contrario, muy a menudo, personas convencidas, aun antes de la debacle, de la ausencia de validez objetiva de aquellas normas por sí mismas. Así pues, teóricamente, nos hallamos hoy en la misma situación en que se encontraba el siglo XVIII con respecto a los meros juicios de gusto. A Kant le indignaba que la cuestión de la belleza hubiera de decidirse arbitrariamente, sin posibilidad de discusión y acuerdo mutuo, en el espíritu de *de gustibus non disputandum est*. Con demasiada frecuencia, incluso en circunstancias que distan mucho de mostrar signos catastróficos, nos hallamos hoy exactamente en la misma situación cuando se trata de debatir cuestiones morales. Volvamos, pues, a Kant.

Sentido común, para Kant, no significaba un sentido común a todos nosotros, sino estrictamente aquel sentido que nos integra en una comunidad junto a otras personas, nos hace miembros de ella y nos permite comunicar datos de nuestros cinco sentidos particulares. Esto lo hace el sentido común con ayuda de otra facultad, la imaginación (para Kant, la facultad más misteriosa). La imaginación o representación —existe entre ambas una diferencia que podemos pasar por alto ahora— designa mi capacidad para tener en la mente una imagen de alguna cosa que no está presente. La representación hace presente lo que está ausente, por ejemplo: el puente George Washington. Pero mientras puedo conjurar ante los ojos de mi mente el lejano puente, tengo, de hecho, en ella dos imaginaciones o representaciones: primero, ese puente concreto que yo he visto con frecuencia, y segundo, una imagen esquemática de puente como tal, mediante la cual puedo reconocer e identificar cualquier puente concreto como un puente. Este segundo puente esquemático no aparece nunca ante mis ojos corporales; en el momento mismo en que lo dibujo en un papel se convierte en un puente concreto, deja de ser un simple esquema. Ahora bien, la misma capacidad representativa sin la cual ningún conocimiento sería posible en absoluto se extiende a otras personas, y los esquemas que aparecen en el conocimiento se convierten en ejemplos en el juicio. El sentido común, en virtud de su capacidad imaginativa, puede tener presentes en sí a todos aquellos que, de hecho, están ausentes. Puede pensar, como dice Kant, en lugar de cualquier otro, de modo que, cuando alguien hace el juicio «esto es bello», no quiere decir simplemente «esto me gusta» (como si, por ejemplo, el caldo de pollo me pudiera gustar a mí pero pudiera no gustar a otros), sino que reclama el asentimiento de los demás porque, al juzgar, los ha tenido ya en cuenta y espera, por tanto, que su juicio ostente una cierta validez general, aunque quizá no universal. La validez llegará hasta donde llegue la comunidad de la que mi sentido común me hace miembro (Kant, que se consideraba a sí mismo ciudadano del mundo, esperaba que pudiera alcanzar a la comunidad humana entera). Kant llama a eso una «mentalidad ampliada», lo que significa que, sin semejante acuerdo, el hombre no es apto para el trato civilizado. Lo que importa aquí es que mi juicio de un caso particular no depende meramente de mi percepción, sino de mi capacidad de representarme a mí mismo algo que no percibo.

Pondré un ejemplo: supongamos que estoy mirando una vivienda de arrabal y percibo en ese edificio concreto una noción general que éste no exhibe directamente, la noción de pobreza y miseria. Llego a esa noción a base de representarme a mí misma cómo me sentiría si tuviera que vivir allí, esto es, trato de pensar en el lugar del habitante del arrabal. El juicio al que llegaré no será necesariamente el mismo que el de los residentes, a los que el tiempo y la desesperanza pueden haberles embotado la capacidad de percibir lo ultrajante de su situación, pero se convertirá en un ejemplo destacado de mi actividad ulterior de juzgar estos asuntos. Es más, aunque yo tengo en cuenta a otros cuando juzgo, eso no significa que amolde mi juicio al suyo. Yo sigo hablando con mi propia voz y no cuento votos para llegar a lo que creo que es correcto. Pero mi juicio tampoco es ya subjetivo, en el sentido de que yo llego a mis conclusiones tomándome en cuenta sólo a mí mismo.

No obstante, aunque tengo en cuenta a otros al emitir mi juicio, esos otros no incluyen a todo el mundo; Kant dice explícitamente que la validez de tales juicios puede hacerse extensiva únicamente «a la esfera toda de los sujetos que juzgan», de las personas que también juzgan. Dicho de otra manera, a quienes rehúsan juzgar no les incumbe discutir la validez de mi juicio. El sentido común con el que juzgo es un sentido general, y a la pregunta «¿Cómo puede alguien juzgar con arreglo a un sentido común mientras contempla el objeto según sus sentidos particulares?», Kant respondería que la comunidad entre los hombres produce un sentido común. La validez del sentido común brota del trato con la gente, exactamente igual que decimos que el pensamiento brota del trato con uno mismo. («Pensar es hablar con uno mismo, y también, por ende, escucharse a uno mismo internamente», *Antropología*, nº 36.) No obstante, con estas restricciones, podemos decir que cuantas más situaciones de otras personas puedo hacer presentes en mi pensamiento y tenerlas, por tanto, en cuenta en mis juicios, tanto más *representativos* serán éstos. La validez de tales juicios no sería objetiva y universal ni subjetiva, dependiente del capricho personal, sino intersubjetiva o representativa. Este tipo de pensamiento representativo, que es posible sólo mediante la imaginación, exige ciertos sacrificios. Kant dice: «Debemos, por así decir, renunciar a nosotros mismos en aras de los demás» (y es más que una simple curiosidad que este rechazo del egoísmo no aparezca en el contexto de su filosofía moral, sino en el de juicios meramente estéticos). La razón es sentido común. Si el sentido común, el sentido por el que somos miembros de una comunidad, es la madre del juicio, entonces ni siquiera un cuadro o un poema, por no hablar ya de una cuestión moral, pueden juzgarse sin invocar y ponderar en silencio los juicios de los demás, que es precisamente a lo que me refiero cuando hago referencia al esquema del puente para reconocer otros puentes. «En el gusto —dice Kant— queda superado el egoísmo» (somos considerados, en el sentido original de la palabra, consideramos la existencia de otros y debemos tratar de obtener su acuerdo, «requerir su consentimiento», como dice Kant). En la moral kantiana, nada de eso es necesario: actuamos como seres inteligentes (incluidos los habitantes de otros planetas, los ángeles y Dios mismo). No somos considerados porque no necesitamos considerar las posiciones de los demás, y no consideramos las consecuencias de nuestro acto, que son intrascendentes para la ley o para la bondad de la voluntad de la que surge el acto. Sólo cuando se trata de los juicios de gusto encuentra Kant una situación en que la sentencia socrática «Es mejor estar enfrentado con todo el mundo que, siendo uno, estar enfrentado con uno mismo» pierde algo de su validez. Aquí yo no puedo estar enfrentado con todo el mundo, si bien puede darse, en cambio, que yo esté enfrentado con una buena parte de él. Si consideramos la moral más allá de su aspecto negativo —el abstenerse de obrar mal, que puede significar abstenerse de hacer cualquier cosa—, entonces habremos de considerar la conducta humana en unos términos que Kant juzgó apropiados sólo para la conducta estética, por así decir. Y la razón por la que descubrió un significado moral en esta esfera, aparentemente tan diferente, de la vida humana era que sólo aquí consideró a los hombres en plural, como viviendo en una comunidad. Es, por consiguiente, en este contexto donde encontramos al árbitro imparcial de la voluntad como *liberum arbitrium*. «Apreciación desinteresada» es, como ustedes saben, la definición que da Kant de lo que sentimos frente a la belleza. Por tanto, el egoísmo no puede ser superado por la prédica moral, la cual, en cambio, siempre me devuelve a mí mismo; pero, en palabras de Kant, «al egoísmo sólo puede oponérsele la pluralidad, que es un marco mental en que el yo, en lugar de estar encerrado en sí mismo como si él fuera todo el mundo, se ve a sí mismo como un ciudadano del mundo» (*Antropología*, nº 2).

Cuando nos remitimos a las normas y reglas objetivas de comportamiento con arreglo a las cuales nos conducimos en la vida cotidiana, sin pensar ni juzgar demasiado en el sentido kantiano, es decir, cuando efectivamente subsumimos casos particulares en reglas generales sin ni siquiera poner en duda las reglas, surge la pregunta de si realmente no hay nada a lo que atenerse cuando estamos llamados a decidir que esto está bien y esto está mal, como cuando decidimos que esto es hermoso y esto es feo. Y la respuesta a esta pregunta es sí y no. Sí, si por ello entendemos normas generalmente aceptadas, tal como las tenemos en toda comunidad respecto a las maneras y convenciones, esto es, respecto a las *mores* de la moralidad. Los asuntos relativos a lo que está bien y lo que está mal, sin embargo, no se deciden como si se tratara de los modales en la mesa, como si no estuviera en juego nada más que una conducta aceptable. Y hay, de hecho, algo a lo que el sentido común, cuando se eleva al nivel del juicio, puede y hace que nos atengamos, y ello es el ejemplo. Kant decía: «Los ejemplos son como las andaderas del Juicio» (*Crítica de la razón pura*, B174), y designaba también el «pensamiento representativo», presente en el juicio en que los casos particulares no pueden subsumirse en algo general, con el nombre de «pensamiento ejemplar». No podemos atenernos a nada general, sino a algún caso particular que se haya convertido en ejemplo. En cierto modo, dicho ejemplo se parece al edificio esquemático que llevo en mi mente para reconocer como edificios todas las estructuras que albergan algo o a alguien. Pero el ejemplo, a diferencia del esquema, nos da supuestamente una diferencia cualitativa. Ilustraré esta diferencia con un ejemplo ajeno a la esfera moral, con la pregunta ¿qué es una mesa? En respuesta a esa pregunta uno puede mencionar la forma o el esquema (kantiano) de mesa presente en su imaginación, al que toda mesa ha de conformarse para ser una mesa. Llamémosla la *mesa esquemática* (lo cual, dicho sea de paso, es prácticamente lo mismo que la mesa «ideal», la Idea de mesa en Platón). O bien puede uno reunir todo tipo de mesas, despojarlas de sus cualidades secundarias, como el color, el número de patas, el material de que están hechas, etc., hasta llegar a las cualidades mínimas comunes a todas ellas. Llamemos a ésta la *mesa abstracta*. O bien puede uno, finalmente, elegir la mejor de las mesas que conoce o puede imaginar y decir que eso es un *ejemplo* de cómo deben hacerse las mesas y del aspecto que han de tener. Llamémosla la *mesa ejemplar*. Lo que hemos hecho ha sido tomar aparte, *eximere*, un caso particular que ahora *se hace* válido para otros casos particulares. Son muchos los conceptos de las ciencias histórica y política a los que se ha llegado de este modo. La mayoría de las virtudes y los vicios políticos se conciben en términos de individuos ejemplares: Aquiles para el valor, Solón para la clarividencia (sabiduría), etc. O bien tomemos el caso del cesarismo o el bonapartismo: hemos tomado a Napoleón o a César como ejemplo, es decir, como una persona concreta que exhibe cualidades válidas para otros casos. Por supuesto, nadie que ignore quién fue César o Napoleón podrá entender de qué estamos hablando cuando mencionamos el cesarismo o el bonapartismo. Por eso la validez del concepto es restringida, pero dentro de esas restricciones sigue, no obstante, siendo válido.

Los ejemplos, que son ciertamente la «carretilla» de toda actividad judicativa, son también, especialmente, los postes indicadores de todo pensamiento moral. La gran medida en que la vieja y en su momento paradójica afirmación «Es mejor padecer la injusticia que cometerla» se ha ganado el asentimiento de las personas civilizadas se debe principalmente al hecho de que Sócrates dio un ejemplo y a partir de ahí se convirtió en ejemplo para una cierta forma de conducta y una cierta manera de decidir entre lo justo y lo injusto. Esta posición está retomada en Nietzsche (el último filósofo, se siente una tentada a decir, que se tomó las cuestiones morales en serio y que, por consiguiente, analizó y reflexionó a fondo sobre todas las posiciones morales anteriores). Decía Nietzsche: «Es una desnaturalización de la moral separar el acto del agente, dirigir el odio o el desprecio contra el "pecado" [el hecho en lugar del que lo hace], creer que una acción puede ser buena o mala en sí misma. [... En cada acción] todo depende de quién la realiza, el mismo "crimen" puede ser en un caso el más alto privilegio y en otro, el estigma [del mal]. En realidad, es la relación consigo mismo de quien juzga lo que interpreta una acción, o más bien su actor con respecto a [...] la semejanza o la "no afinidad" entre el agente y el juez» (*La voluntad de poder*, nº 292). Juzgamos y distinguimos lo correcto de lo incorrecto teniendo presente en nuestra mente algún incidente y alguna persona, ausentes en el tiempo o el espacio, que se han convertido en ejemplos. Hay muchos ejemplos así. Pueden hallarse en el pasado remoto o pueden estar entre quienes viven hoy día. No tienen por qué ser históricamente reales; como observó Jefferson en cierta ocasión: «el asesinato ficticio de Duncan por Macbeth» suscita en nosotros «un horror tan grande ante la villanía como el asesinato real de Enrique IV» y un «vivo y duradero sentimiento del deber filial queda más eficazmente impreso en un hijo o una hija al leer *El rey Lear* que al consultar todos los áridos volúmenes de ética y teología que se hayan escrito jamás». (Esto es lo que todo maestro de ética debe decir, pero no así cualquier otro maestro.)

Bien, es evidente que no tengo el tiempo ni la capacidad para cruzar todas las tes y poner todos los puntos sobre las íes, para dar respuesta en la forma más breve a todas las preguntas que yo misma he planteado en el curso de estas cuatro sesiones. Sólo me cabe esperar que al menos haya quedado clara alguna indicación de cómo podemos pensar y movernos en estos difíciles y urgentes temas. A modo de conclusión, permitidme añadir sólo un par de observaciones. De nuestra reflexión de hoy sobre Kant espero que haya quedado algo más claro por qué he planteado, sirviéndome de Cicerón y de Meister Eckhart, la cuestión de con quién deseamos convivir. He tratado de mostrar que nuestras decisiones acerca de lo correcto y lo incorrecto dependen de la compañía que elijamos, de aquellos con quienes deseemos pasar nuestra vida. Y repito, esa compañía la elegimos pensando en ejemplos, en ejemplos de personas difuntas o vivas, reales o ficticias, y ejemplos de incidentes, pasados o actuales. En el caso improbable de que alguien viniera y nos dijera que prefería como compañía a Barbazul y, por tanto, lo tomara como ejemplo, lo único que podríamos hacer es asegurarnos de que nunca se nos acerque. Pero es mucho mayor, me temo, la probabilidad de que alguien venga y nos diga que le da igual y que cualquier compañía sería buena para él. Moral e incluso políticamente hablando, esa indiferencia, aunque bastante común, es el mayor peligro. Y en relación con esto, sólo un poco menos peligroso, está otro fenómeno moderno muy común: la difundida tendencia a negarse a juzgar sin más. De la reticencia o incapacidad para elegir los ejemplos y la compañía de uno, y de la reticencia o incapacidad para relacionarse con los demás mediante el juicio, nacen los verdaderos *skándala*, las auténticas causas de tropiezo que los poderes humanos no pueden eliminar porque no se deben a motivaciones humanas y humanamente comprensibles. Ahí radica el horror y, al mismo tiempo, la banalidad del mal.

1965-1966

RESPONSABILIDAD COLECTIVA

Existe una responsabilidad por las cosas que uno no ha hecho; a uno le pueden pedir cuentas por ello. Pero no existe algo así como el sentirse culpable por cosas que han ocurrido sin que uno participase activamente en ellas. Éste es un punto importante, que merece señalarse alto y claro en un momento en que tantos buenos liberales blancos confiesan sus sentimientos de culpabilidad con respecto a la cuestión racial. Ignoro cuántos precedentes hay en la historia de este tipo de sentimientos fuera de lugar, pero sé que en la Alemania de la posguerra, donde surgieron problemas similares con respecto a la actuación del régimen de Hitler con los judíos, el grito «Todos somos culpables», que de entrada sonaba muy noble y tentador, en realidad sólo ha servido para exculpar en gran medida a los que realmente eran culpables. Donde todos son culpables nadie lo es. La culpa, a diferencia de la responsabilidad, siempre selecciona; es estrictamente personal. Se refiere a un acto, no a intenciones o potencialidades. Sólo en sentido metafórico podemos decir que nos *sentimos* culpables por los pecados de nuestros padres, de nuestro pueblo o de la humanidad, en definitiva, por actos que no hemos cometido, si bien el curso de los acontecimientos puede muy bien hacernos pagar por ellos. Y puesto que los sentimientos de culpa, *mens rea* o mala conciencia, el conocimiento de obrar mal, desempeñan un papel tan importante en nuestros juicios legales y morales, puede que sea prudente abstenerse de semejantes afirmaciones metafóricas que, si se toman literalmente, sólo pueden llevar a un falso sentimentalismo en el que todas las cuestiones reales quedan difuminadas.

Llamamos compasión a lo que sentimos cuando otra persona sufre, y ese sentimiento es auténtico únicamente mientras nos demos cuenta de que, a fin de cuentas, es otro, no yo, quien sufre. Pero es verdad, pienso, que «la solidaridad es una condición necesaria» de dichas emociones; lo cual, en nuestro caso de sentimientos de culpa colectiva, significaría que el grito «Todos somos culpables» es en realidad una declaración de solidaridad con los malhechores.

No sé cuándo apareció por primera vez la expresión «responsabilidad colectiva», pero estoy razonablemente segura de que no sólo la expresión, sino también los problemas que encierra deben su relevancia y general interés a complejas situaciones políticas, distintas de las legales o morales. Las normas legales y las morales tienen en común un rasgo muy importante: siempre hacen referencia a la persona y a lo que la persona ha hecho; si resulta que la persona participa en una empresa común, en el caso del delito organizado, a quien hay que juzgar es de todos modos a esa persona, su grado de participación, su papel concreto, etc., y no al grupo. El hecho de que sea miembro de dicho grupo es pertinente sólo en la medida en que ello haga más probable el hecho de que haya cometido un delito; y esto, en principio, no es diferente de la mala reputación o de tener antecedentes delictivos. Tanto si el acusado es un miembro de la mafia, de las SS o de cualquier otra organización criminal o política que nos asegura que él era una simple pieza del engranaje que sólo actuaba bajo órdenes superiores y que hizo lo que cualquier otro habría hecho en su lugar, en el momento en que comparece ante un tribunal de justicia lo hace como una persona y se le juzga con arreglo a lo que hizo. La grandeza del procedimiento judicial consiste precisamente en que incluso una pieza de un engranaje puede recuperar su condición de persona. Y lo mismo parece ser verdad en mayor medida para el juicio moral, para el que la excusa «Mi única alternativa habría sido el suicidio» no tiene tanto peso como en un proceso judicial. No es un caso de responsabilidad, sino de culpa.

No hay responsabilidad *colectiva* alguna en el caso de los mil nadadores expertos indolentemente tumbados en una playa pública que dejan que un hombre se ahogue en el mar sin acudir en su auxilio, ante todo porque no constituyen ningún colectivo; ninguna *responsabilidad* colectiva se da en el caso de la conspiración para asaltar un banco, pues aquí la falta no es vicaria; de lo que se trata en ambos casos es de diversos grados de culpa. Y si resulta, como en el caso del sistema social sureño posterior a la guerra, que sólo los «residentes desplazados» o los «marginados» son inocentes, tenemos de nuevo un caso claro de culpa; pues todos los demás han hecho ciertamente algo que no es en absoluto «vicario».*

Dos condiciones deben darse para que haya responsabilidad colectiva: yo debo ser considerada responsable por algo que no he hecho, y la razón de mi responsabilidad ha de ser mi pertenencia a un grupo (un colectivo) que ningún acto voluntario mío puede disolver,

* Estos tres «casos» están tomados del texto al que Arendt estaba respondiendo. (*N. del e.*)

es decir, un tipo de pertenencia totalmente distinta de una asociación mercantil, que puedo disolver cuando quiera. La cuestión de la «falta cometida como contribución al grupo» debe dejarse en suspenso, puesto que toda participación es ya no vicaria. Este tipo de responsabilidad, en mi opinión, es siempre política, tanto si aparece en la antigua forma, cuando una comunidad entera asume ser responsable de lo que haya hecho uno de sus miembros, como si a una comunidad se la considera responsable por lo que se ha hecho en su nombre. Este último caso tiene, desde luego, más interés para nosotros, pues se aplica, para bien y para mal, a todas las comunidades políticas y no sólo a los gobiernos representativos. Todo gobierno asume la responsabilidad por las actuaciones buenas y malas de sus predecesores, y toda nación lo hace también por las actuaciones buenas y malas del pasado. Esto es verdad incluso para los gobiernos revolucionarios que puedan negarse a responder de los acuerdos firmados por sus predecesores. Cuando Napoleón Bonaparte se convirtió en gobernante de Francia, dijo que asumía la responsabilidad por todo lo que Francia había hecho, desde los tiempos de Carlomagno hasta el terror de Robespierre. En otras palabras, dijo que todo eso se hizo en su nombre en tanto que miembro de aquella nación y el representante de aquel órgano político. En ese sentido, se nos considera siempre responsables de los pecados de nuestros padres de la misma manera que recogemos la recompensa por sus méritos; pero, por supuesto, no somos culpables de sus malas acciones, ni moral ni legalmente, ni podemos arrogarnos como méritos propios sus logros.

Sólo podemos escapar de esta responsabilidad política y estrictamente colectiva abandonando la comunidad, y como ningún hombre puede vivir sin pertenecer a alguna comunidad, ello equivaldría simplemente a cambiar una comunidad por otra y, en consecuencia, un tipo de responsabilidad por otro. Es verdad que el siglo XX ha dado lugar a una categoría de personas que son auténticos marginados, no pertenecientes a ninguna comunidad internacionalmente reconocida, los refugiados y apátridas, que ciertamente no pueden considerarse políticamente responsables de nada. Políticamente hablando, independientemente de su carácter individual o de grupo, son los inocentes absolutos; y es precisamente esa inocencia absoluta lo que los condena a permanecer, por así decir, fuera de la humanidad en su conjunto. Si existiera una culpa colectiva, es decir, vicaria, tal sería el caso de la inocencia colectiva, es decir, vicaria. En realidad, son las únicas personas totalmente carentes de responsabilidad; y mientras solemos pensar en la responsabilidad, especialmente en la colectiva, como una carga e incluso una especie de castigo, creo que es posible demostrar que el precio pagado por la ausencia de responsabilidad colectiva es considerablemente más alto.

A donde trato de llegar es a trazar una tajante línea divisoria entre la responsabilidad política (colectiva), por un lado, y la culpa moral y/o legal (personal), por otro, y lo que tengo sobre todo en mente son esos casos tan frecuentes en que las consideraciones morales y políticas y las normas morales y políticas de conducta entran en conflicto. La mayor dificultad al debatir estos temas parece radicar en la perturbadora ambigüedad de las palabras que usamos acerca de estas cuestiones, a saber, «moral» o «ética». Originalmente, ambas palabras no significan nada más que las costumbres o maneras y luego, en un sentido más elevado, las costumbres y maneras más adecuadas para el ciudadano. Desde la *Ética nicomáquea* hasta Cicerón, la ética o moral formó parte de la política, aquella parte que se ocupaba, no de las instituciones, sino del ciudadano, y todas las virtudes, en Grecia y Roma, son decididamente virtudes políticas. La cuestión no es nunca si un individuo *es* bueno, sino si su conducta es buena para el mundo en el que vive. El centro de interés es el mundo y no el yo. Cuando hablamos de cuestiones morales, incluida la cuestión de la conciencia, nos referimos a algo completamente diferente, algo, en efecto, para lo que no disponemos de una palabra específica. Por otro lado, comoquiera que empleamos en nuestras reflexiones esas antiguas palabras, esa antiquísima y muy diferente connotación está siempre presente. Hay una excepción en que pueden detectarse consideraciones morales en nuestro sentido actual dentro de un texto clásico, y es la proposición socrática «Es preferible padecer la injusticia que cometerla», que voy a examinar dentro de un momento. Antes de hacerlo, quisiera mencionar otra dificultad que procede, como si dijéramos, del lado opuesto, a saber, de la religión. La idea de que las cuestiones morales afectan al bienestar de un alma antes que al del mundo forma parte, desde luego, del bagaje cultural judeo-cristiano. Así —por poner el ejemplo más común tomado de la Antigüedad griega—, si Orestes, en la obra de Esquilo, mata a su madre siguiendo estrictamente órdenes de Apolo y luego es, sin embargo, acosado por las Erinias, es el orden del mundo el que ha sido perturbado por dos veces y debe ser restaurado. Orestes hizo lo correcto cuando vengó la muerte de su padre y mató a su madre; y, sin embargo, era culpable, porque había roto otro «tabú», como diríamos hoy. La tragedia estriba en que sólo una mala acción puede reparar el crimen original, y la solución, como todos sabemos, viene de la mano de Atenea o, más bien, de la fundación de un tribunal que a partir de ese momento se encargará de mantener el orden correcto y romper la maldición de una cadena interminable de malas acciones que era necesaria para mantener el orden en el mundo. Es ésta la versión griega de la idea cristiana de que todo acto de resistencia contra el mal hecho en el mundo implica necesariamente algún tipo de participación en el mal, dilema cuya solución corresponde al individuo.

Con el ascenso del cristianismo, el acento se desplazó por completo del cuidado del mundo y los deberes que de ello se derivan al cuidado del alma y su salvación. En los primeros siglos, la polarización entre ambos planteamientos fue absoluta; las epístolas del Nuevo Testamento están llenas de recomendaciones de renuncia a la participación en la esfera pública, política, y a ocuparse de los propios asuntos, estrictamente privados, a cuidarse de la propia alma, hasta que Tertuliano resumió esa actitud afirmando que *nec ulla magis res aliena quam publica* («nada nos es más ajeno que la cosa pública»). Lo que aún hoy día entendemos por normas y prescripciones morales tiene esos antecedentes cristianos. En el pensamiento actual sobre estos temas, los criterios de rigor más exigentes son obviamente los relativos a cuestiones morales, y los menos exigentes, para asuntos de costumbres y maneras, mientras que los criterios legales ocupan un lugar intermedio en la escala. Lo que quiero señalar aquí es que la moral debe su elevada posición en nuestra jerarquía de «valores» a su origen religioso; que la ley divina que prescribía las reglas de la conducta humana se entendiera como revelada directamente, como en los Diez Mandamientos, o indirectamente, como en las nociones del derecho natural, carece de importancia en este contexto. Las reglas eran *absolutas* en virtud de su origen divino, y sus sanciones consistían en «premios y castigos futuros». Es más que dudoso que esas reglas de conducta de raíz originalmente religiosa puedan sobrevivir a la pérdida de la fe en su origen y, especialmente, a la pérdida de las sanciones trascendentes. (John Adams, de manera extrañamente profética, predijo que esa pérdida llegaría a «hacer el asesinato tan indiferente como la caza de chorlitos y el exterminio de la nación Rohilla tan inocente como mordisquear un trozo de queso».) Hasta donde alcanzo, sólo hay dos mandamientos entre los diez por los que todavía nos sentimos moralmente obligados, el «No matarás» y el «No levantarás falsos testimonios»; y ambos han sido desafiados no hace mucho con bastante éxito por Hitler y Stalin, respectivamente.

En el centro de las consideraciones morales de la conducta humana se yergue el yo; en el centro de las consideraciones políticas del comportamiento se alza el mundo. Si despojamos los imperativos morales de sus connotaciones y orígenes religiosos, nos queda la proposición socrática: «Es mejor padecer la injusticia que cometerla», y su extraña justificación: «Pues es mejor para mí estar enfrentado con el mundo entero que, siendo uno, estarlo conmigo mismo». Comoquiera que interpretemos esta invocación del axioma de no contradicción en asuntos morales, como si el mismo imperativo «No entrarás en contradicción contigo mismo» fuera axiomático tanto para la lógica como para la ética (lo que, dicho sea de paso, es todavía el principal argumento de Kant en favor del imperativo categórico), una cosa parece clara: el presupuesto es que yo vivo no sólo con otros, sino también conmigo mismo, y que esta última convivencia, por así decir, tiene prioridad sobre todas las demás. La respuesta política a la proposición socrática sería: «Lo que importa en el mundo es que no haya injusticia; padecer la injusticia y cometerla son cosas igualmente malas». No importa quién la padezca; nuestro deber es evitarla. O, para invocar, en aras de la brevedad, otra famosa frase, esta vez de Maquiavelo, quien precisamente por esa razón quería enseñar a los príncipes «cómo no ser buenos»: escribiendo acerca de los patriotas florentinos que habían osado desafiar al Papa, los elogió por haber demostrado «en cuánto más apreciaban su ciudad que sus almas». Donde el lenguaje religioso habla del alma, el lenguaje secular habla del yo.

Hay muchas maneras de que las normas políticas y las normas morales de conducta entren en conflicto entre sí, y en la teoría política se las suele tratar en conexión con la doctrina de la razón de Estado y su llamado doble criterio moral. Tratamos aquí sólo un caso especial, el de la responsabilidad colectiva y vicaria por la que el miembro de una comunidad es considerado responsable de cosas en las que él no ha participado pero que se hicieron en su nombre. Dicha no participación puede tener muchas causas: la forma de gobierno del país puede ser tal que a sus habitantes, o a amplias capas de ellos, no se los admita en la vida pública, de manera que no dependa de ellos el no participar. O, por el contrario, en los países libres, ciertos grupos de ciudadanos pueden no querer participar ni tener nada que ver con la política, pero no por razones morales, sino simplemente porque han decidido aprovechar una de nuestras libertades, la única que no suele mencionarse cuando hacemos recuento de nuestras libertades porque se da por descontada, y que es la libertad frente a la política. Esta libertad era desconocida en la Antigüedad y ha sido eficazmente abolida en unas cuantas dictaduras del siglo XX, especialmente, claro está, en la variante totalitaria. A diferencia del absolutismo y de otras formas de tiranía, donde la no participación era de oficio y no de elección, nos encontramos aquí con una situación en que la participación —que sabemos que puede significar la complicidad en actividades criminales— es lo corriente, y la no participación, resultado de una decisión. Y tenemos, por último, el caso de los países libres donde la no participación es, de hecho, una forma de resistencia, como en el caso de quienes se niegan a ser alistados para ir a la guerra de Vietnam. Esta resistencia suele justificarse con argumentos morales; pero en tanto que haya libertad de asociación y, con ella, la esperanza de que la resistencia en forma de negativa a participar pueda propiciar un cambio de política, es esencialmente una actitud política. El centro de consideración no es el yo —por ejemplo: yo no voy a la guerra porque no quiero ensuciarme las manos, lo cual, por supuesto, puede ser también un argumento válido—, sino el destino de la nación y su conducta hacia otras naciones del mundo.

La no participación en los asuntos políticos del mundo ha estado siempre expuesta al reproche de irresponsabilidad, de eludir los deberes que uno tiene hacia el mundo que compartimos con otros y hacia la comunidad a la que pertenecemos. Y este reproche no puede en modo alguno desmontarse si se argumenta a favor de la no participación con razones morales. Por experiencias recientes sabemos que la resistencia activa y a veces heroica frente a malos gobiernos procede con mucha mayor frecuencia de hombres y mujeres que han participado en ellos que de personas ajenas inocentes de toda culpa. Esto es cierto, como una regla con excepciones, para la resistencia alemana contra Hitler y es aún más cierto para los pocos casos de rebelión contra los regímenes comunistas. Hungría y Checoslovaquia son los ejemplos pertinentes. Otto Kirchheimer, estudiando estas cuestiones desde un punto de vista jurídico (en su obra *Political Justice*), subrayaba con razón que para la cuestión de la inocencia legal o moral, es decir, la ausencia de cualquier complicidad en los crímenes cometidos por un régimen, la «resistencia activa» sería una «medida ilusoria, la retirada de toda participación significativa en la vida pública, [...] la voluntad de esfumarse en el olvido» y la oscuridad «es una norma que puede imponerse con toda justicia a quienes se arroguen el derecho de juzgar a otros» (págs. 331 y sigs.). Por la misma razón justifica en cierto modo a aquellos acusados que dijeran que su sentido de la responsabilidad no les permitió escoger ese camino; que sirvieron a fin de evitar lo peor, etc. (argumentos que en el caso del régimen de Hitler sonaban más bien absurdos y, por lo general, no eran mucho más que hipócritas racionalizaciones de un ardiente deseo de hacer carrera, pero ésa es otra cuestión). Lo cierto es que los no participantes no fueron resistentes y que no creían que su actitud tuviera consecuencia política alguna.

Lo que realmente dice el argumento moral que he citado en la forma de proposición socrática es lo siguiente: si yo hiciera lo que ahora se me pide como precio de mi participación, por mero conformismo o incluso como la única posibilidad de ejercer una eventual resistencia con éxito, ya no podría seguir viviendo conmigo mismo; mi vida dejaría de tener valor para mí. Por tanto, es mucho mejor que padezca la injusticia ahora y pague incluso el precio de una pena de muerte en el caso de que se me fuerce a participar, antes que obrar mal y tener luego que convivir con semejante malhechor. Si se trata de matar, el argumento no sería que el mundo sería mejor si no se cometiera el asesinato, sino la negativa a vivir con un asesino. El argumento, a mi modo de ver, es incontestable incluso desde el más estricto punto de vista político, pero es claramente un argumento que sólo puede ser válido en situaciones extremas, es decir, marginales. Son a menudo esas situaciones las que mejor aportan claridad en asuntos que de otro modo resultarían oscuros y equívocos. La situación marginal en la que las proposiciones morales se tornan absolutamente válidas en el ámbito de la política es la impotencia. La carencia de poder, que siempre presupone aislamiento, es una excusa válida para no hacer nada. El problema con este argumento estriba, claro está, en que es totalmente subjetivo; su autenticidad sólo puede demostrarse mediante la disposición voluntaria a sufrir. No hay reglas generales, como en los procedimientos legales, que pudieran aplicarse y que fueran válidas para todo el mundo. Pero éste, me temo, será el punto débil de todos los juicios morales que no se apoyen ni se originen en mandamientos religiosos. Sócrates, como sabemos, nunca logró probar su proposición; y el imperativo categórico de Kant, su único competidor como prescripción moral estrictamente ajena a la religión y a la política, tampoco puede probarse. Un problema aún más grave del argumento es que puede aplicarse únicamente a personas que están acostumbradas a vivir explícitamente consigo mismas, lo que es otra manera de decir que su validez sólo será plausible para hombres con conciencia; y pese a los prejuicios de la jurisprudencia que de manera tan a menudo sorprendente apela a la conciencia como algo que todo hombre cuerdo ha de poseer, la evidencia muestra que hay bastantes hombres que la tienen, pero en absoluto todos, y que a quienes la tienen podemos encontrarlos en todas las formas de vida y, más concretamente, en todos los niveles de educación o de ausencia de ella. No hay ningún signo objetivo de situación social o educacional que pueda asegurar su presencia o su ausencia.

La única actividad que parece corresponder a estas proposiciones morales *seculares* y validarlas es la actividad del pensamiento, que en su sentido más general, en absoluto especializado, puede definirse con Platón como el diálogo silencioso entre yo y yo mismo. Si se aplica a cuestiones de conducta, en dicha actividad pensante estaría implicada en alto grado la facultad de la imaginación, esto es, la capacidad de representar, de hacerme presente a mí mismo lo que está ausente: cualquier hecho contemplado. Saber hasta qué punto esa facultad de pensar, que se ejerce en solitud, se extiende a la esfera estrictamente política, en la que uno está siempre en compañía de otros, es ya otra cuestión. Pero cualquiera que sea nuestra respuesta a esta pregunta, que esperamos sea respondida por la filosofía política, no hay ninguna norma moral, individual y personal de conducta que pueda nunca excusarnos de la responsabilidad colectiva. Esta responsabilidad vicaria por cosas que no hemos hecho, esta asunción de las consecuencias de actos de los que somos totalmente inocentes, es el precio que pagamos por el hecho de que no vivimos nuestra vida encerrados en nosotros mismos, sino entre nuestros semejantes, y que la facultad de actuar, que es, al fin y al cabo, la facultad política por excelencia, sólo puede actualizarse en una de las muchas y variadas formas de comunidad humana.

1968

EL PENSAR Y LAS REFLEXIONES MORALES

Para W. H. Auden

Hablar acerca del pensar me parece tan presuntuoso que les debo, creo, una justificación. Hace algunos años, en mi reportaje sobre el proceso de Eichmann en Jerusalén, hablé de «la banalidad del mal», y con esta expresión no aludía a una teoría o una doctrina, sino a algo absolutamente fáctico, al fenómeno de los actos criminales, cometidos a gran escala, que no podían ser imputados a ninguna particularidad de maldad, patología o convicción ideológica de la gente, cuya única nota distintiva personal era quizás una extraordinaria superficialidad. Sin embargo, a pesar de lo monstruoso de los actos, el agente no era un monstruo ni un demonio, y la única característica específica que se podía detectar en su pasado, así como en su conducta a lo largo del juicio y del examen policial previo fue algo enteramente negativo: no era estupidez, sino una curiosa y absolutamente auténtica incapacidad para pensar. Funcionaba en su papel de prominente criminal de guerra, del mismo modo que lo había hecho bajo el régimen nazi: no tenía ni la más mínima dificultad en aceptar un conjunto enteramente distinto de reglas. Sabía que lo que antes consideraba su deber, ahora era definido como un crimen, y aceptó este nuevo código de juicio como si no fuera más que otra regla de lenguaje distinta. A su ya limitada provisión de estereotipos había añadido algunas frases nuevas y solamente se vio totalmente desvalido al ser enfrentado a una situación en la que ninguna de éstas era aplicable como, en el caso más grotesco, cuando tuvo que hacer un discurso bajo el patíbulo y se vio obligado a recurrir a los lugares comunes usados en las oraciones fúnebres, inaplicables en su caso, porque el superviviente no era él.[1] No se le había ocurrido pensar en cómo deberían ser sus últimas palabras, en caso de una sentencia de muerte que siempre había esperado, del mismo modo que sus incoherencias y flagrantes contradicciones a lo largo del juicio no lo habían incomodado. Tópicos, frases hechas, adhesiones a lo convencional, códigos estandarizados de conducta y de expresión cumplen la función socialmente reconocida de protegernos frente a la realidad, es decir, frente a los requerimientos que sobre nuestra atención pensante ejercen todos los acontecimientos y hechos en virtud de su misma existencia. Si siempre fuéramos sensibles a este requerimiento, pronto estaríamos exhaustos; Eichmann se distinguía únicamente en que pasó por alto todas estas solicitudes.

Esta total ausencia de pensamiento atrajo mi atención. ¿Es posible hacer el mal, los pecados de omisión y también los de comisión, cuando faltan no ya sólo los «motivos reprensibles» (como los denomina la ley), sino también cualquier otro tipo de motivo, el más mínimo destello de interés o volición? La maldad, comoquiera que la definamos, «este estar resuelto a ser un villano», ¿*no* es una condición necesaria para hacer el mal? Nuestra facultad de juzgar, de distinguir lo bueno de lo malo, lo bello de lo feo, ¿depende de nuestra facultad de pensar? ¿Hay coincidencia entre la incapacidad para pensar y el fracaso desastroso de lo que comúnmente denominamos conciencia? Se imponía la siguiente pregunta: la actividad de pensar, en sí misma, el hábito de examinar y de reflexionar acerca de todo lo que acontezca o llame la atención, independientemente de su contenido específico o de sus resultados, ¿puede ser una actividad de tal naturaleza que «condicione» a los hombres contra el mal (la misma palabra *con-ciencia*, en cualquier caso, apunta en esta dirección, en la medida en que significa «conocer conmigo y por mí mismo», un tipo de conocimiento que se actualiza en cada proceso de pensamiento). Por último, ¿no se refuerza la urgencia de estas cuestiones por el hecho bien conocido y alarmante de que sólo la buena gente es capaz de tener mala conciencia, mientras que ésta es un fenómeno muy extraño entre los auténticos criminales? Una buena conciencia no existe sino como ausencia de una mala.

Tales eran los problemas. Por ponerlo en otros términos y usando un lenguaje kantiano, después de que me llamara la atención un fenómeno —la *quaestio facti*— que, quisiera o no, «me puso en posesión de un concepto» (la banalidad del mal), no pude evitar suscitar la *quaestio juris* y preguntarme «con qué derecho lo poseía y lo usaba».[2]

I

Plantear preguntas como: «¿Qué es el pensar?», «¿qué es el mal?» tiene sus dificultades. Son cuestiones que pertenecen a la filosofía o a la metafísica, términos que designan un campo de investigación que, como todos sabemos, ha caído en desgracia. Si se tratara simplemente de las críticas positivista o neopositivista, quizá no necesitaríamos ni preocuparnos por ello.[3] Nuestra dificultad al suscitar estas cuestiones nace menos de los que, de algún modo, las consideran «carentes de significado» que de aquellos a quienes va dirigida la crítica. Pues, del mismo modo que la crisis de la religión alcanzó su punto más álgido cuando los teólogos, y no la vieja masa de no creyentes, empezaron a hablar sobre «la muerte de Dios», la crisis de la filosofía y de la metafísica se ha manifestado cuando los propios filósofos comenzaron a declarar el final de la filosofía y de la metafísica. Esto puede tener sus ventajas; confío en que las tendrá, cuando se haya entendido que estos «finales» no significan realmente que Dios haya «muerto» —un absurdo evidente desde cualquier punto de vista—, sino que la manera en que Dios ha sido pensado durante milenios ya no es convincente; tampoco significan que las viejas cuestiones que acompañan al hombre desde su aparición sobre la Tierra hayan devenido «carentes de significado», sino que el modo en que fueron formuladas y resueltas ha perdido su validez.

Lo que sí ha llegado a su final es la distinción básica entre lo sensible y lo suprasensible, conjuntamente con la idea, tan antigua como Parménides, de que todo lo que no se obtiene por los sentidos —Dios o el Ser o los Primeros Principios y Causas (*archai*) o las Ideas— es más real, más verdadero, más significativo que aquello que aparece, y de que esto no está sólo *más allá* de la percepción de los sentidos, sino *por encima* del mundo de los sentidos. Lo que «ha muerto» no es sólo la localización de tales «verdades eternas», sino la misma distinción. Contemporáneamente, con una voz cada vez más estridente, los pocos defensores de la metafísica nos han advertido del peligro de nihilismo inherente a este desarrollo; y, a pesar de que raramente lo invocan, disponen de un argumento importante a su favor: es realmente cierto que, una vez descartado el reino suprasensible, su opuesto, el mundo de las apariencias, tal como se ha venido entendiendo desde hace siglos, queda también anulado. Lo sensible, como todavía lo conciben los positivistas, no puede sobrevivir a la muerte de lo suprasensible. Nadie ha visto esto mejor que Nietzsche, que, con su descripción poética y metafórica del asesinato de Dios en *Zaratustra*, ha creado tanta confusión sobre estos temas. En un pasaje significativo de *El crepúsculo de los ídolos*, aclara el significado de la palabra *Dios* en *Zaratustra*: se trata de un mero símbolo del reino de lo suprasensible tal como lo entendió la metafísica; y, a continuación, reemplazando la palabra *Dios* por *mundo verdadero*, afirma: «Hemos eliminado el mundo verdadero: ¿qué mundo ha quedado?, ¿acaso el aparente?... ¡No!, ¡al eliminar el mundo verdadero hemos eliminado también el aparente».[4]

Estas «muertes» modernas —de Dios, de la metafísica, la filosofía y, por consiguiente, del positivismo— pueden ser acontecimientos de gran importancia, pero, después de todo, son acontecimientos del pensamiento, y, si bien se refieren muy de cerca a nuestros modos de pensar, no tienen que ver con nuestra capacidad para pensar, es decir, con el simple hecho de que el hombre es un ser pensante. Y con esto quiero decir que el hombre tiene una inclinación y además una necesidad de no estar presionado por necesidades vitales más urgentes («la necesidad de la razón» kantiana), de pensar más allá de los límites del conocimiento, de usar sus capacidades intelectuales, el poder de su cerebro, como algo más que simples instrumentos para conocer y hacer. Nuestro deseo de conocer, tanto si emerge de nuestras necesidades prácticas y perplejidades teóricas como de la simple curiosidad, puede ser satisfecho cuando alcanzamos el fin propuesto; y mientras nuestra sed de conocimiento sea insaciable dada la inmensidad de lo desconocido, hasta el punto de que cada región de conocimiento abre ulteriores horizontes cognoscibles, la actividad deja tras de sí un tesoro creciente de conocimiento que queda fijado y almacenado por cada civilización como parte y parcela de su mundo. La actividad de conocer es una actividad de construcción del mundo como lo es la actividad de construcción de casas. La inclinación o la necesidad de pensar, por el contrario, incluso si no ha emergido de ningún tipo de «cuestiones últimas» metafísicas, tradicionalmente respetadas y carentes de respuesta, no deja nada tan tangible tras de sí, ni puede ser acallada por las intuiciones supuestamente definitivas de «los sabios». La necesidad de pensar sólo puede ser satisfecha pensando, y los pensamientos que tuve ayer satisfarán hoy este deseo sólo porque los puedo pensar «de nuevo».

Debemos a Kant la distinción entre pensar y conocer, entre la razón, el ansia de pensar y de comprender, y el intelecto, el cual desea y es capaz de conocimiento cierto y verificable. El propio Kant creía que la necesidad de pensar más allá de los límites del conocimiento fue originada sólo por las viejas cuestiones metafísicas, Dios, la libertad y la inmortalidad del alma, y que había que «abolir el conocimiento para dejar un lugar a las creencias»; y que, al hacer esto, había colocado los fundamentos para una futura «metafísica sistemática» como un «legado dejado a la posterioridad».[5] Pero esto muestra solamente que Kant, todavía ligado a la tradición metafísica, nunca fue totalmente consciente de lo que había hecho, y su «legado dejado a la posterioridad» se convirtió, en realidad, en la destrucción de cualquier posibilidad de fundar sistemas metafísicos. Puesto que la capacidad y la necesidad del pensamiento no se limitan en absoluto a una materia específica, éste no será nunca capaz de dar respuesta a cuestiones tales como las que plantea y conoce la razón. Kant no ha «negado el conocimiento», sino que lo ha separado del pensar, y no ha hecho sitio para la fe, sino para el pensamiento. En realidad, lo que hace es, como él mismo sugirió en una ocasión, «eliminar los obstáculos que la razón pone en su propio camino».[6]

En nuestro contexto y para nuestros propósitos, esta distinción entre conocer y pensar es crucial. Si la capacidad de distinguir lo bueno de lo malo debe tener algo que ver con la capacidad de pensar, entonces debemos poder «exigir» su ejercicio a cualquier persona que esté en su sano juicio, con independencia del grado de erudición o de ignorancia, inteligencia o estupidez que pudiera tener. Kant —a este respecto, casi el único entre los filósofos— estaba muy preocupado por las implicaciones morales de la opinión corriente, según la cual la filosofía es privilegio de unos pocos. De acuerdo con ello, en una ocasión observó: «La estupidez es causada por un mal corazón»,[7] afirmación que no es cierta. La incapacidad de pensar no es estupidez; la podemos hallar en gente muy inteligente, y la maldad difícilmente es su causa, aunque sólo sea porque la ausencia de pensamiento y la estupidez son fenómenos mucho más frecuentes que la maldad. El problema radica precisamente en el hecho de que para causar un gran mal no es necesario un mal corazón, fenómeno relativamente raro. Por tanto, en términos kantianos, para prevenir el mal se necesitaría la filosofía, el ejercicio de la razón como facultad de pensamiento.

Lo cual constituye un gran reto, incluso si suponemos y damos la bienvenida al declinar de las disciplinas, la filosofía y la metafísica, que durante muchos siglos han monopolizado esta facultad. La característica principal del pensar es que interrumpe toda acción, toda actividad ordinaria, cualquiera que ésta sea. Por más equivocadas que pudieran haber sido las teorías de los dos mundos, tuvieron como punto de partida experiencias genuinas, porque es cierto que, en el momento en que empezamos a pensar, no importa sobre qué, detenemos todo lo demás, y, a su vez, este todo lo demás interrumpe el proceso de pensamiento; es como si nos moviéramos en mundos distintos. Actuar y vivir en su sentido más general de *inter homines esse*, «ser entre mis semejantes» —el equivalente latino de estar vivo—, impide realmente pensar. Como lo expresó en una ocasión Valéry: «*Tantôt je suis, tantôt je pense*, «Unas veces pienso y otras soy».*

* Valéry, Paul, «Discurso a los cirujanos», 17 de diciembre de 1938 (trad. cast.: *Estudios filosóficos*, Madrid, Visor, 1993, pág. 174). (*N. de la t.*)

Estrechamente conectado a esta situación se halla el hecho de que el pensar siempre se ocupa de objetos que están ausentes, alejados de la directa percepción de los sentidos. Un objeto de pensamiento es siempre una re-presentación, es decir, algo o alguien que en realidad está ausente y sólo está presente a la mente que, en virtud de la imaginación, lo puede hacer presente en forma de imagen.[8] En otras palabras, cuando pienso me muevo fuera del mundo de las apariencias, incluso si mi pensar tiene que ver con objetos ordinarios dados a los sentidos y no con objetos invisibles como, por ejemplo, conceptos o ideas, el viejo dominio del pensamiento metafísico. Para que podamos pensar en alguien, es preciso que esté alejado de nuestros sentidos; mientras permanezcamos juntos no podemos pensar en él, a pesar de que podamos recoger impresiones que posteriormente serán alimento del pensamiento; pensar en alguien que está presente implica alejarnos subrepticiamente de su compañía y actuar como si ya no estuviera.

Estas observaciones dejan entrever por qué el pensar, la búsqueda del sentido —frente a la sed de conocimiento científico— fue percibida como «no natural», como si los hombres, cada vez que empezaban a pensar, se envolvieran en una actividad contraria a la condición humana. El pensar como tal, no sólo el pensamiento acerca de los eventos o fenómenos extraordinarios o acerca de las viejas cuestiones de la metafísica, sino también cualquier reflexión que hagamos que no sirva al conocimiento y que no esté guiada por fines prácticos, está, como ya señalara Heidegger, «fuera del orden».[9] En verdad se da el curioso hecho de que ha habido siempre hombres que eligen como modo de vida el *bios theōrētikos*, lo cual no es un argumento en contra de la actividad de estar «fuera del orden». Toda la historia de la filosofía, que tanto nos cuenta acerca de los objetos de pensamiento y tan poco sobre el propio proceso de pensar, está atravesada por una lucha interna entre el sentido común del hombre, ese altísimo sentido que adapta nuestros cinco sentidos a un mundo común y nos permite orientarnos en él, y la facultad del pensamiento, en virtud de la cual el hombre se aleja deliberadamente de él.

Y esta facultad no sólo es una facultad de la que «nada resulta» para los propósitos del curso ordinario de las cosas, en la medida en que sus resultados quedan inciertos y no verificables, sino que, en cierta forma, es también autodestructiva. En la intimidad de sus notas póstumas, escribió Kant: «No apruebo la norma según la cual si el uso de la razón pura ha demostrado algo, no hay que dudar de sus resultados, como si se tratara de un sólido axioma»; y «no comparto la opinión [...] de que alguien no deba dudar una vez que se ha convencido de algo. En el marco de la filosofía pura esto es imposible. *Nuestro espíritu siente hacia ello una aversión natural*»[10] (la cursiva es mía). De aquí se sigue que la tarea de pensar es como la labor de Penélope, que cada mañana destejía lo que había hecho la noche anterior.

Para replantear nuestro problema, la estrecha conexión entre la capacidad o incapacidad de pensar y el problema del mal, resumiré mis tres proposiciones principales.

Primera, si tal conexión existe, entonces la facultad de pensar, en tanto distinta de la sed de conocimiento, debe ser adscrita a todo el mundo y no puede ser un privilegio de unos pocos.

Segunda, si Kant está en lo cierto y la facultad del pensamiento siente una «natural aversión» a aceptar sus propios resultados como «sólidos axiomas», entonces no podemos esperar de la actividad de pensar ningún mandato o proposición moral, ningún código de conducta y, menos aún, una nueva y dogmática definición de lo que está bien y de lo que está mal.

Tercera, si es cierto que el pensar tiene que ver con lo invisible, se sigue de ahí que está fuera del orden porque normalmente nos movemos en un mundo de apariencias, donde la experiencia más radical de la des-aparición es la muerte. Frecuentemente se ha sostenido que el don de ocuparse de las cosas que no aparecen exige un precio: convertir al poeta o al pensador en ciego para el mundo visible. Piénsese en Homero, al que los dioses concedieron el divino don golpeándolo con la ceguera; piénsese en el *Fedón* de Platón, donde los filósofos se presentan a la mayoría, a aquellos que no se dedican a la filosofía, como gente que busca la muerte. Y Zenón, el fundador del estoicismo, que al preguntar al oráculo de Delfos cómo alcanzar la vida mejor, obtuvo como respuesta que «adoptara el color de los muertos».[11]

De ahí la pregunta inevitable: ¿cómo puede derivarse alguna cosa relevante para el mundo en que vivimos de una empresa sin resultados? Si puede haber una respuesta, ésta sólo puede proceder de la actividad de pensar en sí misma, lo cual significa que debemos rastrear experiencias y no doctrinas. Y ¿adónde debemos ir a buscar estas experiencias? El «todo el mundo» a quien pedimos que piense no escribe libros; tiene cosas más urgentes que hacer. Y los pocos que Kant denominó «pensadores profesionales» no se sintieron nunca particularmente deseosos de escribir sobre la experiencia misma, quizá porque sabían que pensar, por naturaleza, carece de resultado. Y porque sus libros y sus doctrinas estaban inevitablemente elaborados con un ojo mirando a los muchos, que desean ver resultados y no se preocupan de establecer distinciones entre pensar y conocer, entre sentido y verdad. No sabemos cuántos pensadores «profesionales», cuyas doctrinas forman la tradición filosófica y metafísica, tuvieron dudas acerca de la validez o incluso de la posible carencia de sentido de sus resultados. Sólo conocemos el soberbio rechazo de Platón (en la *Carta Séptima*) a lo que los otros proclamaban como sus doctrinas:

> Ya sé que hay otros que han escrito acerca de estas mismas cuestiones, pero ¿quiénes fueron? Ni ellos se conocen a sí mismos [...] no se puede, en efecto, reducirlas a expresión, como sucede con otras ramas del saber; teniendo esto en cuenta, ninguna persona inteligente se arriesgará a confiar sus pensamientos a este débil medio de expresión, sobre todo cuando ha de quedar fijado, cual es el caso de la palabra escrita.[12]

II

El problema es que si sólo unos pocos pensadores nos han revelado lo que los ha llevado a pensar, menos aún son los que se han preocupado por describir y examinar su experiencia de pensamiento. Dada esta dificultad, y sin estar dispuestos a fiarnos de nuestras propias experiencias debido a su peligro evidente de arbitrariedad, propongo buscar un modelo, un ejemplo que, a diferencia de los pensadores profesionales, pueda ser representativo de nuestros «cada uno», por ejemplo, buscar un hombre que no estuviera al nivel de la multitud ni al de los pocos elegidos —distinción tan antigua como Pitágoras, que no aspiró a gobernar las ciudades ni pretendió saber cómo mejorar y cuidar el alma de los ciudadanos; que no creyó que los hombres pudieran ser sabios y que no les envidió los dones de su divina sabiduría en caso de que la poseyeran y que, por lo tanto, nunca intentó formular una doctrina que pudiera ser enseñada y aprendida—. Brevemente, propongo tomar como modelo a un hombre que pensó sin convertirse en filósofo, un ciudadano entre ciudadanos, que no hizo nada ni pretendió nada, salvo lo que, en su opinión, cualquier ciudadano tiene derecho a ser y a hacer. Habrán adivinado que me refiero a Sócrates y espero que nadie discutirá seriamente que mi elección esté históricamente justificada.

Pero quiero advertirles que hay mucha controversia en torno al Sócrates histórico. Sobre cómo y hasta qué punto se puede distinguir de Platón, sobre qué peso atribuirle al Sócrates de Jenofonte, etc. A pesar de ser éste uno de los puntos más fascinantes en el debate intelectual, aquí lo dejaré de lado. Con todo, no se puede utilizar o transformar una figura histórica en un modelo y asignarle una función representativa definida sin ofrecer alguna justificación. Gilson, en su gran libro *Dante y la filosofía*, muestra cómo, en *La divina comedia*, «un personaje conserva tanta realidad histórica cuanta exige la función representativa que Dante le asigna».[13] Tal libertad al manejar datos fácticos, históricos, parece sólo ser reconocida a los poetas y, si los no poetas se la permiten, los académicos los acusarán de arbitrariedad o de algo peor. Aun así, con justificación o sin ella, esto precisamente viene a ser lo mismo que la ampliamente aceptada costumbre de construir «tipos ideales»; pues la gran ventaja del tipo ideal radica justamente en que no se trata de una abstracción personificada, a la que se le atribuye algún sentido alegórico, sino de haber sido elegido entre la masa de seres vivos, en el pasado o en el presente, por poseer un significado representativo en la realidad, el cual, para poder revelarse enteramente, sólo necesita ser purificado. Gilson da cuenta de cómo opera esta purificación en su discusión del papel asignado por Dante a Tomás de Aquino en *La divina comedia*. En el Canto X del «Paraíso», Tomás glorifica a Siger de Brabante, que ha sido condenado por herejía y al cual «el Tomás de Aquino histórico jamás habría osado alabar del modo en que Dante lo lleva a hacerlo», porque aquél hubiera rechazado «llevar la distinción entre filosofía y teología hasta el punto de llegar [...] al radical separatismo que Dante tenían en mente». Para Dante, Tomás hubiera sido «privado del derecho a simbolizar, en *La divina comedia*, la sabiduría dominicana de la fe», un derecho al cual, desde todos los demás puntos de vista, él podía reclamar. Fue, como muestra magistralmente Gilson, aquella «parte de su imagen que (incluso Tomas) tenía que dejar a las puertas del Paraíso antes de poder entrar».[14] Hay muchos rasgos del Sócrates de Jenofonte, cuya credibilidad histórica está fuera de duda, que Sócrates hubiera debido dejar a las puertas del Paraíso si Dante lo hubiera querido utilizar.

La primera cosa que nos sorprende de los diálogos socráticos de Platón es que son aporéticos. La argumentación no conduce a ninguna parte, o discurre en círculos. Para saber qué es la justicia, hay que saber qué es el conocimiento y, para saber esto, hay que tener una noción previa, no puesta en cuestión, del conocimiento (esto en el

Teeteto y en el *Cármides*). Por ello «no le es posible a nadie buscar ni lo que sabe ni lo que no sabe [...]. Pues ni podría buscar lo que sabe puesto que ya lo sabe, y no hay necesidad alguna entonces de búsqueda, ni tampoco lo que no sabe, puesto que, en tal caso, ni sabe lo que ha de buscar» (*Menón*, 80). O en el *Eutifrón*: para ser piadoso debo saber lo que es la piedad. Piadosas son las cosas que placen a los dioses; pero ¿son piadosas porque placen a los dioses o placen a los dioses porque son piadosas? Ninguno de los argumentos, *logoi*, se mantiene siempre en pie, son circulares; Sócrates, al hacer preguntas cuyas respuestas *desconoce*, las pone en movimiento. Y, una vez que los enunciados han realizado un círculo completo, habitualmente es Sócrates quien animosamente propone empezar de nuevo y buscar qué son la justicia, la piedad, el conocimiento o la felicidad.

El hecho es que estos primeros diálogos tratan de conceptos cotidianos, muy simples, como aquellos que surgen siempre que se abre la boca o que se empieza a hablar. La introducción acostumbra a ser como sigue: todo el mundo sabe que hay gente feliz, actos justos, hombre valerosos, cosas bellas que mirar y admirar; el problema empieza con nuestro uso de los nombres, presumiblemente derivados de los adjetivos que vamos aplicando a casos particulares a medida que se nos *aparecen* (*vemos* un hombre feliz, *percibimos* una acción valerosa o la decisión justa), esto es, con palabras como *felicidad*, *valor*, *justicia*, etc., que hoy denominamos conceptos y a los que Solón denominó la «medida invisible» (*aphanēs metron*), lo más difícil de comprender, pero que posee los límites de todas las[15] cosas, y que Platón algo después llamó ideas, perceptibles sólo a los ojos del espíritu. Estas palabras, usadas para agrupar cualidades y eventos visibles y manifiestos y que, no obstante, están relacionadas con algo invisible, son inseparables de nuestro lenguaje cotidiano y, sin embargo, no podemos dar cuenta de ellas; cuando tratamos de definirlas, se vuelven esquivas; cuando hablamos de su significado, nada se mantiene ya fijo, todo empieza a ponerse en movimiento. Así, en lugar de repetir lo que aprendimos de Aristóteles, que Sócrates fue quien descubrió el «concepto», deberíamos preguntarnos qué hizo Sócrates cuando lo descubrió. Porque, evidentemente, estas palabras formaban parte del lenguaje griego antes de que intentara forzar a los atenienses y a sí mismo a dar cuenta de lo que querían decir cuando las pronunciaban, con la firme convicción de que ningún discurso sería posible sin ellas.

Esta convicción se ha convertido en discutible. Nuestro conocimiento de las denominadas lenguas primitivas nos ha enseñado que el hecho de agrupar juntos muchos particulares bajo un nombre único no es en absoluto algo natural, dado que estas lenguas, cuyo vocabulario es a menudo mucho más rico que el nuestro, carecen de tales nombres abstractos incluso si están relacionados con objetos claramente visibles. Para simplificar, tomemos un nombre que ya nos suena abstracto. Podemos emplear la palabra *casa* para un gran número de objetos —para la choza de adobe de una tribu, para el palacio de un rey, la casa de campo de un habitante de la ciudad o un apartamento en la ciudad— pero difícilmente la podemos usar para las tiendas de algunos nómadas. La casa, en sí misma y por sí misma, *auto kath'auto*, que nos hace usar la palabra para todas estas construcciones particulares y muy diferentes, no la vemos nunca, ni por los ojos del cuerpo ni por los del espíritu; cada casa imaginada, aunque sea la más abstracta, que tenga lo mínimo indispensable para hacerla reconocible, es ya una casa particular. Esta otra casa, en sí misma y por sí misma, de la que debemos tener una noción para reconocer las construcciones particulares como casas, ha sido explicada de formas muy diversas y ha recibido distintos nombres a lo largo de la historia de la filosofía; de ésta no nos ocuparemos aquí, aunque presente menos problemas para ser definida que palabras como *felicidad* o *justicia*. La cuestión radica en que implica algo considerablemente menos tangible que la estructura percibida por nuestros ojos. Implica que «aloja a alguien» y es «habitada» como ninguna otra tienda, colocada hoy y desmontada mañana, puede alojar o servir de morada. La palabra *casa*, la «medida invisible» de Solón, «que posee los límites de todas las cosas» referidas a lo que se habita, es una palabra que no puede existir a menos que presuponga una reflexión acerca del ser alojado, habitar, tener un hogar. Como palabra, *casa* es una abreviatura para todas estas cosas, un tipo de abreviatura sin la cual el pensamiento y su característica rapidez —«rápido como un pensamiento», como suele decirse— no sería posible en absoluto. *La palabra* casa *es algo semejante a un pensamiento congelado que el pensar debe descongelar*, deshelar, por así decirlo, siempre que quiera averiguar su sentido original. En la filosofía medieval, este tipo de pensamiento se denominó meditación, que debe ser entendida de forma distinta de la contemplación e incluso opuesta a ella. En cualquier caso, este tipo de meditación reflexiva no produce definiciones y, en este sentido, tampoco resultado alguno. Sin embargo, es posible que quienes, por cualquier razón, hayan reflexionado sobre el significado de la palabra *casa*, puedan hacer las suyas un poco mejores —a pesar de que no puede decirse que sea necesariamente así y ciertamente no sin tener una conciencia clara de que se dé una relación causa-efecto—. La meditación no es lo mismo que la deliberación, que, de hecho, se supone que acaba en resultados tangibles; y la meditación no persigue la deliberación, si bien a veces, y no siempre, se transforma en ella.

Generalmente, se ha dicho que Sócrates creía en la posibilidad de enseñar la virtud y, en realidad, parece haber sostenido que hablar y pensar acerca de la piedad, de la justicia, del valor, etc., permitía a los hombres convertirse en más piadosos, más justos, más valerosos, incluso sin proporcionar definiciones ni valores para dirigir su futura conducta. Lo que Sócrates creía realmente sobre tales asuntos puede ser ilustrado mejor a través de los símiles que se aplicó a sí mismo. Se llamó tábano y comadrona, y, según Platón, alguien lo calificó de «torpedo», un pez que paraliza y entumece por contacto; una analogía cuya adecuación Sócrates reconoció a condición de que se entendiera que «el torpedo, estando él entorpecido, hace al mismo tiempo que los demás se entorpezcan. En efecto, no es que, no teniendo yo problemas, los genere en los demás, sino que, estando yo totalmente imbuido de problemas, también hago que lo estén los demás»,[16] lo cual resume nítidamente la única forma en la que el pensamiento puede ser enseñado; aparte del hecho de que Sócrates, como repetidamente dijo, no enseñaba nada por la sencilla razón de que no tenía nada que enseñar: era «estéril» como las comadronas griegas que habían sobrepasado ya la edad de la fecundidad. (Puesto que no tenía nada que enseñar, ni ninguna verdad que ofrecer, fue acusado de no revelar jamás su opinión personal [*gnōmē*], como sabemos por Jenofonte, que lo defendió de esta acusación.)[17] Parece que, a diferencia de los pensadores profesionales, sintió el impulso de investigar si sus iguales compartían sus perplejidades, un impulso bastante distinto de la inclinación a descifrar enigmas para demostrárselos a los otros.

Consideremos brevemente estos tres símiles.

Primero, Sócrates es un tábano: sabe cómo aguijonear a los ciudadanos que, sin él, «continuarían durmiendo para el resto de sus vidas», a menos que alguien viniera a despertarlos de nuevo. ¿Y para qué los aguijoneaba? Para pensar, para que examinaran sus asuntos, actividad sin la cual la vida, en su opinión, no sólo valdría poco sino que ni siquiera sería auténtica vida.[18]

Segundo, Sócrates es una comadrona. Y aquí nace una triple implicación: la «esterilidad» de la que ya he hablado, su experiencia en saber librar a otros de sus pensamientos, esto es, de las implicaciones de sus opiniones, y la función propia de la comadrona griega de decidir acerca de si la criatura estaba más o menos adaptada para vivir o, para usar el lenguaje socrático, era un mero «huevo estéril» del cual era necesario liberar a la madre. En este contexto sólo interesan las dos últimas implicaciones. Ya que, atendiendo a los diálogos socráticos, no hay nadie entre los interlocutores de Sócrates que haya expresado un pensamiento que no fuera un «embrión estéril». Sócrates hace aquí lo que Platón, pensando en él, dijo de los sofistas: hay que purgar a la gente de sus «opiniones», es decir, de aquellos prejuicios no analizados que les impiden pensar, sugiriendo que conocemos, donde no sólo no conocemos sino que no podemos conocer, y al proporcionarles la verdad,[19] se los ayuda a librarse de lo malo —sus opiniones— sin hacerlos buenos.

Tercero, Sócrates, sabiendo que no conocemos, pero poco dispuesto a quedarse ahí, permanece firme en sus perplejidades y, como el torpedo, paraliza con él a cuantos toca. El torpedo, a primera vista, parece lo opuesto al tábano; paraliza allí donde el tábano aguijonea. Pero lo que desde fuera, desde el curso ordinario de los asuntos humanos, sólo puede ser visto como parálisis, es percibido como el estadio más alto del estar vivo. A pesar de la escasez de evidencia documental para la experiencia del pensamiento, a lo largo de los siglos ha habido un cierto número de manifestaciones de pensadores que así lo confirman. El mismo Sócrates, consciente de que el pensamiento tiene que ver con lo invisible y que él mismo es invisible, y que carece de las manifestaciones externas propias de otras actividades, parece que usó la metáfora del viento para referirse a él: «Los vientos en sí mismos no se ven, aunque manifiestos están para nosotros los efectos que producen y los sentimos cuando nos llegan»[20] (la misma metáfora es utilizada en ocasiones por Heidegger, quien habla también de la «tempestad del pensamiento»).

En el contexto en que Jenofonte, siempre ansioso por defender al maestro contra acusaciones y argumentos vulgares, se refiere a esta metáfora, no tiene mucho sentido. Con todo, él mismo indica que las manifestaciones del viento invisible del pensamiento son aquellos conceptos, virtudes y «valores» que Sócrates examinaba críticamente. El problema —y la razón por la que un mismo hombre puede ser entendido y entenderse a sí mismo como tábano y como pez torpedo— es que este mismo viento, cuando se levanta, tiene la peculiaridad de llevarse consigo sus propias manifestaciones previas. En su propia naturaleza se halla el deshacer, descongelar, por así decirlo, lo que el lenguaje, el medio del pensamiento, ha congelado en el pensamiento: palabras (conceptos, frases, definiciones, doctrinas), cuya «debilidad» e inflexibilidad Platón denuncia tan espléndidamente en la *Carta Sépti-*

ma. La consecuencia de esta peculiaridad es que el pensamiento tiene inevitablemente un efecto destructivo; socava todos los criterios establecidos, todos los valores y pautas del bien y del mal, en suma, todos los hábitos y reglas de conducta que son objeto de la moral y de la ética. Estos pensamientos congelados, parece decir Sócrates, son tan cómodos que podemos valernos de ellos mientras dormimos; pero si el viento del pensamiento, que ahora soplaré en vosotros, os saca del sueño y os deja totalmente despiertos y vivos, entonces os daréis cuenta de que nada os queda en las manos sino perplejidades, y que lo máximo que podéis hacer es compartirlas unos con otros.

De ahí que la parálisis provocada por el pensamiento sea doble: es propia del *detente* y piensa, la interrupción de cualquier otra actividad, y puede tener un efecto paralizador cuando salimos de él habiendo perdido la seguridad de lo que nos había parecido fuera de toda duda mientras estábamos irreflexivamente ocupados haciendo alguna cosa. Si nuestra acción consistía en aplicar reglas generales de conducta a casos particulares como los que surgen en la vida cotidiana, entonces nos encontramos ahora paralizados porque ninguna de estas reglas puede hacer frente al viento del pensamiento. Para usar una vez más el ejemplo del pensamiento congelado inherente en la palabra *casa*, una vez que se ha reflexionado acerca de su sentido implícito —habitar, tener un hogar, ser alojado— no se está ya dispuesto a aceptar como casa propia lo que la moda del momento prescriba; pero esto no garantiza de ningún modo que seamos capaces de dar con una solución aceptable para nuestros propios problemas de vivienda. Podríamos estar paralizados.

Esto conduce al último y quizá mayor riesgo de esta empresa peligrosa y carente de resultados. En el círculo de Sócrates había hombres como Alcibíades o Critias —y Dios sabe bien que no eran, con mucho, los peores de los denominados pupilos— que resultaron ser una auténtica amenaza para la *polis*, y ello no tanto por haber sido paralizados por el pez torpedo sino, por el contrario, por haber sido aguijoneados por el tábano. Fueron despertados al cinismo y a la vida licenciosa. Insatisfechos porque se les había enseñado a pensar sin enseñarles una doctrina, cambiaron la falta de resultados del pensar reflexivo socrático en resultados negativos: si no podemos definir qué es la piedad, seamos impíos, lo cual es claramente lo opuesto de lo que Sócrates esperaba conseguir hablando de la piedad.

La búsqueda del sentido, que sin desfallecer disuelve y examina de nuevo todas las teorías y reglas aceptadas, puede en cualquier momento volverse contra sí misma, por así decirlo, y producir una inversión en los antiguos valores y declararlos como «nuevos valores». Esto, hasta cierto punto, es lo que Nietzsche hizo cuando invirtió el platonismo, olvidando que un Platón invertido todavía es Platón, o lo que hizo Marx cuando dio la vuelta a Hegel, produciendo en ese proceso un sistema estrictamente hegeliano de la historia. Tales resultados negativos del pensamiento serán posteriormente usados durante el sueño, con la misma rutina irreflexiva que los antiguos valores; en el momento en que son aplicados en el dominio de los asuntos humanos, es como si nunca hubieran pasado por el proceso de pensamiento. Lo que comúnmente denominamos nihilismo —sentimos la tentación de datarlo históricamente, de despreciarlo políticamente y de adscribirlo a pensadores sospechosos de haberse ocupado de «pensamientos peligrosos»— en realidad es un peligro inherente a la actividad misma de pensar. No hay pensamientos peligrosos; el mismo pensar es peligroso; pero el nihilismo no es su resultado. El nihilismo no es más que la otra cara del convencionalismo; su credo consiste en la negación de los valores vigentes denominados positivos, a los que permanece vinculado. Todo examen crítico debe pasar, al menos hipotéticamente, por un estadio que niegue los «valores» y las opiniones aceptadas buscando sus implicaciones y supuestos tácitos, y en este sentido el nihilismo puede ser visto como el peligro siempre presente del pensamiento. Pero este riesgo no emerge de la convicción socrática de que una vida sin examen no tiene objeto vivirla, sino, por el contrario, del deseo de encontrar resultados que hagan innecesario seguir pensando. El pensar es igualmente peligroso para todas las creencias y, por sí mismo, no pone en marcha ninguna nueva.

Sin embargo, el no pensar, que parece un estado tan recomendable para los asuntos políticos y morales, tiene también sus peligros. Al sustraer a la gente de los peligros del examen crítico, se les enseña a adherirse inmediatamente a cualquiera de las reglas de conducta vigentes en una sociedad dada y en un momento dado. Se habitúan entonces menos al contenido de las reglas —un examen detenido de ellas los llevaría siempre a la perplejidad— que a la posesión de reglas bajo las cuales subsumir particularidades. En otras palabras, se acostumbran a no tomar nunca decisiones. Alguien que quisiera, por cualquier razón o propósito, abolir los viejos «valores» o virtudes, no encontraría dificultad alguna, siempre que ofreciera un nuevo código, y no necesitaría ni fuerza ni persuasión —tampoco ninguna prueba de la superioridad de lo nuevos valores respecto a los viejos— para imponerlos. Cuanto más firmemente los hombres se aferren al viejo código, tanto más ansiosos estarán por asimilar el nuevo; la facilidad con la que, en determinadas circunstancias, tales inversiones pueden tener lugar sugiere realmente que, cuando ocurren, todo el mundo está dormido. Nuestro siglo nos ha dado alguna experiencia en estas cuestiones: lo fácil que a los gobernantes totalitarios les resultó invertir las normas morales básicas de la moralidad occidental, «No matarás» en el caso de la Alemania hitleriana, «No levantarás falsos testimonios contra tus semejantes» en el caso de la Rusia estalinista.

Volvamos a Sócrates. Los atenienses le dijeron que pensar era subversivo, que el viento del pensamiento era un huracán que barre todos los signos establecidos por los que los hombres se orientan en el mundo; trae desorden a las ciudades y confunde a los ciudadanos, especialmente a los jóvenes. Y aunque Sócrates niega que el pensamiento corrompa, no pretende que mejore a nadie, y, a pesar de que declara que «todavía no os ha surgido mayor bien en la ciudad que mi servicio», no pretende haber empezado su carrera como filósofo para convertirse en un gran benefactor. Si «una vida sin examen no tiene objeto vivirla»,[21] el pensar acompaña al vivir cuando se ocupa de conceptos tales como justicia, felicidad, templanza, placer, con palabras que designan cosas invisibles y que el lenguaje nos ha ofrecido para expresar el sentido de todo lo que ocurre en la vida y que nos sucede mientras estamos vivos.

Sócrates llama a esta búsqueda de sentido *erōs*, un tipo de amor que ante todo es una necesidad —desea lo que no tiene— y que es el único tema en el que pretende ser un experto.[22] Los hombres están enamorados de la sabiduría y filosofan (*philosophein*) porque no son sabios, del mismo modo que están enamorados de la belleza y «hacen cosas bellas» por así decir (*philokalein*, como lo llamó Pericles)[23] porque no son bellos. El amor, al desear lo que no tiene, establece una relación con ello. Para poder exteriorizar esta relación, para hacerla aparecer, los hombres hablan acerca de ella de la misma manera que un enamorado quiere hablar de su amado.[24] Puesto que la búsqueda es un tipo de amor y de deseo, los objetos de pensamiento sólo pueden ser cosas dignas de amor: la belleza, la sabiduría, la justicia, etc. La fealdad y el mal están excluidos por definición de la empresa del pensar, aunque pueden aparecer a veces como deficiencias, como falta de belleza, la injusticia, y el mal (*kakia*) como la ausencia de bien. Esto significa que no tienen raíces propias, ni esencia en la que el pensamiento se pueda aferrar. El mal no puede ser hecho voluntariamente por su «estatus ontológico», como diríamos actualmente; consiste en una ausencia, en algo que no es. Si el pensar disuelve los conceptos normales, positivos en su sentido original, entonces disuelve también estos conceptos negativos en su original carencia de significado, en la nada. Ésta no es en absoluto únicamente la opinión de Sócrates; que el mal es mera privación, negación o excepción de la regla es casi la opinión unánime de todos los pensadores.[25] (El error más conspicuo y peligro de la proposición, tan antigua como Platón, «Nadie hace el mal voluntariamente» es la conclusión que implica: «Todo el mundo quiere hacer el bien». La triste verdad de la cuestión es que la mayoría de las veces el mal es hecho por gente que nunca se había planteado ser buena o mala.)

¿Adónde nos lleva todo esto con respecto a nuestro problema: incapacidad o rechazo de pensar y capacidad de hacer el mal? Concluimos que sólo la gente inspirada por este *erōs*, este amor deseoso de sabiduría, belleza y justicia, es capaz de pensamiento —esto es, nos quedamos con la «naturaleza noble» de Platón como un requisito para el pensamiento—. Y esto era precisamente lo que no perseguíamos cuando planteábamos la cuestión acerca de si la actividad de pensar, su misma expresión —como distinta de las cualidades que la naturaleza y el alma del hombre pueden poseer y no relativa a ellas— condiciona al hombre de tal manera que es incapaz de hacer el mal.

III

Entre las pocas afirmaciones de Sócrates, este amante de las perplejidades, hay dos, estrechamente conectadas entre sí, que tienen que ver con nuestra cuestión. Ambas aparecen en el *Gorgias*, el diálogo sobre la retórica, el arte de dirigirse a la multitud y de persuadirla. El *Gorgias* no pertenece a los primeros diálogos socráticos; fue escrito poco después de que Platón se convirtiera en la cabeza de la Academia. Además, parece que su propio tema se refiere a una forma de discurso que perdería todo su sentido si fuera aporético. Y a pesar de ello, este diálogo sigue siendo aporético; sólo los últimos diálogos de Platón, de los que Sócrates ha desaparecido o ya no es el centro de la discusión, han perdido totalmente esta cualidad. El *Gorgias*, como la *República*, concluye con uno de los mitos platónicos sobre otra vida de recompensas y castigos que aparentemente, y esto es irónico, resuelven todas las dificultades. La seriedad de estos mitos es puramente política; consiste en su estar dirigidos a la multitud. Estos mitos, ciertamete no socráticos, son importantes debido a que contienen, aunque en forma no filosófica, el reconocimiento de Platón de que los hombres pueden hacer y cometer el mal voluntariamente, y, aún más importante, la admisión implícita de que él, igual que Sócrates, no sabía qué hacer en el plano filosófico con este hecho perturbador. Podemos no saber si Sócrates creía que la ignorancia causa el mal y que la virtud puede ser enseñada; pero sí sabemos que Platón pensó que era más sabio apoyarse en amenazas.

Las dos afirmaciones socráticas son las siguientes. La *primera*: «Cometer injusticia es peor que recibirla»; a lo que Calicles, el interlocutor en el diálogo, replica que toda Grecia hubiera contestado: «Ni siquiera esta desgracia, sufrir la injusticia, es propia de un hombre, sino de algún esclavo para quien es preferible morir a seguir viviendo y quien, aunque reciba un daño y sea ultrajado, no es capaz de defenderse a sí mismo ni a otro por el que se interese» (474). La *segunda*: «Es mejor que mi lira esté desafinada y que desentone de mí, e igualmente el coro que yo dirija, y que muchos hombres no estén de acuerdo conmigo y me contradigan, antes de que yo, *que no soy más que uno*, esté en desacuerdo conmigo mismo y *me* contradiga». Lo que provoca que Calicles diga a Sócrates que «en las conversaciones te comportas fogosamente, como un verdadero orador popular», y que sería mejor para él y para los demás que dejara de filosofar (482).

Y, como veremos, aquí tienen razón. Fue la propia filosofía, o mejor la experiencia del pensamiento, lo que condujo a Sócrates a hacer estas afirmaciones —aunque, naturalmente, él no emprendió su propósito para llegar a ellas—. Sería, creo, un grave error entenderlas como resultado de alguna meditación sobre la moralidad; sin duda son intuiciones, pero intuiciones debidas a la experiencia, y, en la medida en que el propio proceso del pensamiento estuviera implicado son, a lo más, ocasionales subproductos.

Tenemos dificultades para comprender lo paradójico que debía de sonar la primera afirmación en el momento de ser formulada; después de miles de años de uso y abuso, suena como un moralismo sin valor. Y la mejor demostración de lo difícil que es, para las mentes modernas, entender la fuerza de la segunda es el hecho de que sus palabras clave, «no siendo *más que uno*, sería peor para mí estar en desacuerdo conmigo mismo que el que muchos hombres no estén de acuerdo conmigo y me contradigan», frecuentemente son dejadas fuera de las traducciones. La primera es una afirmación subjetiva, que significa que es mejor *para mí* sufrir el mal que hacerlo y es contradicha por la afirmación opuesta, igualmente subjetiva, que por supuesto suena mucho más plausible. Si tuviéramos que considerar estas afirmaciones desde el punto de vista del mundo, como algo distinto de la de los dos interlocutores, deberíamos decir: lo que cuenta es que se ha cometido una injusticia; es irrelevante quién es mejor, si quien comete la injusticia o quien la sufre. Como ciudadanos debemos evitar que se cometa injusticia puesto que está en el mundo que todos compartimos, tanto quien comete injusticia como quien la sufre y el espectador: la Ciudad ha sufrido injusticia. (Es por ello que nuestros códigos jurídicos distinguen entre crímenes, en los que el proceso es preceptivo, y transgresiones, en las que sólo son lesionados individuos particulares que pueden desear o no ir a juicio. En el caso de un crimen, los estados mentales subjetivos de los implicados son irrelevantes —quien lo sufrió puede estar dispuesto a perdonar y quien lo cometió puede estar totalmente arrepentido— porque es la comunidad como un todo la que ha sido atacada.)

En otras palabras, Sócrates no habla aquí como un ciudadano, que se supone que se preocupa más del mundo que de sí mismo. Es como si dijera a Calicles: si tú fueras como yo, amante de la sabiduría y necesitado de reflexión, y si el mundo fuera como tú lo pintas —dividido en fuertes y débiles, donde «los fuertes hacen lo que pueden y los débiles sufren lo que deben» (Tucídides)— de modo que no existiera otra alternativa más que hacer o sufrir la injusticia, entonces estarías de acuerdo conmigo en que es mejor sufrirla que hacerla. La presuposición es: si pensaras, si tú estuvieras de acuerdo en que «una vida sin examen no tiene objeto vivirla».

Que yo sepa sólo existe otro pasaje en la literatura griega que, casi con las mismas palabras, dice lo que Sócrates dijo: «El que comete injusticia es más infeliz (*kakodaimonesteros*) que el que la sufre» se lee en uno de los fragmentos de Demócrito (B 45), el gran adversario de Parménides y que, probablemente por esto, nunca fue mencionado por Platón. La coincidencia es digna de ser notada, pues Demócrito, a diferencia de Sócrates, no estaba particularmente interesado en los asuntos humanos sino que parece haberse interesado profundamente en la experiencia del pensamiento. «El pensamiento (*logos*) —dijo [fácilmente hace abstinencia porque] está habituado a lograr el contento fuera de sí» (B 146). Se diría que lo que estábamos tentados a entender como una proposición puramente moral surge, en realidad, de la experiencia del pensamiento como tal.

Y esto nos lleva a la segunda afirmación, que es el requisito de la primera. Ésta es también altamente paradójica. Sócrates habla de ser uno y, por ello, de ser incapaz de correr el riesgo de no estar en armonía consigo mismo. Pero nada que sea idéntico consigo mismo, real y absolutamente *uno*, como A es A, puede estar o dejar de estar en armonía consigo mismo; siempre se necesitan al menos dos tonos para producir un sonido armónico. Ciertamente, cuando aparezco y soy visto por los demás, yo soy uno; de otro modo no se me reconocería. Y mientras estoy junto a los otros, apenas consciente de mí mismo, soy tal como aparezco a los demás. Llamamos [*conciencia*] [*consciousness*] (literalmente, «conocer consigo mismo») al hecho curioso de que, en cierto sentido, también soy para mí mismo, a pesar de que difícilmente me parezco a mí, lo cual indica que el *«no soy más que uno»* socrático es más problemático de lo que parece; no sólo soy para los otros sino también para mí mismo, y, en este último caso, claramente no soy sólo uno. En mi unicidad se inserta una diferencia.

Conocemos esta diferencia bajo otros aspectos. Todo lo que existe entre una pluralidad de cosas no es simplemente lo que es, en su identidad, sino que es también diferente de las otras cosas; este ser diferente es propio de su misma naturaleza. Cuando tratamos de aferrarlo con el pensamiento, queriendo definirlo, debemos tomar en cuenta esta alteridad (*alteritas*) o diferencia. Cuando decimos lo que es una cosa, decimos también lo que no es; cada determinación es negación, como sostiene Spinoza. Referida sólo a sí misma es idéntica (*auto* [por ejemplo, *hekaston*] *heautō tauton*: «cada uno igual a sí mismo»),[26] y todo lo que podemos decir acerca de ella en su clara identidad es: «Una rosa es una rosa es una rosa».* Pero éste no es exactamente el caso si yo en mi identidad (*«no soy más que uno»*) me refiero a mí mismo, soy inevitablemente *dos en uno* y ésta es la razón por la que la tan en boga búsqueda de la identidad es vana y nuestra actual crisis de identidad sólo podría ser resuelta con la pérdida de la conciencia. La conciencia humana sugiere que la diferencia y la alteridad, que son características importantes del mundo de las apariencias tal como es dado al hombre como su hábitat entre una pluralidad de cosas, son también las auténticas condiciones para la existencia del ego humano. Pues este ego, el yo soy yo, experimenta la diferencia en la identidad precisamente cuando no está relacionado con las cosas que aparecen sino sólo consigo mismo. Sin esta escisión original, que Platón más tarde utilizó en su definición del pensamiento como el diálogo silencioso (*eme emautō*) entre yo y mí mismo, el dos en uno, que Sócrates presupone en su afirmación acerca de la armonía consigo mismo, no sería posible.[27] La conciencia no es lo mismo que el pensar; pero sin ella el pensamiento sería imposible. Lo que el pensamiento en su proceso actualiza es la diferencia que se da en la conciencia.

* La cita pertenece a *The World is round*, de Gertrude Stein. (*N. de la t.*)

Para Sócrates este dos en uno significaba simplemente que, si se quería pensar, debía procurarse que los dos participantes del diálogo estuvieran en buena forma, fueran amigos. Es mejor sufrir la injusticia que hacerla porque se puede seguir siendo amigo de la víctima; ¿quién querría ser amigo de un asesino y tener que convivir con él? Ni siquiera un asesino. ¿Qué clase de diálogo se podría mantener con él? Precisamente el diálogo que Shakespeare hacía mantener a Ricardo III consigo mismo, después de haber cometido un gran número de crímenes:

¿Qué temo? ¿A mí mismo? No hay nadie más aquí:
Ricardo quiere a Ricardo; esto es, yo soy yo.
¿Hay aquí algún asesino? No. Sí, yo lo soy.
Entonces, huye. ¿Qué, de mí mismo? Gran razón, ¿por qué?
Para que no me vengue a mí mismo en mí mismo.
Ay, me quiero a mí mismo. ¿Por qué?
¿Por algún bien que me haya hecho a mí mismo?
¡Ah, no! ¡Ay, más bien me odio a mí mismo por odiosas acciones cometidas por mí mismo!
Soy un rufián. Pero miento, no lo soy.
Loco, habla bien de ti mismo. Loco, no adules.*

Un encuentro semejante del yo consigo mismo, pero en comparación no dramático, manso y casi inofensivo, se puede encontrar en uno de los diálogos socráticos dudosos, el *Hipias Mayor* (que, aunque no escrito por Platón, puede dar también testimonio auténtico de Sócrates). Al final del diálogo, Sócrates dice a Hipias, que había mostrado ser un interlocutor especialmente abstruso: «Eres bienaventurado», comparándolo a sí mismo, a quien cuando regresa a casa lo espera un hombre muy desagradable, «que continuamente me refuta, es un familiar muy próximo y vive en mi casa», y que apenas oye las opiniones de Hipias en boca de Sócrates le pregunta: «Si no me da vergüenza hablar de ocupaciones bellas y ser refutado manifiestamente acerca de lo bello, porque ni siguiera sé qué es realmente lo bello» (304).** En otras palabras, cuando Hipias regresa a casa sigue siendo uno, y, si bien no pierde la conciencia, tampoco hará nada para actualizar la diferencia dentro de sí. Con Sócrates, o, en este caso, con Ricardo III, las cosas son distintas. No sólo se relacionan con los demás, sino también con ellos mismos. La cuestión aquí es

* *Ricardo III*, Barcelona, Planeta, 1988. (trad. de José María Valverde). (*N. de la t.*)
** *Diálogos*, Madrid, Gredos, 1982 (trad. de J. Calonge). (*N. de la t.*)

que lo que uno denomina «el otro hombre» y «la otra conciencia» únicamente está presente cuando están solos. Cuando ha pasado la medianoche y Ricardo se ha unido de nuevo a la compañía de sus amigos, entonces

> La conciencia no es más que una palabra que usan los cobardes, ideada por primera vez para asustar a los fuertes...*

Y en fin, Sócrates, a quien tanto atraía la plaza del mercado, debe ir a casa, donde estará solo, en solitud [*solitude*], para encontrar a su otro compañero.

He elegido el pasaje de *Ricardo III*, porque Shakespeare, aun usando la palabra *conciencia*, no la utiliza aquí del modo habitual. La lengua inglesa tardó mucho tiempo en distinguir la palabra *consciousness* de *conscience*, y en algunas lenguas, por ejemplo el francés, esta separación no se ha producido nunca. La conciencia moral [*conscience*] tal como la entendemos en cuestiones morales y legales, se supone que siempre está presente en nosotros, igual que la conciencia del mundo [*consciousness*]. Y se supone también que esta conciencia moral tiene que decirnos qué hacer y de qué tenemos que arrepentirnos; era la voz de Dios antes de convertirse en *lumen naturale* o la razón práctica kantiana. A diferencia de esta conciencia, el hombre del que habla Sócrates permanece en casa; él lo teme, del mismo modo que los asesinos, en *Ricardo III*, temen a su conciencia: como algo que está ausente. La conciencia aparece como un pensamiento tardío, aquel pensamiento ha sido suscitado por un crimen, como en el caso del propio Ricardo, o por opiniones no sujetas a examen, como en el caso de Sócrates, o por los temores anticipados de tales pensamientos tardíos, como en el caso de los asesinos a sueldo en *Ricardo III*. A diferencia de la voz de Dios en nosotros o el *lumen naturale*, esta conciencia no nos da prescripciones positivas —incluso el *daimonion* socrático, su voz divina, sólo le dice lo que *no* debe hacer; en palabras de Shakespeare «obstruye al hombre por doquier con obstáculos»—. Lo que un hombre teme de esta conciencia es la anticipación de la presencia de un testigo que lo está esperando sólo *si* y cuando vuelve a casa. El asesino de Shakespeare dice: «Todo hombre que intenta vivir a gusto [...] procura vivir sin ello», y esto se consigue fácilmente, porque todo lo que hay que hacer es no iniciar nunca este diálogo silencioso y solitario que llamamos pensar, no regresar

* *Ricardo III, op. cit.* (*N. de la t.*)

nunca a casa y someter las cosas a examen. Esto no es una cuestión de maldad o de bondad, así como tampoco se trata de una cuestión de inteligencia o de estupidez. A quien desconoce la relación entre yo y mí mismo (en la que examino lo que digo y lo que hago) no le preocupará en absoluto contradecirse a sí mismo, y esto significa que nunca será capaz de dar cuenta de lo que dice o hace, o no querrá hacerlo; ni le preocupará en absoluto contradecirse a sí mismo, y esto significa que nunca será capaz de dar cuenta de lo que dice o hace, o no querrá hacerlo; ni le preocupará cometer cualquier delito, puesto que puede estar seguro de que será olvidado en el momento siguiente.

Pensar, en su sentido no cognitivo y no especializado, concebido como una necesidad natural de la vida humana, como la actualización de la diferencia dada en la conciencia, no es una prerrogativa de unos pocos sino una facultad siempre presente en todos los hombres; por lo mismo, la incapacidad de pensar no es la «prerrogativa» de los que carecen de potencia cerebral, sino una posibilidad siempre presente para todos —incluidos los científicos, investigadores y otros especialistas en actividades mentales— de evitar aquella relación consigo mismo cuya posibilidad e importancia Sócrates fue el primero en descubrir. Aquí no nos ocupábamos de la maldad, a la que la religión y la literatura han intentado pasar cuentas, sino del mal; no del pecado y los grandes villanos, que se convirtieron en héroes negativos en la literatura y que habitualmente actuaban por envidia o resentimiento, sino de la persona normal, no mala, que no tiene especiales motivos y que por esta razón es capaz de *infinito* mal; a diferencia del villano, no encuentra nunca su catástrofe de medianoche.

Para el yo pensante y su experiencia, la conciencia que «por doquier obstruye al hombre con obstáculos» es un efecto lateral. Y sigue siendo un asunto marginal para la sociedad en general excepto en casos de emergencia. Ya que el pensar, como tal, beneficia poco a la sociedad, mucho menos que la sed de conocimiento en que es usado como instrumento para otros propósitos. No crea valores, no descubrirá, de una vez por todas, lo que es «el bien», y no confirma, más bien disuelve, las reglas establecidas de conducta. Su significado político y moral aflora sólo en aquellos raros momentos de la historia en que «las cosas se desmoronan: el centro no puede sostenerse; / pura anarquía queda suelta por el mundo», cuando «los mejores no tienen convicción, y mientras los peores / están llenos de apasionada intensidad».*

* Yeats, W. B., «The second coming» («El segundo advenimiento»), trad. de José María Valverde. (*N. de la t.*)

En estos momentos, el pensar deja de ser marginal en las cuestiones políticas. Cuando todo el mundo se deja llevar irreflexivamente por lo que todos los demás hacen o creen, aquellos que piensan son arrancados de su escondite porque su rechazo a participar llama la atención y, por ello, se convierte en una especie de acción. El elemento de purgación contenido en el pensamiento, la mayeútica socrática, que saca a la luz las implicaciones de las opiniones no examinadas, y por lo tanto las destruye —valores, doctrinas, teorías e incluso convicciones—, es implícitamente político. Pues esta destrucción tiene un efecto liberador sobre otra facultad humana, la facultad del juicio, que se puede denominar, con algún fundamento, la más política de las capacidades mentales del hombre. Es la facultad de juzgar *particulares*, sin subsumirlos bajo reglas generales que se enseñan y se aprenden hasta que se convierten en hábitos que pueden ser sustituidos por otros hábitos y reglas.

La facultad de juzgar particulares (descubierta por Kant), la capacidad de decir «esto está mal», «esto es bello», etc., no coincide con la facultad de pensar. El pensar opera con lo invisible, con representaciones de cosas que están ausentes; el juzgar siempre se ocupa de particulares y cosas que están a mano. Pero ambos están interrelacionados de forma semejante a como se interconectan conciencia moral y conciencia del mundo. Si el pensar, el dos en uno del diálogo silencioso, actualiza la diferencia dentro de nuestra identidad, dada en la conciencia, y por ello produce la conciencia como su subproducto, entonces el juzgar, el subproducto del efecto liberador del pensar, realiza el pensamiento, lo hace manifiesto en el mundo de las apariencias, donde nunca estoy solo y siempre demasiado ocupado para pensar. La manifestación del viento del pensar no es el conocimiento; es la capacidad de distinguir lo bueno de lo malo, lo bello de lo feo. Y esto, en los raros momentos en que se ha llegado a un punto crítico, puede prevenir catástrofes, al menos para mí.

1971

Segunda parte

JUICIO

BETTMAN/Corbis

REFLEXIONES SOBRE LITTLE ROCK

INTRODUCCIÓN

El punto de partida de mis reflexiones fue una foto aparecida en la prensa en la que se mostraba a una muchacha negra que volvía a casa tras salir de una nueva escuela integrada: perseguida por una turba de chicos blancos, iba protegida por un amigo blanco de su padre y su rostro daba elocuente testimonio del hecho evidente de que no se sentía precisamente feliz. La foto era una muestra condensada de la situación, pues los que aparecían en ella estaban directamente afectados por la decisión del tribunal federal, los propios chicos. Mi primera pregunta fue: ¿qué haría yo si fuera una madre negra? Respuesta: bajo ninguna circunstancia expondría a mi hija a una situación en que apareciera como queriendo forzar su entrada en un grupo donde no la quisieran. Psicológicamente, la situación de no ser querido (una situación apurada típicamente social) es más difícil de soportar que la persecución abierta (una situación apurada de carácter político), porque se ve afectado el orgullo personal. Por orgullo no quiero decir nada del estilo de «orgulloso de ser negro», o judío, o blanco anglosajón protestante, etc., sino el sentimiento, no inculcado y natural, de identidad con cualquiera que haya sido el accidente del propio nacimiento. El orgullo, que no hace comparaciones y no conoce complejos de inferioridad ni de superioridad, es indispensable para la integridad personal y no se pierde tanto por ser perseguido como por forzar, o más bien por ser forzado a forzar la salida de un grupo para entrar en otro. Si yo fuera una madre negra del Sur, pensaría que la sentencia del Tribunal Supremo, de manera involuntaria pero inevitable, ha puesto a mi hija en una situación más humillante aún que la que tenía antes.

Más aún, si yo fuera negra, pensaría que el intento mismo de empezar a superar la segregación en la educación y en las escuelas no sólo había descargado, de manera muy injusta, la responsabilidad de los adultos sobre los hombros de los niños. Además, estaría convencida de que todo el empeño encierra el intento de ocultar la verdadera cuestión. La verdadera cuestión es la igualdad ante la ley del país, y la ley queda infringida por las leyes segregacionistas, es decir, por las leyes que imponen la segregación, no por las costumbres y hábitos sociales de los escolares. Si se tratara sólo de garantizar por igual una buena educación a mis hijos, de un esfuerzo por darles igualdad de oportunidades, ¿por qué no se me pedía que luchara por la mejora de las escuelas para niños negros y para la inmediata creación de clases especiales para aquellos niños cuyo expediente escolar les permite ahora acceder a escuelas de blancos? En lugar de llamarme a librar una batalla clara por mis derechos indiscutibles —mi derecho de voto sin interferencias, mi derecho a contraer matrimonio con quien me plazca y a la protección en el matrimonio (aunque no, por supuesto, en el intento de convertirme en cuñado de cualquiera)* o mi derecho a la igualdad de oportunidades—, sentiría que se me ha mezclado en un asunto de promoción social; y si yo eligiera esa manera de mejorar mi situación, preferiría ciertamente hacerlo por mí misma, sin la ayuda de organismos gubernamentales. Por supuesto, apretar y gastar los codos no dependería íntegramente de mis propias inclinaciones. Podría verme forzada a ello con el fin de ganarme decentemente la vida o elevar el nivel de vida de mi familia. La vida puede ser muy desagradable, pero por muchas cosas que me fuerce a hacer —y ciertamente no me fuerza a comprar mi entrada en vecindarios exclusivos— yo puedo conservar mi integridad personal precisamente en la medida en que actúe a la fuerza y por alguna necesidad vital, no meramente por motivaciones sociales.

Mi segunda pregunta fue: ¿qué haría yo si fuera una madre blanca en el Sur? También entonces trataría de evitar que mis hijos se vieran arrastrados a librar una batalla política en el patio de la escuela. Además, pensaría que era necesario mi consentimiento para cambios tan drásticos, independientemente de cuál fuera mi opinión sobre ellos. Estaría de acuerdo en que el gobierno tiene algo que decir en la educación de mis hijos por cuanto se entiende que éstos han de convertirse en ciudadanos, pero negaría que el gobierno tenga derecho alguno a decirme en compañía de quién han de recibir instrucción mis hijos. El derecho de los padres a decidir estos asuntos por sus hijos hasta que sean mayores de edad sólo lo discuten las dictaduras.

No obstante, si yo estuviera firmemente convencida de que la situación del Sur puede mejorar materialmente mediante la educación

* Se refiere a uno de los malentendidos de los críticos de Arendt en relación con su postura acerca de las leyes contra los matrimonios interraciales, que para ella eran inconstitucionales y debían ser derogadas por el Tribunal Supremo. (*N. del e.*)

integrada, trataría —quizá con la ayuda de los cuáqueros o de algún otro grupo de ciudadanos con ideas parecidas— de organizar una nueva escuela para niños blancos y de color y desarrollarla como un proyecto piloto, a fin de persuadir a otros padres blancos a cambiar de actitud. Entonces estaría también, por supuesto, utilizando a los niños en lo que es esencialmente una batalla política, pero al menos habría garantizado que todos los niños se hallan en la escuela con el consentimiento y la ayuda de sus padres; no habría conflicto entre el hogar y la escuela, aunque sí podría surgir un conflicto entre el hogar y la escuela, por un lado, y la calle, por otro. Supongamos que en el curso de semejante empresa los ciudadanos del Sur que se oponen a la educación integrada se organizaran también ellos y lograran incluso convencer a las autoridades del Estado para que impidieran la apertura y el funcionamiento de la escuela. Ése sería el momento preciso, en mi opinión, en que el gobierno federal estaría llamado a intervenir. Porque tendríamos una vez más un caso claro de segregación impuesta por la autoridad gubernamental.

Esto nos lleva a mi tercera pregunta. Yo me pregunté: ¿qué es exactamente lo que distingue el llamado estilo sureño de vida del estilo de vida norteamericano con respecto a la cuestión racial? Y la respuesta es, simplemente, que, aunque la discriminación y la segregación son la norma en todo el país, sólo se imponen legalmente en los Estados del Sur. Por tanto, quienquiera que desee cambiar la situación en el Sur difícilmente puede evitar abolir las leyes sobre el matrimonio e intervenir para garantizar el libre ejercicio del derecho al matrimonio. Ésta no es en absoluto una cuestión académica. Afecta, en parte, a principios constitucionales que están, por definición, más allá de las decisiones mayoritarias y de los criterios prácticos; y afecta también, por supuesto, a los derechos de los ciudadanos, como los de esos veinticinco varones negros de Texas que, estando en el ejército, se casaron con mujeres europeas y en consecuencia no podían volver a su país porque a los ojos de la legislación de Texas eran culpables de un delito.

La reticencia de los liberales estadounidenses a tocar la cuestión de las leyes sobre el matrimonio, su disposición a invocar criterios prácticos y desplazar el fondo de la cuestión insistiendo en que los propios negros no tienen ningún interés en este asunto, su embarazo cuando se les recuerda lo que todo el mundo conoce como la más ultrajante legislación de todo el hemisferio occidental, todo eso recuerda la primitiva reticencia de los fundadores de la República a seguir el consejo de Jefferson y abolir el crimen de la esclavitud. También el propio Jefferson cedió por razones prácticas, pero él, al menos, tuvo el suficiente sentido político como para decir, una vez que perdió la batalla: «Tiemblo cuando pienso que Dios es justo». No temblaba por los negros, ni siquiera por los blancos, sino por el destino de la República, porque sabía que uno de sus principios vitales había sido quebrantado desde el principio. No es la discriminación y la segregación sociales, en cualquiera de sus formas, sino la legislación racial lo que constituye la perpetuación del crimen original en la historia de este país.

Una última palabra sobre la educación y la política. La idea de que uno puede cambiar el mundo educando a los niños en el espíritu del futuro ha sido uno de los rasgos característicos de las utopías políticas desde la Antigüedad. El problema de esta idea ha sido siempre el mismo: sólo puede tener éxito si los hijos son realmente separados de sus padres y educados en instituciones del Estado o se les adoctrina en la escuela de tal manera que se vuelvan contra sus propios padres. Eso es lo que ocurre en las tiranías. Si, por otro lado, las autoridades públicas no están dispuestas a sacar las consecuencias de sus vagas esperanzas y presupuestos, todo el experimento educativo, en el mejor de los casos, resulta estéril y, en el peor, irrita y se pone en contra tanto a los padres como a los hijos, que se sienten despojados de algunos derechos esenciales. La serie de acontecimientos ocurridos en el Sur a raíz de la sentencia del Tribunal Supremo, tras la cual este gobierno se comprometió a librar su batalla por los derechos civiles en el terreno de la educación y de las escuelas públicas, dejan en uno una sensación de futilidad e innecesaria crispación, como si todas las partes implicadas supieran muy bien que no se conseguía nada bajo el pretexto de que se estaba haciendo algo.

I

Es lamentable e incluso injusto (aunque no precisamente injustificado) que los sucesos de Little Rock hayan tenido tanta repercusión en la opinión pública de todo el mundo y se hayan convertido en una piedra de escándalo para la política exterior norteamericana. Porque, a diferencia de otros problemas internos que han venido acuciando a este país desde el final de la Segunda Guerra Mundial (una obsesión histérica por la seguridad, una prosperidad desbocada y la consiguiente transformación de una economía de la abundancia en un mercado donde lo puramente superfluo y sin sentido casi se llevan por delante lo esencial y lo productivo) y a diferencia de dificultades de tanto alcance como el problema de la cultura y de la educación de masas —típicos, ambos, de la sociedad moderna en general y no sólo de Estados Unidos—, la actitud del país hacia su población negra tiene sus raíces en la tradición estadounidense y nada más. La cuestión de color fue el resultado del gran crimen en la historia de Estados Unidos, y sólo puede resolverse en el marco político e histórico de la República. El hecho de que esta cuestión se haya convertido también en un tema de importancia en los asuntos mundiales es pura coincidencia por lo que respecta a la historia y la política norteamericanas; pues el problema racial en la política mundial surgió como consecuencia del colonialismo e imperialismo de las naciones europeas (es decir, el gran crimen del que nunca participó Estados Unidos). Lo trágico es que el problema racial sin resolver puede costarle a Estados Unidos las ventajas de las que de otro modo disfrutaría justamente como potencia mundial.

Por razones históricas y de otra índole, tenemos el hábito de identificar la cuestión negra con el Sur, pero los problemas por resolver en relación con los negros que viven entre nosotros afectan, por supuesto, al país entero, no sólo al Sur. Al igual que otras cuestiones raciales, es un tema que ejerce especial atracción sobre las masas incultas y resulta particularmente adecuado como punto de articulación de una ideología populista y sobre el que puede cristalizar una organización del mismo signo. Este aspecto puede llegar algún día a ser más explosivo en los grandes centros urbanos del Norte que en el más tradicional Sur, especialmente si el número de negros sigue disminuyendo en las ciudades sureñas mientras la población negra de las otras ciudades aumenta al mismo ritmo que en los últimos años. Estados Unidos no es ni ha sido nunca una nación-Estado en el sentido europeo. El principio de su estructura política es, y siempre ha sido, independiente de la existencia o no de una población homogénea y un pasado común. Esto no es tanto así en el Sur, cuya población es más homogénea y está más arraigada en el pasado que la de cualquier otra parte del país. Cuando William Faulkner declaró recientemente que en un conflicto entre el Sur y Washington él habría de actuar en último término como ciudadano de Mississippi, su declaración sonó más como la de un miembro de una nación-Estado europea que como la de un ciudadano de esta república. Pero esta diferencia entre el Norte y el Sur, aunque todavía acusada, está condenada a desaparecer con la creciente industrialización de los Estados del Sur, y en algunos de ellos ni siquiera desempeña hoy día ninguna función. En todas las partes del país, en el Este y en el Norte con su multitud de nacionalidades, no menos que en el más homogéneo Sur, los negros destacan debido a su «visibilidad». No son sólo una «minoría visible», sino la más visible de todas. A este respecto, se parecen hasta cierto punto a los nuevos inmigrantes, que invariablemente constituyen la más «audible» de todas las minorías y son, por tanto, los más propensos a despertar sentimientos xenófobos. Pero mientras la audibilidad es un fenómeno transitorio, que raramente persiste más allá de una generación, la visibilidad de los negros es inalterable y permanente. Este no es un asunto baladí. En el ámbito público, en el que no cuenta nada que no se pueda ver y oír, la visibilidad y la audibilidad son de primordial importancia. Argüir que se trata de meras apariencias externas es una petición de principio. Pues son precisamente las apariencias las que «aparecen» en público, y las cualidades y dones internos del corazón o de la mente son políticos sólo en la medida en que su poseedor desee manifestarlos en público, exponerlos a la luz de los focos de la plaza pública.

La República Americana se basa en la igualdad de todos los ciudadanos, y mientras la igualdad ante la ley se ha convertido en un principio inalienable de todo gobierno constitucional moderno, la igualdad como tal reviste mayor importancia en la vida política de una república que en cualquier otra forma de gobierno. Lo que está en juego, por tanto, no es el bienestar de la población negra sola sino, al menos a largo plazo, la supervivencia de la República. Tocqueville vio hace más de un siglo que la igualdad de oportunidades y de condiciones, así como la igualdad de derechos, constituía la «ley» fundamental de la democracia norteamericana y predijo que los dilemas y perplejidades inherentes al principio de igualdad podrían llegar a ser un día la amenaza más peligrosa para el estilo norteamericano de vida. En su forma omniabarcadora, típicamente norteamericana, la igualdad posee un enorme poder para igualar lo que por naturaleza y origen es diferente. Y sólo gracias a ese poder ha sido el país capaz de mantener su identidad fundamental frente a las oleadas de inmigrantes que han invadido siempre sus costas. Pero el principio de igualdad, incluso en su forma norteamericana, no es omnipotente; no puede igualar las características físicas, naturales. Este límite se alcanza sólo cuando las desigualdades de condición económica y educativa han sido laminadas, pero en esa coyuntura surge invariablemente un peligro, bien conocido por los estudiantes de historia: cuanto más iguales han llegado a ser los individuos en todos los aspectos y cuanto más penetra la igualdad todo el tejido social, tanto más se acusan las diferencias, tanto más destacan aquellos que son, por naturaleza, visiblemente diferentes de los demás.

Es perfectamente posible, por consiguiente, que el logro de la igualdad social, económica y educativa para los negros sirva para agudizar el problema del color en este país en lugar de atenuarlo. Esto, desde luego, no tiene por qué ocurrir, pero sería muy natural que así fuera y muy sorprendente que no. Todavía no hemos llegado al punto crítico, pero lo alcanzaremos en un futuro previsible, y se han producido ya una serie de acontecimientos que apuntan claramente en esa dirección. La conciencia de futuros problemas no le obliga a uno a abogar por invertir la tendencia que, durante más de quince años, ha empujado felizmente a favor de los negros. Pero sí le obliga a abogar por que la intervención gubernamental se guíe por la cautela y la moderación más que por la impaciencia y por medidas mal pensadas. A partir de la decisión del Tribunal Supremo de imponer la no segregación en las escuelas públicas, la situación general del Sur se ha deteriorado. Y aunque los acontecimientos recientes indican que no será posible evitar la imposición federal de los derechos civiles de los negros en todo el Sur, las condiciones exigen que dicha intervención se limite a los pocos casos en que la ley del país y los principios republicanos estén en juego. La cuestión, por consiguiente, es si tal es el caso en general y en la enseñanza pública en particular.

El programa gubernamental sobre derechos civiles comprende dos puntos completamente diferentes. Reafirma los derechos civiles de la población negra, cosa que se da por supuesta en el Norte, pero de ningún modo en el Sur. Y aborda también la cuestión de la segregación, que es algo que se da, de hecho, en todo el país y que afecta a la legislación solamente en los Estados del Sur. La actual resistencia masiva en todo el Sur es resultado de la imposición de la no segregación y no de la imposición legal del derecho de los negros a votar. Los resultados de una encuesta de opinión en Virginia, que muestran que el 92% de los ciudadanos se oponen por completo a la integración escolar, que el 65% están dispuestos a renunciar a la enseñanza pública en esas condiciones y que el 79% rechazan toda obligación de aceptar la decisión del Tribunal Supremo como vinculante, dan idea de la gravedad de la situación. Lo que asusta aquí no es el 92% opuesto a la integración, pues la línea divisoria en el Sur no ha pasado nunca entre quienes eran favorables y quienes se oponían a la segregación —en la práctica, semejantes oponentes no existían—, sino la proporción de personas que prefieren la ley de la calle a la ciudadanía respetuosa de la ley. Los llamados liberales y moderados del Sur son simplemente quienes respetan la ley, y se han reducido a una minoría del 21%.

No hizo falta ninguna encuesta de opinión para revelar esta información. Los acontecimientos de Little Rock fueron suficientemente esclarecedores; y quienes pretendan culpar de los disturbios únicamente a la actuación extraordinariamente equivocada del gobernador Faubus podrán sentirse justificados escuchando el elocuente silencio de los dos senadores liberales de Arkansas. Lo más lamentable es que los ciudadanos respetuosos de la ley dejaron las calles en poder de la muchedumbre, que ni blancos ni negros se sintieron en el deber de ver cómo los niños negros llegaban sanos y salvos a la escuela. Es decir, aun antes de la llegada de las tropas federales, los sureños respetuosos de la ley habían decidido que la defensa de la ley frente a los alborotadores no era asunto de su incumbencia. En otras palabras, la llegada de las tropas hizo poco más que cambiar la resistencia pasiva en resistencia masiva.

Se ha dicho, creo que también por el señor Faulkner, que la integración forzosa no es mejor que la segregación forzosa, y eso es totalmente cierto. La única razón de que el Tribunal Supremo pudiera abordar siquiera el tema de la no segregación fue que la segregación había sido en el Sur un asunto legal, y no simplemente social, durante varias generaciones. En efecto, el elemento clave que hay que tener presente es que no es la costumbre social de la segregación la que no es constitucional, sino su *imposición legal*. Abolir dicha legislación reviste obviamente gran importancia y, en el caso de la parte del proyecto de ley sobre derechos civiles que se refiere al derecho de voto, ningún Estado del Sur se ha atrevido, de hecho, a ofrecer gran resistencia. En realidad, con respecto a la legislación inconstitucional, el proyecto de ley de derechos civiles no ha ido lo bastante lejos, pues ha dejado intacta la más vergonzosa de las leyes de los Estados sureños: la ley que considera delito el matrimonio mixto. El derecho a casarse con quien uno quiera es un derecho humano elemental comparado con el cual «el derecho a asistir a una escuela integrada, el derecho a sentarse donde uno quiera en un autobús, el derecho a entrar en un hotel, una zona de recreo o un lugar de diversión independientemente del color de la piel o de la raza» son minucias. Incluso los derechos políticos, como el derecho de voto y casi todos los demás derechos enumerados en la Constitución son secundarios frente a los derechos humanos inalienables a «la vida, la libertad y la búsqueda de la felicidad» proclamados en la Declaración de Independencia; y a esta categoría pertenece indudablemente el derecho al hogar y el matrimonio. Habría sido mucho más importante que hubiera atraído la atención del Tribunal Supremo el quebrantamiento de ese derecho; pero si el tribunal hubiera declarado inconstitucionales las leyes contra el matrimonio mixto, difícilmente se habría sentido obligado a promover, no digamos ya a imponer, los matrimonios mixtos.

No obstante, la parte más inquietante de todo el asunto fue la decisión de poner en marcha la integración, antes que en ningún otro sitio, en las escuelas públicas. Ciertamente, no hacía falta mucha imaginación para ver que eso suponía descargar sobre los niños, negros y blancos, la tarea de dar salida a un problema que los adultos se habían declarado incapaces durante siglos de resolver. Creo que a nadie le resultará fácil olvidar la fotografía reproducida en periódicos y revistas de todo el país en la que aparece una chica negra, de vuelta de la escuela en compañía de un amigo blanco de su padre, perseguida de muy cerca por una pequeña turba burlona y gesticulante de jóvenes. Evidentemente, se le estaba pidiendo a la chica que fuera una heroína, es decir, algo que ni su padre ausente ni los igualmente ausentes representantes del NAACP se sentían llamados a ser. Será duro para esos jóvenes blancos, o al menos para aquellos que hayan superado su brutalidad actual, soportar luego esa fotografía que exhibe sin contemplaciones su delito juvenil. La fotografía me pareció una fantástica caricatura de la educación progresista que, al abolir la autoridad de los adultos, niega implícitamente su responsabilidad por el mundo al que han traído a sus hijos y rehúye el deber de guiarles por él. ¿Acaso hemos llegado al punto en que se les pide a los hijos que cambien o mejoren el mundo? Y ¿pretendemos acaso que nuestras batallas políticas se libren en los patios de las escuelas?

La segregación es discriminación impuesta por la ley, y la no segregación no puede hacer más que abolir las leyes que imponen la discriminación; no puede abolir la discriminación e imponer la igualdad a la sociedad, pero puede, y de hecho debe, imponer la igualdad en el cuerpo político; su validez queda claramente restringida al ámbito político. Sólo en él somos todos iguales. En las condiciones modernas, esa igualdad tiene su materialización más importante en el derecho de voto, de conformidad con el cual el juicio y la opinión de los ciudadanos más encumbrados se ponen a la par con el juicio y la opinión de los escasamente instruidos. La elegibilidad, el derecho a ser elegido para un cargo público, es también un derecho inalienable de todo ciudadano; pero aquí la igualdad está ya restringida, y aunque la necesidad de distinción personal en unas elecciones se desprende de la igualdad numérica, son la distinción y las cualidades lo que cuenta en la obtención de votos, no la absoluta igualdad.

Sin embargo, al contrario de otras diferencias (por ejemplo, la especialidad profesional, la cualificación laboral o la distinción social e intelectual), las cualidades políticas necesarias para obtener un cargo están tan estrechamente conectadas con el ser un igual entre iguales que uno podría decir que, lejos de ser especialidades, son precisamente aquellas distinciones a las que todos los votantes aspiran por igual (no necesariamente como seres humanos, sino como ciudadanos y entes políticos). Así, las cualidades de los cargos públicos en una democracia dependen siempre de las cualidades del electorado. La elegibilidad, por consiguiente, es un corolario necesario del derecho de voto; significa que a cada uno se le da la oportunidad de distinguirse en aquellas cosas en las que de entrada todos son iguales. Estrictamente hablando, el sufragio y el derecho a ser elegido para un cargo son los únicos derechos políticos y, en una democracia moderna, constituyen la verdadera quintaesencia de la ciudadanía. A diferencia de todos los demás derechos, civiles o humanos, no se pueden otorgar a los residentes extranjeros.

Lo que la igualdad es para el cuerpo político —su principio más profundo— es la discriminación para la sociedad. La sociedad es ese curioso ámbito, híbrido en cierto modo de lo político y lo privado, donde, desde el comienzo de la Edad Moderna, la mayoría de los hombres ha pasado la mayor parte de su vida. Pues cada vez que abandonamos la protección de las cuatro paredes de nuestros hogares particulares y cruzamos el umbral para salir al mundo público, el primer ámbito en el que entramos no es el ámbito político de la igualdad, sino en la esfera social. Nos vemos empujados a entrar en esa esfera por la necesidad de aprender a vivir o atraídos por el deseo de seguir nuestra vocación o seducidos por el placer de la compañía, y una vez que hemos entrado en ella, quedamos sujetos al viejo adagio de «lo semejante atrae lo semejante», que controla todo el ámbito de la sociedad en la innumerable variedad de sus grupos y asociaciones. Lo que aquí importa no es la distinción personal, sino las diferencias en virtud de las cuales las personas pertenecen a determinados grupos cuya mera identificabilidad exige que se distingan de otros grupos del mismo entorno. En la sociedad norteamericana la gente se agrupa y, en consecuencia, se distinguen unos de otros según criterios de profesión, ingresos y origen étnico, mientras que en Europa las líneas divisorias pasan por el origen de clase, la educación y las maneras. Desde el punto de vista del ser humano, ninguna de esas prácticas discriminatorias tiene sentido; pero entonces es dudoso que el ser humano como tal aparezca siquiera en el ámbito social. En cualquier caso, si no hubiera ningún tipo de discriminación, la sociedad dejaría simplemente de existir y desaparecerían muchas e importantes posibilidades de libre asociación y de formación de grupos.

La sociedad de masas —que difumina las líneas de discriminación y nivela las diferencias de grupo— es un peligro para la sociedad como tal, más que para la integridad de la persona, pues la identidad personal tiene su fuente más allá del ámbito social. El conformismo, sin embargo, no es una característica únicamente de la sociedad de masas, sino de toda sociedad en la medida en que nadie es admitido en un determinado grupo social mientras no se amolde a los rasgos diferenciadores generales que mantienen el grupo unido. El peligro de conformismo en este país —un peligro casi tan viejo como la República— es que, debido a la extraordinaria heterogeneidad de su población, el conformismo social tiende a hacerse absoluto y sustituir a la homogeneidad nacional. En todo caso, la discriminación es un derecho social tan indispensable como lo es la igualdad entre los derechos políticos. La cuestión ahora no es abolir la discriminación, sino cómo mantenerla confinada en la esfera social, donde es legítima, e impedir que pase a la esfera política y a la personal, donde es destructiva.

A fin de aclarar esta distinción entre lo político y lo social, daré dos ejemplos de discriminación, uno totalmente justificado, en mi opinión, y fuera del ámbito de la intervención gubernamental; el otro, escandalosamente injustificado y positivamente nocivo para el ámbito político.

Es del dominio público que los centros de vacaciones de este país están frecuentemente «restringidos» en función del origen étnico. Hay muchas personas que se oponen a esta práctica; ello, no obstante, se trata simplemente de una ampliación del derecho de libre asociación. Si como judía que soy deseo pasar mis vacaciones exclusivamente en compañía de judíos, no veo cómo puede nadie razonablemente impedirme hacerlo; igual que no veo razón alguna por la que otros centros no deban atender a una clientela que quiera no tener que ver a judíos mientras está de vacaciones. No puede existir el «derecho de ir a cualquier hotel, lugar de recreo o diversión», puesto que muchos de ellos están en el reino de lo puramente social donde el derecho de libre asociación y, por consiguiente, de discriminación tiene mayor validez que el principio de igualdad. (Esto no es válido para teatros y museos, en que la gente, obviamente, no se congrega con el propósito de asociarse entre sí.) Que el «derecho» a entrar en lugares públicos esté tácitamente garantizado en la mayoría de los países y que únicamente se ha convertido en objeto de encendido debate en la democracia norteamericana no se debe a una mayor tolerancia de los demás países, sino en parte a la homogeneidad de su población y en parte a su sistema de clases, que opera socialmente aun cuando sus fundamentos económicos hayan desaparecido. La homogeneidad y la clase, actuando conjuntamente, aseguran una «similitud» de clientela en cada lugar determinado que ni siquiera la restricción y la discriminación pueden lograr en Estados Unidos.

La cosa cambia, sin embargo, cuando se trata del «derecho a sentarse donde a uno le plazca en un autobús», en un vagón o en una estación de ferrocarril, así como del derecho a entrar en hoteles y restaurantes en barrios de negocios: en resumen, cuando se trata de servicios que, tanto si son de propiedad privada como de propiedad pública, funcionan en la práctica como servicios públicos que todo el mundo necesita para realizar sus actividades económicas y llevar su vida. Aunque no se hallan estrictamente en el ámbito político, dichos servicios se encuentran claramente en el dominio público en el que todos los hombres son iguales; y la discriminación en los trenes y autobuses del Sur es tan escandalosa como la discriminación en hoteles y restaurantes de todo el país. Obviamente, la situación es mucho peor en el Sur porque la segregación en los servicios públicos está impuesta por ley y resulta claramente visible para todos. Es ciertamente lamentable que las primeras medidas para superar la situación de segregación en el Sur después de tantas décadas de completa indiferencia no empezaran por sus aspectos más inhumanos y visibles.

El tercer ámbito —el de la vida privada— no se rige ni por la igualdad ni por la discriminación, sino por la exclusividad. En él elegimos a aquellos con quienes deseamos pasar nuestra vida, amigos personales y personas que amamos; y nuestra elección no se guía por la semejanza ni por las cualidades compartidas por un grupo de personas —de hecho, no se guía por ninguna norma ni regla objetiva—, sino que concierne, de manera inexplicable e infalible, a una persona en su unicidad, su desemejanza con todas las demás personas que conocemos. Las reglas de la unicidad y la exclusividad están, y siempre estarán, en conflicto con las normas de la sociedad precisamente porque la discriminación social viola el principio de la vida privada y carece de validez para el comportamiento privado. Así, todo matrimonio mixto constituye un desafío a la sociedad y significa que los contrayentes han preferido la felicidad personal al ajuste social hasta el punto de estar dispuestos a sobrellevar la carga de la discriminación. Ello es y debe seguir siendo de su exclusiva incumbencia. El escándalo empieza sólo cuando su desafío a la sociedad y a las costumbres dominantes, al que todo ciudadano tiene derecho, se interpreta como un delito, de modo que al salirse del ámbito social se encuentran también en conflicto con la ley. Las normas sociales no son normas legales, y si la legislación secunda los prejuicios sociales quiere decir que la sociedad se ha vuelto tiránica.

Por razones demasiado complicadas como para examinarlas aquí, el poder de la sociedad en nuestra época es mayor que en ninguna época anterior, y queda muy poca gente que conozca las reglas de la vida privada y la viva como tal. Pero esto no brinda ninguna excusa al cuerpo político para que olvide las reglas de la privacidad, para que no comprenda que el derecho a la privacidad es groseramente quebrantado en el momento en que la legislación empieza a imponer la discriminación social. Así como el gobierno no tiene ningún derecho a interferir en los prejuicios y las prácticas discriminatorias de la sociedad, no sólo tiene el derecho, sino la obligación, de asegurar que dichas prácticas no se impongan legalmente.

Exactamente igual que el gobierno ha de garantizar que la discriminación no atente nunca contra la igualdad política, debe también salvaguardar los derechos de toda persona a hacer lo que quiera entre las cuatro paredes de su casa. En el momento mismo en que la discriminación social se impone legalmente, se convierte en persecución, delito del que han sido culpables muchos Estados del Sur. En el momento mismo en que la discriminación social queda legalmente abolida, se atenta contra la libertad de la sociedad, y existe el peligro de que una gestión poco meditada de la cuestión de los derechos civiles por el gobierno federal desemboque en semejante atentado. El gobierno no puede, legítimamente, tomar medidas contra la discriminación social porque el gobierno sólo puede actuar en nombre de la igualdad, principio que no rige en la esfera social. La única fuerza pública que puede combatir los prejuicios sociales son las Iglesias, y lo pueden hacer en nombre de la unicidad de la persona, porque la religión (y especialmente la fe cristiana) se basa en el principio de la unicidad de cada alma. Los templos son, en realidad, el único lugar común y público en que las apariencias no cuentan, y si la discriminación penetra en los lugares de culto, eso es una señal infalible de su fracaso religioso. Desde ese momento dejan de ser instituciones religiosas para convertirse en instituciones sociales.

Otra cuestión que aparece en el actual conflicto entre Washington y el Sur es el tema de los derechos de los Estados. Durante algún tiempo ha sido costumbre entre los liberales sostener que esa cuestión no existe en absoluto, sino que no es más que un subterfugio improvisado por los reaccionarios sureños, que no tienen en sus manos nada más que «abstrusos argumentos e historia constitucional». En mi opinión, se trata de un error peligroso. A diferencia del principio clásico de la nación-Estado europea de que el poder, al igual que la soberanía, es indivisible, la estructura de poder de este país descansa sobre el principio de división de poderes y en la convicción de que el cuerpo político en su conjunto queda reforzado por la división de poderes. Por supuesto, dicho principio queda plasmado en el sistema de controles y equilibrios entre las tres ramas del Estado; pero no se halla menos incardinado en la estructura federal de gobierno, que exige que haya también un equilibrio y un control mutuo entre el poder federal y los poderes de los cuarenta y ocho Estados. Es verdad (y yo estoy convencida de ello) que, a diferencia de la fuerza, el poder genera más poder cuando está dividido, de donde se desprende que todo intento del gobierno federal de privar a los Estados de alguna parte de su soberanía legislativa sólo puede justificarse sobre la base de argumentos jurídicos e historia constitucional. Dichos argumentos no son abstrusos; se basan en un principio que ocupaba el máximo rango en la mente de los fundadores de la República.

Todo esto no tiene nada que ver con ser liberal o conservador, aun cuando puede ser que, allí donde está en juego la naturaleza del poder, el juicio liberal, con su larga y honorable historia de profunda desconfianza hacia el poder en todas sus formas, sea menos digno de confianza que en otros asuntos. Los liberales no logran entender que la naturaleza del poder es tal que el poder potencial de la Unión en su conjunto se resentirá si se socavan los cimientos regionales en los que dicho poder se apoya. El punto decisivo es que la fuerza puede, de hecho debe, estar centralizada para ser eficaz, pero el poder no puede ni debe serlo. Si las diversas fuentes de las que mana se secan, toda la estructura se vuelve impotente. Y los derechos de los Estados en este país se encuentran entre las más auténticas fuentes de poder, no sólo para la promoción de los intereses y la diversidad regional, sino para la República como un todo.

El problema que plantea la decisión de forzar el asunto de la no segregación en el terreno de la enseñanza pública antes que en ningún otro terreno dentro de la campaña a favor de los derechos de los negros ha sido que dicha decisión tocaba inconscientemente un terreno en el que están implicados todos y cada uno de los diferentes derechos y principios que hemos examinado. Es totalmente cierto, como muchos sureños han señalado repetidamente, que la Constitución no dice nada sobre la educación y que, tanto legal como tradicionalmente, la enseñanza pública cae en el ámbito de la legislación de cada Estado. El contraargumento de que hoy todas las escuelas públicas están financiadas por el gobierno federal es débil, pues la subvención tiene por objeto, en esos casos, compensar y complementar las contribuciones locales y no convierte las escuelas en instituciones federales, como los tribunales federales de distrito. Sería ciertamente un desatino que el gobierno federal —que actualmente debe acudir cada vez en ayuda de más y más empresas que antes eran exclusivamente responsabilidad de los Estados— utilizara su apoyo financiero como un medio de forzar a los Estados a acordar una posición que de otro modo serían reticentes o totalmente reacios a adoptar.

El mismo solapamiento de derechos e intereses salta a la vista cuando examinamos la cuestión de la educación a la luz de los tres ámbitos de la vida humana: el político, el social y el privado. Los hijos son ante todo parte de la familia y el hogar, y ello significa que son, o deberían ser, educados en aquella atmósfera de exclusividad idiosincrática que hace de un hogar un hogar, lo bastante fuerte y seguro como para proteger a sus jóvenes frente a las exigencias del ámbito social y las responsabilidades del político. El derecho de los padres a educar a sus hijos como consideren oportuno es un derecho de privacidad, correspondiente al hogar y la familia. Desde la implantación de la enseñanza obligatoria, este derecho ha venido siendo disputado y restringido, pero no abolido, por el derecho del cuerpo político a preparar a los niños para cumplir sus futuros deberes como ciudadanos. El legítimo interés del gobierno en este asunto es innegable, como lo es también el derecho de los padres. La posibilidad de la enseñanza privada no ofrece ninguna salida al dilema, pues hace depender la salvaguardia de ciertos derechos privados de la posición económica y, en consecuencia, perjudica a aquellos que se ven forzados a enviar a sus hijos a las escuelas públicas.

Los derechos de los padres sobre sus hijos están legalmente restringidos por la enseñanza obligatoria y nada más. El Estado tiene el derecho indiscutible a prescribir unos requisitos para acceder en el futuro a la ciudadanía y, más allá de eso, a promover y apoyar la enseñanza de materias y profesiones que se consideren deseables y necesarias para la nación en su conjunto. Todo esto, no obstante, afecta sólo al contenido de la educación del niño, no al contexto de asociación y vida social que invariablemente se deriva de su asistencia a la escuela; de lo contrario, habría que discutir el derecho de las escuelas privadas a existir. Para el niño, la escuela es el primer lugar fuera del hogar donde establece contacto con el mundo público que le rodea a él y a su familia. Este mundo público no es político, sino social, y la escuela es para el niño lo que un empleo es para un adulto. La única diferencia es que el elemento de libre elección, que en una sociedad libre existe, al menos en principio, en la elección de empleos y en las asociaciones con ellos relacionadas, no está al alcance del niño, sino de sus padres.

Forzar a los padres a enviar a sus hijos a una escuela integrada contra su voluntad equivale a privarles de derechos que claramente les corresponden en todas las sociedades libres: el derecho sobre sus hijos y el derecho social de libre asociación. Por lo que se refiere a los niños, la integración forzosa entraña un grave conflicto entre el hogar y la escuela, entre su vida privada y su vida social, y aunque dichos conflictos son comunes en la vida adulta, no se puede esperar que los niños sepan manejarlos y, por tanto, no hay que exponerlos a ellos. Se ha señalado con frecuencia que el hombre no es nunca tan conformista —es decir, un ser puramente social— como en la infancia. La razón es que todo niño busca instintivamente autoridades que lo guíen por el mundo en el que él todavía es un extraño, en el que no puede orientarse por su propio juicio. En la medida en que los padres y los maestros le fallen como autoridades, el niño se adaptará con más fuerza a su propio grupo y, en determinadas circunstancias, el grupo de sus compañeros se convertirá en su autoridad suprema. El resultado no puede ser sino un aumento del dominio de las bandas, como la fotografía de la prensa a la que me refería antes demuestra de manera tan elocuente. El conflicto entre un hogar segregado y una escuela no segregada, entre los prejuicios familiares y las exigencias de la escuela, elimina de un plumazo la autoridad tanto de los maestros como de los padres, reemplazándola por el dominio de la opinión pública entre niños que no tienen ni la capacidad ni el derecho de crear una opinión pública por sí mismos.

Dado que los múltiples factores que intervienen en la educación pública pueden ponerse rápidamente en acción los unos contra los otros, la intervención del gobierno, aun en el mejor de los casos, será siempre objeto de controversia. Por eso parece altamente discutible si fue sensato empezar a imponer los derechos civiles en un ámbito donde no está en juego ningún derecho humano ni ningún derecho político básico y donde otros derechos —sociales y privados— cuya protección no es menos vital puede fácilmente verse menoscabada.

1959

EL VICARIO: ¿SILENCIO CULPABLE?

La obra teatral de Rolf Hochhuth *El Vicario* ha sido calificada de «la obra literaria más controvertida de esta generación» y, a la vista de la controversia que ha suscitado en Europa y está a punto de suscitar en este país, ese superlativo parece justificado. La obra trata de la presunta omisión de Pío XII de hacer una declaración pública inequívoca sobre la matanza de judíos europeos durante la Segunda Guerra Mundial, y afecta por implicación a la política del Vaticano en relación con el Tercer Reich.

Los hechos mismos no se discuten. Nadie ha negado que el Papa disponía de toda la información pertinente relativa a la deportación y el «reasentamiento» de judíos. Nadie ha negado que el Papa no se dignó siquiera alzar su voz en protesta cuando, durante la ocupación alemana de Roma, los judíos, incluidos judíos católicos (es decir, judíos convertidos al catolicismo), fueron concentrados bajo las ventanas mismas del Vaticano para ser incluidos en la Solución Final. Así, la obra de Hochhuth podría haberse calificado tanto de la obra literaria más inspirada en hechos reales de esta generación como «la más controvertida». La obra es casi un reportaje, perfectamente documentada en todos sus extremos, con acontecimientos y personajes reales, todo ello reforzado por 65 páginas de «datos complementarios» escritas por Hochhuth en las que se anticipan casi todos los argumentos que se han esgrimido contra la obra. El propio autor parece al menos tan interesado en la verdad literal de los hechos como en la calidad literaria, pues dice casi en tono exculpatorio en sus «datos complementarios» que, por razones artísticas, tenía que «proponer una opinión acerca de Pío XII mejor de lo que permiten justificar los datos históricos y mejor de la que yo tengo personalmente». Con esta frase, no obstante, toca uno de los puntos realmente controvertidos —es decir, discutibles— de cuantos están en juego: ¿es verdad, como claramente piensa Hochhuth, que el Vaticano no habría permanecido callado «si hubiera habido un Papa mejor»?

Ha habido unos cuantos casos en que la Iglesia ha tratado de eludir los graves asuntos en cuestión bien imputando a la obra una tesis que ésta no contiene —en ningún sitio afirma Hochhuth que «el papa

Pío XII fue responsable de Auschwitz» ni que él fuera el «archiculpable» de ese período— bien refiriéndose a la ayuda prestada a los judíos por la jerarquía local en algunos países. El hecho de que las jerarquías locales obraran así, especialmente en Francia y en Italia, nunca se ha discutido. En qué medida el Papa inspirara o incluso apoyara dichas actividades es algo que no se sabe, pues el Vaticano no abre sus archivos correspondiente a la historia contemporánea. Pero puede suponerse que la mayor parte de lo bueno, así como de lo malo, que se hizo debe atribuirse a la iniciativa local y a menudo, sospecho, puramente individual. «Durante la deportación de judíos católicos de Holanda —informa Hochhuth—, una docena de miembros de diversas órdenes religiosas fueron entregados por casas religiosas holandesas.» Pero ¿quién se atrevería a culpar a Roma por eso? Y puesto que otra pregunta que plantea Hochhuth —«¿Cómo pudo la Gestapo haber descubierto que esta monja [Edith Stein, una conversa alemana y famosa escritora de obras filosóficas] tenía sangre judía?»— no ha recibido nunca respuesta, ¿quién culpará a Roma de eso? Pero por la misma regla de tres, la Iglesia como institución difícilmente puede anotar en su haber las pocas grandes demostraciones de verdadera caridad cristiana: la distribución de documentación falsa a miles de judíos del sur de Francia a fin de facilitarles la emigración; el intento del arcediano de la catedral de Santa Eduvigis de Berlín, Bernhard Lichtenberg, de acompañar a los judíos al Este; el martirio del padre Maximilian Kolbe, un cura polaco de Auschwitz, por citar sólo algunos de los ejemplos más conocidos.

Lo que la Iglesia como institución y el Papa como su soberano pueden anotar en su haber es la labor sistemática de información realizada por los nuncios en toda la Europa ocupada por los nazis para alertar al menos a los jefes de gobierno de los países católicos —Francia, Hungría, Eslovaquia, Rumanía— del verdadero y criminal significado de la palabra «reasentamiento». Esto tuvo importancia porque la autoridad moral y espiritual del Papa salía fiadora de la verdad de lo que, de otro modo, habría sido fácilmente ignorado como propaganda enemiga, especialmente en países que veían bien aquella oportunidad de «resolver la cuestión judía», aunque no al precio del asesinato en masa. No obstante, el uso exclusivo de los canales diplomáticos por el Vaticano significaba también que el Papa no consideraba adecuado hablarle al pueblo —por ejemplo, a los gendarmes húngaros, todos ellos buenos católicos que se afanaban en cazar judíos para el Eichmann Kommando de Budapest— y, por implicación, parecía disuadir a los obispos (si es que necesitaban ser disuadidos) de hablar a su grey. Lo que se ha hecho patente —primero a las víctimas y a los supervivientes, luego a Hochhuth y finalmente, a través de él, a muchos otros— como una vergonzosa insuficiencia ha sido la aterradora ecuanimidad que el Vaticano y sus nuncios consideraron obviamente sensato aparentar, la rígida adhesión a una normalidad que ya no existía, visto el derrumbamiento de toda la estructura moral y espiritual de Europa. Al final del cuarto acto de *El Vicario*, Hochhuth utiliza una cita de una declaración pública del papa Pío, cambiando sólo una palabra: donde Pío había dicho «polacos», Hochhuth pone «judíos». El texto dice así: «Al igual que las flores del campo esperan bajo el manto de la nieve las cálidas brisas de la primavera, así los judíos deben esperar orando y confiando que llegue la hora del consuelo celestial». Es un ejemplo de primera mano no sólo de lo que Hochhuth ha llamado «florida elocuencia de Pacelli», sino de algo más corriente: una desastrosa falta de sentido de la realidad.

Con todo, lo que el Vaticano hizo durante los años de guerra, cuando el Papa era el único hombre en Europa libre de cualquier estigma de propaganda, fue bastante más que nada, y habría sido bastante si no fuera por el hecho incómodo de que el hombre que ocupa la cátedra de San Pedro no es ningún gobernante ordinario, sino «el Vicario de Cristo». Visto como un gobernante secular, el Papa hizo lo que la mayoría de los gobernantes seculares, aunque no todos, hicieron en aquellas circunstancias. Vista como una institución entre las instituciones, la inclinación de la Iglesia a «acomodarse a cualquier régimen que afirme su disposición a respetar la propiedad y las prerrogativas de la Iglesia» (cosa que la Alemania nazi, pero no la Rusia soviética, al menos pretendió que hacía) se ha convertido prácticamente, de manera comprensible, en «una perogrullada indiscutible dentro de la filosofía política católica», como ha dicho Gordon Zahn, distinguido sociólogo católico. Pero el insignificante poder secular del Papa —como gobernante de los menos de mil habitantes de Ciudad del Vaticano— depende «de la soberanía espiritual de la Santa Sede», que es ciertamente sui géneris y ejerce una enorme, aunque imponderable, «autoridad espiritual sobre el mundo». El asunto queda sucintamente resumido en la observación de Stalin: «¿Cuántas divisiones tiene el Papa?», y en la respuesta de Churchill: «Un número de legiones no siempre visibles en un desfile». La acusación lanzada por Hochhuth contra Roma es que el Papa no movilizó esas legiones (unos 400 millones en todo el planeta).

La respuesta de la Iglesia hasta ahora se ha dividido en tres partes. Primero tenemos las palabras del cardenal Montini antes de que se convirtiera en el papa Pablo VI: «Una actitud de protesta y condena [...] habría sido no sólo fútil, sino también perjudicial, ni más ni menos». (Esto parece bastante discutible, pues más del 40% de la población del Reich era católica al estallar la guerra y casi todos los países ocupados por los nazis, así como los aliados de Alemania, tenían mayorías católicas.) Segundo, un argumento mucho menos tajante, pero que, de hecho, convalida el primero: esas legiones no podían movilizarse desde Roma. (Este argumento tiene más fuerza. La creencia de que la «Iglesia católica [en comparación con la protestante] tiene la mayor parte de culpa, pues era una potencia supranacional organizada y en condiciones de hacer algo», como ha sostenido Albert Schweitzer en su prefacio a la edición de la obra por Grove Press, puede que haya sobreestimado el poder del Papa y subestimado en qué medida depende de las jerarquías nacionales y éstas, los obispados, de sus fieles. Y difícilmente puede negarse que un pronunciamiento *ex cathedra* del Papa en medio de la guerra podría haber provocado un cisma.)

El tercer argumento avanzado por la Iglesia descansa en la necesidad de la Iglesia de permanecer neutral en caso de guerra, aun cuando esa neutralidad —el hecho de que en las guerras modernas los obispos siempre bendicen a los ejércitos de ambos bandos— implica que la vieja distinción católica entre la guerra justa y la injusta se ha vuelto prácticamente inaplicable. (Obviamente, ése era el precio que la Iglesia había de pagar por la separación entre la Iglesia y el Estado y la consiguiente coexistencia, por lo general pacífica y sin sobresaltos, de una soberanía espiritual internacional, que obliga a la jerarquía local únicamente en asuntos eclesiásticos, con la autoridad secular nacional del Estado.)

Aun cuando el Papa hubiera visto en las guerras de Hitler «el clásico ejemplo de guerra injusta», como Zahn las ha caracterizado, lo que evidentemente no fue el caso, pues según uno de sus secretarios, el padre Robert Leiber, «siempre había considerado el bolchevismo ruso más peligroso que el nacionalsocialismo alemán» (cita tomada del documentado artículo de Guenther Lewy «Pius XII, the Jews, and the German Catholic Church», en *Commentary*), es casi seguro que no habría intervenido.[1] La clave del asunto está más bien en que, a pesar de su convicción de «que el destino de Europa dependía de una victoria alemana en el frente oriental» (Lewy), y aunque destacadas figuras de la jerarquía alemana e italiana trataron de persuadirle de «declarar [la guerra contra Rusia] una guerra santa o cruzada», el Papa guardó públicamente lo que otro historiador, Robert A. Graham, S. J., ha llamado un «significativo silencio». Y ese silencio es tanto más significativo cuanto que el Papa había roto su neutralidad dos veces: primero, con ocasión del ataque de Rusia a Finlandia y, poco después, cuando Alemania violó la neutralidad de Holanda, Bélgica y Luxemburgo.

Independientemente de cómo trate uno de conciliar estas aparentes contradicciones, pocas dudas puede haber de que una razón por la que el Vaticano no protestó contra las matanzas cometidas en el Este, que al fin y al cabo no sólo afectaron a judíos y gitanos, sino también a polacos, sacerdotes incluidos, fue la errónea idea de que esas matanzas formaban naturalmente parte de la guerra. El mismo hecho de que los juicios de Nuremberg consideraran también esas atrocidades, que no tenían la más mínima conexión con las operaciones militares, como «crímenes de guerra» muestra hasta qué punto pudo parecer plausible este argumento durante la guerra. Pese a toda la literatura sobre la naturaleza criminal del totalitarismo, es como si el mundo hubiera necesitado casi dos décadas para darse cuenta de lo que realmente había ocurrido en esos pocos años y de qué desastrosa manera la mayoría de los hombres que ocupaban cargos públicos fueron incapaces de comprenderlo aun cuando estaban en posesión de todos los datos objetivos.

Sin embargo, aunque tengamos todo eso en cuenta, no es posible dejar aquí el asunto. La obra de Hochhuth trata la actitud de Roma durante las matanzas, sin duda el momento más dramático de todos; sólo marginalmente trata de las relaciones entre el catolicismo alemán y el Tercer Reich en los años precedentes y del papel desempeñado por el Vaticano bajo el predecesor de Pacelli, el papa Pío XI. Hasta cierto punto, la cuestión de la culpabilidad del «cristianismo oficial en Alemania» ha quedado zanjada, especialmente su parte católica. Destacados estudiosos católicos —Gordon Zahn, ya mencionado, en la Universidad Loyola de este país, el eminente historiador Friedrich Heer en Austria, el grupo de escritores y publicistas en torno a los Frankfurter Hefte en Alemania y, para la primera época del régimen de Hitler, Waldemar Gurian, profesor de la Universidad Notre Dame, ya fallecido— han realizado un trabajo notablemente exhaustivo, plenamente conscientes, por supuesto, de que el protestantismo alemán difícilmente saldría mejor librado, posiblemente peor, si se estudiara con el mismo admirable espíritu de respeto por la verdad.

Heer observa que es del dominio público que los católicos que trataron de resistir a Hitler «no podían contar con las simpatías de sus dirigentes eclesiásticos, ni en la cárcel ni en el patíbulo». Y Zahn cuenta la increíble historia de dos hombres que, habiendo rehusado servir en la guerra debido a su fe cristiana, vieron cómo los capellanes de la cárcel les negaron los sacramentos hasta inmediatamente antes de ser ejecutados. (Se les acusó de «desobediencia» a sus jefes espirituales, bajo la sospecha, podemos suponer, de que buscaban el martirio y del pecado de perfeccionismo.)

Todo esto demuestra nada más y nada menos que los católicos no se comportaron de manera diferente del resto de la población. Y esto había resultado evidente desde el comienzo mismo del nuevo régimen. El episcopado alemán había condenado el racismo, el neopaganismo y el resto de la ideología nazi en 1930 (una de las autoridades diocesanas llegó al extremo de prohibir a los «católicos afiliarse al partido de Hitler so pena de verse excluidos de los sacramentos»), para retirar prestamente todas las prohibiciones y advertencias en marzo de 1933; es decir, en el momento mismo en que todas las organizaciones públicas (con la excepción, por supuesto, del Partido Comunista y sus organizaciones afines) quedaron «coordinadas». Obviamente, esto ocurrió después de las elecciones del 5 de marzo, cuando, como señaló en 1936 Waldemar Gurian en su *Hitler and the Christians*, quedó «claro, especialmente en Baviera, que incluso los católicos habían sucumbido arrastrados por el torbellino nacionalsocialista». Lo único que quedó de las anteriores condenas solemnes fue una advertencia no demasiado perentoria contra «una preocupación *exclusiva* por la raza y la sangre» (cursiva mía), que aparecía en una de las pastorales firmadas por todos los obispos y proclamada en Fulda. Y cuando poco después se requirió la ayuda de las Iglesias para registrar a todas las personas de ascendencia judía, «la Iglesia cooperó como si tal cosa», y continuó haciéndolo así hasta el amargo final, informaba Guenther Lewy en *Commentary*. De modo que los pastores alemanes siguieron a su grey, no la guiaron. Y si es verdad que «el comportamiento de los obispos franceses, belgas y holandeses» en los años de guerra «está en acusado contraste con el comportamiento» de sus hermanos alemanes, una se siente tentada de concluir que ello fue debido, al menos en parte, al diferente comportamiento del pueblo francés, belga y holandés.

A pesar de ello, lo que puede ser verdad con respecto a la jerarquía nacional ciertamente no es verdad con respecto a Roma. La Santa Sede tenía su propia política en relación con el Tercer Reich, y hasta el estallido de la guerra esa política fue incluso algo más amistosa que la del episcopado alemán. Así, Waldemar Gurian observó que, antes de la toma del poder por los nazis, cuando los obispos alemanes condenaron en 1930 al partido nacionalsocialista, el diario del Vaticano, *L'Osservatore Romano*, «señaló que la condena de su programa religioso y cultural no implicaba necesariamente la negativa a cooperar políticamente», mientras, por otro lado, ni la protesta de los obispos holandeses contra la deportación de judíos ni la condena de la eutanasia por Galen contaron nunca con el respaldo de Roma. El Vaticano, como se recordará, firmó un concordato con el régimen de Hitler en el verano de 1933, y Pío XI, que ya antes había elogiado a Hitler «como el primer estadista que se había unido a él en una condena abierta del bolchevismo», se convirtió así, en palabras de los obispos alemanes, en «el primer soberano extranjero que le dio [a Hitler] el apretón de manos de la confianza». El concordato no fue nunca rescindido, ni por Pío XI ni por su sucesor.

Más aún, la excomunión de Action Française, un grupo francés de extrema derecha cuyas enseñanzas sobre un *catholicisme cérébral* habían sido condenadas en 1926 como herejía, fue retirada por Pío XII en julio de 1939 (es decir, en un momento en que el grupo ya no era meramente reaccionario, sino declaradamente fascista). Por último, ninguna prudencia ni consideración por la difícil posición de las jerarquías locales nacionales prevaleció cuando, en junio de 1949, el Santo Oficio excomulgó a todas las personas «que fueran miembros del Partido Comunista o promovieran sus fines», incluidas aquellas personas que leyeran libros y revistas comunistas o escribieran para ellos, y renovó dicho decreto en abril de 1959. (Que el socialismo es incompatible con las doctrinas de la Iglesia había sido declarado antes, en 1931, en la encíclica *Quadragesimo anno* de Pío XI. Las encíclicas, por cierto, no son lo mismo que los pronunciamientos *ex cathedra*, únicas ocasiones en que el Papa asegura ser «infalible». Pero difícilmente puede haber dudas sobre el carácter vinculante de su autoridad para la mayoría de los creyentes.) Y aún mucho después de la guerra, cuando leemos en la Enciclopedia Católica oficial de Alemania (Herder) que el comunismo «es el mayor y más cruel perseguidor de las Iglesias cristianas desde el Imperio Romano», el nazismo ni siquiera se menciona. El régimen nazi había empezado a infringir las disposiciones del concordato antes de que se secara la tinta sobre el mismo, pero durante todo el tiempo que estuvo en vigor sólo se registró una protesta enérgica contra el Tercer Reich: la encíclica de Pío XI *Mit brennender Sorge* («Con candente preocupación»), de 1937. En ella se condenaba el «paganismo» y se prevenía contra el intento de elevar los valores raciales y nacionales a prioridad absoluta, pero las palabras «judío» o «antisemitismo» no aparecen y todo se centra en la campaña difamatoria del Partido Nazi contra los católicos y especialmente contra sus clérigos. Ni el racismo en general ni el antisemitismo en particular han sido nunca absolutamente condenados por la Iglesia. Tenemos sólo la extraña y conmovedora historia de la monja judeo-alemana Edith Stein, ya mencionada, quien en 1938, todavía a salvo en su convento de Alemania, escribió una carta a Pío XII pidiéndole que publicara una encíclica sobre los judíos. Que no tuviera éxito no es sorprendente, pero ¿es natural también que nunca recibiera respuesta?

Por consiguiente, el registro de las políticas vaticanas entre 1933 y 1945 está razonablemente claro. Sólo sus motivos se prestan a debate. Es evidente que ese registro estaba determinado por el temor al comunismo y a la Rusia soviética, aunque sin la ayuda de Hitler difícilmente habría estado ésta en condiciones o incluso en disposición de ocupar la mitad de Europa. Este error de juicio es comprensible y estaba muy extendido, y lo mismo puede decirse de la incapacidad de la Iglesia para juzgar correctamente el mal total que representaba la Alemania de Hitler. Lo peor que uno puede decir —y se ha dicho con frecuencia— es que la culpa del silencio del Papa acerca de las matanzas de judíos corresponde al «antisemitismo medieval» católico. Hochhuth toca el asunto de pasada, pero lo deja acertadamente fuera de su obra porque «quería atenerme sólo a hechos comprobables».

Aun si se pudiera probar que el Vaticano aprobaba una cierta dosis de antisemitismo entre los fieles —y ese antisemitismo, allá donde existía, estaba bastante al día, aunque no era racista: veía en los modernos judíos asimilados un «elemento de descomposición» de la cultura occidental—, habría resultado ajeno a nuestro tema. En efecto, el antisemitismo católico tenía dos limitaciones que no podía transgredir sin entrar en contradicción con el dogma católico y la eficacia de los sacramentos: no podía estar de acuerdo con el gaseamiento de los judíos como tampoco podía estarlo con el de los enfermos mentales, y no podía extender sus sentimientos antisemitas a aquellos que estaban bautizados. ¿Podían también esos asuntos dejarse a la decisión de las jerarquías nacionales? ¿No eran asuntos del más alto nivel eclesiástico, sujetos a la autoridad del jefe de la Iglesia?

En efecto, al principio se entendió que era así. Cuando se llegaron a conocer las intenciones del gobierno nazi de promulgar leyes raciales que prohibirían los matrimonios mixtos, la Iglesia advirtió a las autoridades alemanas que no podría acatarlas y trató de persuadir al gobierno de que dichas leyes irían contra las disposiciones del concordato. No obstante, esto último era difícil de probar. El concordato estipulaba «el derecho de la Iglesia católica a arreglar sus propios asuntos de manera independiente *dentro de los límites de leyes universalmente vinculantes*» (cursiva nuestra), y esto significaba, por descontado, que una ceremonia civil debía ir seguida de la recepción del sacramento del matrimonio en la Iglesia. Las leyes de Núremberg colocaban al clero alemán en la situación insostenible de tener que negar los sacramentos a personas de fe católica que según el derecho canónico estaban facultadas para recibirlos. ¿No era éste un asunto que caía bajo la jurisdicción del Vaticano? En cualquier caso, cuando la jerarquía alemana decidió atenerse a esas leyes, que implícitamente negaban que un judío bautizado fuera cristiano y perteneciera a la Iglesia como cualquier otro bautizado, con los mismos derechos y deberes, algo muy grave había ocurrido.

A partir de entonces, la segregación de los católicos de ascendencia judía dentro de la Iglesia alemana se convirtió en algo rutinario. Y en 1941, cuando empezaron las deportaciones de los judíos de Alemania, los obispos de Colonia y Paderborn pudieron, de hecho, recomendar «que sacerdotes y monjas no arios o semiarios se prestaran como voluntarios para acompañar a los deportados» al Este (Guenther Lewy en *Commentary*): es decir, que los acompañantes fueran aquellos miembros de la Iglesia que de todos modos estaban sujetos a deportación. No puedo dejar de pensar que si hubo un grupo de personas durante los años de la Solución Final más abandonadas por todo el género humano que los judíos que viajaban hacia la muerte, deben de haber sido aquellos católicos «no arios» que habían dejado el judaísmo y que ahora eran seleccionados, como un grupo aparte, por los más altos dignatarios de la Iglesia. No sabemos qué es lo que pensaban camino de las cámaras de gas —¿no hay supervivientes entre ellos?—, pero es difícil negar la observación de Hochhuth de que fueron «abandonados por todo el mundo, abandonados incluso por el Vicario de Cristo. Así era en Europa de 1941 a 1944».

Efectivamente, «así era», y contra la «verdad histórica [...] en todo su horror» de Hochhuth, las protestas de que la pasividad era la mejor política porque era el mal menor, o que la revelación de la verdad llega «en el peor momento psicológico» no son en ningún caso de recibo. Por descontado, nadie puede decir qué habría ocurrido realmente si el Papa hubiera hecho una protesta pública. Pero, dejando a un lado todas las consideraciones prácticas inmediatas, ¿no vio nadie en Roma algo que tantos, dentro y fuera de la Iglesia, veían entonces, a saber, que —en palabras de Reinhold Schneider, el escritor católico alemán, ya fallecido— una protesta contra Hitler «habría encumbrado a la Iglesia a una posición que no ha ocupado desde la Edad Media»?

Rolf Hochhuth ha tenido la suerte de que una parte considerable de los católicos ilustrados y de la opinión pública se haya puesto de su lado. El profesor Gordon Zahn ha elogiado el «impresionante rigor histórico» de la obra. Y Friedrich Heer, en Austria, ha dicho todo lo que hace falta decir acerca de la verdad, que por desgracia siempre llega en el «peor momento psicológico» y que, en el período del que hablamos, habría llegado también en el peor momento físico: «Sólo la verdad nos hará libres. La verdad entera, que siempre es terrible».

1964

AUSCHWITZ A JUICIO

I

De unos dos mil hombres de las SS destinados en Auschwitz entre 1940 y 1945 (muchos de los cuales deben de estar todavía vivos), se ha seleccionado «un puñado de casos intolerables» y se los ha procesado por asesinato, el único delito no amparado por el estatuto de limitación en diciembre de 1963, cuando dio comienzo el juicio de Frankfurt. La investigación en el complejo de Auschwitz ha durado muchos años —se han recogido documentos («no muy informativos», según el tribunal) y se ha interrogado a 1.300 testigos— y otros juicios sobre Auschwitz debían seguir a éste. (Hasta ahora sólo ha tenido lugar uno. El segundo juicio dio comienzo en diciembre de 1965; uno de los acusados, Gerhard Neubert, había estado entre los inicialmente acusados en el primer juicio. En contraste con éste, el segundo recibió tan escasa difusión por la prensa que hizo falta algo de «investigación» para averiguar si realmente se había celebrado.) En palabras de los fiscales de Frankfurt: «*La mayoría del pueblo alemán no quiere celebrar ya más juicios contra los criminales nazis*».

La puesta en evidencia durante veinte meses de las actuaciones monstruosas y el comportamiento grotescamente recalcitrante y agresivo de los acusados, que en más de una ocasión casi lograron convertir el juicio en una farsa, no tuvo impacto alguno en este clima de la opinión pública, a pesar de que el proceso contó con una buena difusión en los diarios y las emisoras de radio alemanas. (El agudo reportaje de Bernd Naumann, aparecido originalmente en la *Frankfurter Allgemeine Zeitung*, fue el más detallado.) Todo esto salió a la luz durante los acalorados debates de los primeros meses de 1965 —en medio de los procesos de Auschwitz— sobre la propuesta de ampliación del estatuto de limitación para los criminales nazis, cuando incluso el ministro de Justicia de Bonn, el señor Bucher, rogó que a los «asesinos que hay entre nosotros» se les dejara en paz. Pero esos «casos intolerables» expuestos en los «procesos contra Mulka y otros» —denominación oficial de los juicios de Auschwitz— no eran asesinos de despacho. Ni tampoco —con algunas excepciones— eran siquiera «criminales del régimen» que ejecutaban órdenes. Más bien eran parásitos y oportunistas que se aprovechaban de un sistema criminal que había hecho del asesinato en masa, del exterminio de millones, un deber legal. Entre las muchas terribles verdades con las que este libro nos enfrenta está el hecho desconcertante de que la opinión pública alemana sobre este tema consiguió sobrevivir a las revelaciones del juicio de Auschwitz.

En efecto, lo que la mayoría piensa y desea constituye la opinión pública aun cuando los canales públicos de comunicación —la prensa, la radio y la televisión— puedan ir en sentido contrario. Es la conocida diferencia entre *le pays réel* y los órganos públicos del país; y una vez que esta diferencia se ensancha hasta convertirse en una brecha, constituye un signo de peligro inequívoco e inminente para el cuerpo político. Fue precisamente este tipo de opinión pública, que puede estar difundida por todas partes y, sin embargo, salir raramente a la luz, lo que el juicio de Frankfurt reveló en toda su fuerza e importancia. Se puso de manifiesto en el comportamiento de los acusados (en su impertinente forma de reír, sonreír y guasearse ante fiscales y testigos, su falta de respeto al tribunal, sus miradas «desdeñosas y amenazantes» al público en las raras ocasiones en que se oyeron exclamaciones de horror. Sólo en una ocasión se oye una solitaria voz que grita: «¿Por qué no lo matáis y acabáis con esto?». Se puso de manifiesto en el comportamiento de los abogados, que no pararon de recordar a los jueces que no debían prestar atención a «lo que pensarán de nosotros en el exterior», dando a entender una y otra vez que no era un deseo alemán de justicia, sino la opinión mundial, influida por el deseo de «retribución» y «venganza» de las víctimas, la verdadera causa de los problemas a los que se enfrentaban sus clientes. Los corresponsales extranjeros, pero ningún periodista alemán, por lo que yo sé, se mostraron sorprendidos por el hecho de que «aquellos de los acusados que todavía vivían en sus casas no fueran en absoluto tratados como parias por sus comunidades».[1] Naumann informa de un incidente en el que dos acusados se cruzaron con el guardia uniformado fuera del edificio, lo saludaron cordialmente con un «Felices fiestas» y fueron correspondidos con un «Felices pascuas». ¿Era ésta la *vox populi*?

Es debido a este clima en la opinión pública, desde luego, por lo que los acusados han podido llevar una vida normal con sus verdaderos nombres durante muchos años antes de ser procesados. Esos años, según el peor de ellos —Boger, el especialista en «interrogatorios rigurosos» del campo con la ayuda del «columpio Boger», su «máquina parlante» o «máquina de escribir»—, habían «demostrado que los alemanes son solidarios, pues [donde él vivía] todo el mundo sabía quién era». La mayoría de ellos vivían en paz a no ser que tuvieran la desgracia de ser reconocidos por un superviviente y denunciados al International Auschwitz Committee de Viena o a la Oficina Central para la Persecución de los Crímenes Nacionalsocialistas, en Alemania Occidental, que a finales de 1958 había empezado a recoger material para el procesamiento de criminales nazis en tribunales locales. Pero incluso ese riesgo no era demasiado grande, pues los tribunales locales —con la excepción de Frankfurt, donde el puesto de fiscal del Estado lo ocupaba el doctor Fritz Bauer, un judío alemán— no tenían muchas ganas de procesar y los testigos alemanes era patente que no estaban dispuestos a colaborar.

¿Quiénes, pues, eran los testigos en Frankfurt? El tribunal los había citado, judíos y no judíos, de muchos países: de Rusia, Polonia, Austria, Alemania Oriental, Israel, Estados Unidos. Pocos de los que residían en Alemania Oriental eran judíos; la mayoría eran antiguos miembros de las SS que se arriesgaban a la autoinculpación (el tribunal escuchó muchos casos así y uno de esos testigos fue arrestado) o antiguos presos políticos que, según la «mayoría del pueblo alemán», representado en Frankfurt por un caballero de IG Farben, eran de todos modos «en su mayoría elementos asociales». Como se pudo ver, ésa era una opinión compartida incluso por algunos de los antiguos internados: «Los hombres de las SS estaban infectados» por los internados; no los guardias, sino los prisioneros, «eran bestias con forma humana»; la brutalidad de los guardias era comprensible, pues sus víctimas, especialmente «los judíos de Galizia, eran muy indisciplinados»; y los SS se volvieron «malos» debido a la influencia de los capos, los prisioneros de confianza. Pero incluso aquellos testigos alemanes que no se permitían ese tipo de afirmaciones se negaban a repetir ante el tribunal lo que habían dicho en los interrogatorios previos: negaban su testimonio, no lo recordaban, y decían que se les había intimidado (cosa de todo punto falsa): acaso estaban ebrios, quizás habían mentido, y así sucesivamente en monótona repetición. Las discrepancias son notorias, irritantes, embarazosas, y detrás de ellas uno puede percibir la opinión pública, a la que los testigos no se habían enfrentado cuando testificaron *in camera*. Casi todos ellos preferían admitir que eran unos mentirosos antes que arriesgarse a que sus vecinos leyeran en la prensa que no eran de aquellos alemanes «solidarios».

Difícil situación para los jueces de un caso que ha de «basarse exclusivamente en el testimonio de testigos» a todas luces poco fiables incluso en circunstancias óptimas. Pero el eslabón débil en las pruebas de este juicio no era tanto la falta de pruebas objetivas «incontrovertibles» —el «mosaico de pequeñas piezas» formado por huellas dactilares, huellas de pisadas, informes post mórtem sobre las causas de muerte, etc.—, ni lo eran tampoco las inevitables lagunas de memoria de unos testigos que testificaban sobre fechas y detalles de acontecimientos que habían ocurrido más de veinte años antes, o la tentación casi irresistible de proyectar «cosas que otros describían con gran detalle en aquel marco como si fueran experiencias propias». Era sobre todo la enorme discrepancia entre los testimonios previos al juicio y los testimonios prestados ante el tribunal en el caso de la mayoría de los testigos alemanes; la justificada sospecha de que el testimonio de los testigos polacos había sido falseado por algún organismo gubernamental para el procesamiento de los crímenes nazis en Varsovia; la sospecha, no tan justificada, de que el testimonio de algunos testigos judíos pueda haber sido manipulado por el International Auschwitz Committee de Viena; la inevitable admisión como testigos de antiguos capos, soplones y ucranianos que «trabajaban codo con codo con la Gestapo del campo»; y, finalmente, el triste hecho de que la categoría más fiable, los supervivientes, se dividían en dos grupos muy diferentes: los que habían sobrevivido por pura suerte, lo que en la práctica quería decir ocupar un puesto dentro del campo en las oficinas, el hospital o la cocina, y aquellos que, en palabras de uno de ellos, habían comprendido inmediatamente que «sólo unos pocos podrían salvarse y yo iba a ser uno de ellos».

El tribunal, bajo la orientación del capaz y sereno juez presidente Hans Hofmeyer, se esforzó duramente por excluir todos los aspectos políticos —«la culpabilidad política, la culpabilidad moral y ética, no eran asunto de su incumbencia»— y conducir aquellos procesos realmente extraordinarios como si fuera «un juicio penal ordinario, dejando de lado su trasfondo». Pero el trasfondo político tanto del pasado como del presente —la orden jurídicamente criminal del Tercer Reich, cuya sucesora era la República Federal, y las opiniones actuales de la mayoría del pueblo alemán sobre su pasado— se dejaban sentir fáctica y jurídicamente en cada sesión del tribunal.

Aún más llamativo que las discrepancias entre los testimonios de los testigos antes y durante el juicio —e inexplicables sin tener en cuenta la opinión pública que circulaba fuera de la sala del juicio— era el hecho de que había de suceder exactamente lo mismo con el testimonio de los acusados. Por supuesto, aquellos habían sido ahora con toda probabilidad aleccionados por sus abogados en el sentido de que el camino más seguro era negarlo todo, sin preocuparse de buscar la credibilidad más elemental: «Todavía he de encontrarme con alguien que hiciera algo en Auschwitz —dijo el juez Hofmeyer—. El comandante no estaba, el oficial de guardia estaba allí por casualidad, el representante de la Sección Política simplemente llevaba unas listas y aún había otro que sólo vino con las llaves». Esto explica «el muro de silencio» y las constantes, aunque no coherentes, mentiras de los acusados, muchos de los cuales, simplemente, no eran lo bastante inteligentes como para ser coherentes. (En Alemania, los acusados no testifican bajo juramento.) Eso explica por qué Kaduk —antiguo carnicero y un auténtico bruto primitivo y astuto que, tras su identificación por un antiguo internado, había sido sentenciado a muerte por un tribunal militar soviético y luego indultado en 1956— no se jactó en el tribunal, tal como había hecho en los interrogatorios previos, de haber sido «un tipo duro [...], no de esos que se arrugan», ni proclamó su remordimiento por haberse limitado a golpear, y no matar, al presidente polaco Cyrankiewicz. (Inmediatamente después de la guerra, semejantes bravatas podían todavía oírse en los tribunales. Naumann menciona el juicio de Sachsenhausen, en 1947, ante un tribunal aliado, en el que el acusado pudo decir con orgullo que otros guardias podían haber sido «excepcionalmente brutales, pero no me llegaban a la altura del betún».) Y también fue probablemente por consejo de sus abogados por lo que los acusados, que ante el juez encargado de los interrogatorios previos se habían acusado libremente unos a otros y «no hacían más que reírse» de las protestas de inocencia de sus colegas, «parecían no recordar esa parte de su declaración» una vez ante el tribunal. Todo esto no es sino lo que cabía esperar de asesinos que lo que menos tenían en la cabeza era lo que el juez Hofmeyer llamaba «expiación».

Es poco lo que nos permiten averiguar esos interrogatorios previos al juicio, pero la información que obtenemos parece indicar que las discrepancias mencionadas no tenían que ver sólo con el contenido de las declaraciones, sino también con la actitud y el comportamiento generales. El ejemplo más destacado de este aspecto más fundamental —y quizás el fenómeno psicológico más interesante que salió a la luz durante el juicio— es el caso de Pery Broad, uno de los acusados más jóvenes, que escribió una excelente y totalmente fidedigna descripción del campo de Auschwitz poco después del final de la guerra para las autoridades de ocupación británicas. El Informe

Broad —sobrio, objetivo, centrado en los hechos— suena como si su autor fuera un inglés que sabe cómo esconder su indignación tras una fachada de suprema sobriedad. Y, sin embargo, no hay duda de que Broad —que había tomado parte en el juego del «columpio Boger», que fue descrito por los testigos como «despierto, inteligente y astuto», y había llegado a ser conocido entre los internados como «la muerte con guantes de niño» y parecía «divertirse con todo lo que pasaba en Auschwitz»— fue el único autor del informe y lo escribió voluntariamente. Y todavía caben menos dudas de que actualmente lamenta enormemente haber actuado así. Durante su interrogatorio previo al juicio por un oficial de policía había sido «comunicativo», había admitido que disparó al menos contra un internado («No estoy seguro de que la persona a la que le disparé no fuera una mujer») y dijo que se sentía «aliviado» por su arresto. El juez dice de él que es una personalidad polifacética (*schillernde*), pero esto nos dice poco y podría aplicarse sin más, aunque en un plano totalmente diferente, al salvaje Kaduk, a quien los pacientes del hospital de Berlín occidental en que trabajaba como enfermero solían llamarlo Papá Kaduk. Estas diferencias de conducta aparentemente inexplicables, llamativas sobre todo en el caso de Pery Broad —primero en Auschwitz, luego ante las autoridades británicas, luego ante el funcionario encargado del interrogatorio y ahora nuevamente de regreso al grupo de sus antiguos «camaradas» en el tribunal—, deben compararse con el comportamiento de los criminales nazis ante tribunales no alemanes. En el contexto de los procesos de Frankfurt no hubo apenas ocasión de mencionar tribunales no alemanes, excepto cuando se incluyeron en la causa las declaraciones de personas difuntas cuyas declaraciones habían incriminado a los acusados. Esto ocurrió con la declaración de un oficial médico de Auschwitz, el doctor Fritz Klein, que había sido interrogado por personal británico en el momento mismo de la derrota, en mayo de 1945, y que antes de su ejecución había firmado una confesión de culpabilidad: «Reconozco que soy responsable del asesinato de miles de personas, particularmente en Auschwitz, como lo son los demás, del primero al último».

Lo decisivo del asunto es que los acusados de Frankfurt, como casi todos los demás criminales nazis, no sólo actuaron con el fin de protegerse, sino que dieron muestra de una acusada tendencia a ponerse en sintonía con todo aquel que estuviera en su entorno: a «coordinarse», por así decir, instantáneamente. Es como si se hubieran vuelto más sensibles, no a la autoridad ni al miedo, sino al estado de opinión general al que se veían expuestos. (Esta atmósfera no se dejaba sentir en la confrontación a solas con los interrogadores, que en el caso de los de Frankfurt y Ludwigsburg —donde radicaba la Oficina Central para la Persecución de los Crímenes Nacionalsocialistas y donde algunos de los acusados habían sufrido los primeros interrogatorios— eran clara y abiertamente favorables a la celebración de estos juicios.) En cuanto a Broad, que había concluido su informe a las autoridades británicas veinte años antes como vitoreando a Inglaterra y a Estados Unidos, el ejemplo más notable de esa sensibilización no era tanto su dudoso carácter como el simple hecho de que era el más inteligente y claro del grupo.

Sólo uno de los acusados, el doctor Lucas, no muestra abiertamente desprecio por el tribunal, no se ríe ni insulta a los testigos, no exige que los abogados de la acusación pidan excusas ni trata de hacer bromas con los demás. Uno no acaba de entender por qué está allí, pues parece exactamente lo opuesto a un «caso intolerable». Sólo pasó unos meses en Auschwitz, y numerosos testigos lo elogian por su amabilidad y su extremada disposición a ayudar; es también el único que acepta acompañar al tribunal en su viaje a Auschwitz y que parece totalmente convincente cuando afirma en su declaración final que «nunca se recuperará» de sus experiencias en los campos de concentración y exterminio, que trató, como muchos testimonios atestiguaron, de «salvar la vida de tantos presos judíos como fuera posible», y que «hoy como entonces [se siente] atormentado por la pregunta ¿qué pasó con los demás?». Sus compañeros de banquillo demuestran con su conducta lo que sólo Baretzki, cuyo principal reclamo de notoriedad en el campo era su capacidad para matar internados de un solo golpe de su mano, es lo bastante estúpido para decir abiertamente: *«Si hablara hoy, ¡quién sabe!, si todo cambiara mañana podrían fusilarme»*.

Pues lo que ocurre es que ninguno de los acusados, excepto el doctor Lucas, se toma el proceso ante el tribunal del distrito muy en serio. El veredicto resultante no está destinado a ser la última palabra de la historia ni de la justicia. Y a la vista de la judicatura alemana y el clima reinante en la opinión pública, es difícil sostener que los acusados estén completamente equivocados. La última palabra dada en Frankfurt fue un veredicto que sentenció a diecisiete de los acusados a muchos años de trabajos forzados —a seis de ellos de por vida— y absolvió a tres. Pero sólo dos de las sentencias (ambas absolutorias) se han ejecutado. En Alemania, el acusado debe aceptar la sentencia o apelar a la instancia superior; como es natural, la defensa apeló en todos los casos que no terminaron en absolución. El mismo derecho de apelación asiste a la fiscalía, y ésta apeló también en diez casos, incluida la absolución del doctor Schatz. Una vez que se ha presentado la apelación, el convicto queda en libertad hasta que se le notifica el veredicto del Tribunal de Apelación, a no ser que el juez firme una nueva orden de prisión, cosa que se hizo en todos los casos por los seis meses siguientes. Desde entonces, sin embargo, ha pasado todo un año y no ha tenido lugar todavía ninguna revisión de los procesos ni se ha fijado fecha para ninguno de ellos. No sé si se han firmado nuevas órdenes judiciales o si los acusados, con la excepción de los que estaban en prisión por otros delitos, han vuelto a casa. Sea como fuere, el caso no está cerrado.

Boger sonrió cuando oyó que la fiscalía había solicitado una sentencia de cadena perpetua. ¿En qué pensaba? ¿En su apelación, en una posible amnistía para todos los criminales nazis, en su edad (pero sólo tiene 60 años y parece gozar de buena salud) o, quizás, en que «todo podría cambiar mañana»?

II

Sería bastante injusto censurar a la «mayoría del pueblo alemán» por su falta de entusiasmo ante los procesos judiciales contra criminales nazis sin mencionar lo ocurrido durante la era de Adenauer. Para nadie es un secreto que la administración alemana occidental en todos sus niveles está penetrada de antiguos nazis. El nombre de Hans Globke, bien conocido ante todo por su infame comentario sobre las leyes de Nuremberg, y luego como estrecho asesor del propio Adenauer, se ha convertido en el símbolo de un estado de cosas que ha hecho más daño a la reputación y la autoridad de la República Federal que ninguna otra cosa. Los hechos derivados de esta situación —no las declaraciones oficiales ni los órganos públicos de comunicación— han creado el clima de opinión en el *pays réel*, y no es de extrañar, en esas circunstancias, que la opinión pública diga: *Cogen a los peces chicos, mientras los peces gordos siguen tan campantes*.

Pues desde luego es verdad que, dentro de la jerarquía nazi, los acusados de Frankfurt eran morralla: el rango más alto de oficial de las SS —ostentado por Mulka, ayudante del comandante del campo Höss, por Höcker, ayudante del sucesor de Höss, Richard Baer, y por el antiguo dirigente del campo Hofmann— era el grado de capitán (Hauptsturmführer). Lo mismo vale para su posición en la sociedad alemana. La mitad de ellos procedían de la clase obrera, habían cursado ocho años de escuela elemental y trabajaban como obreros manuales; y de los otros diez, sólo cinco pertenecían a la clase media —el médico, los dos dentistas y los dos empresarios (Mulka y Capesius)—, mientras los otros cinco eran más bien de clase media baja. Más aún, cuatro de ellos parecen haber tenido condenas anteriores: Mulka en 1920 por «no dar cuentas de unos fondos»; Boger en 1940, mientras era miembro de la policía judicial, por aborto; Bischoff (que murió durante el juicio) y el doctor Schatz, expulsados del partido en 1934 y 1937, respectivamente, por razones desconocidas (pero ciertamente no políticas). Eran peces chicos en todos los sentidos, incluso en cuanto a antecedentes penales. Y por lo que se refiere al juicio, hay que tener presente que ninguno de ellos se había presentado voluntario —ni siquiera había estado en condiciones de hacerlo— para servir en Auschwitz. Ni se les puede considerar básicamente responsables por el principal crimen cometido en el campo: el exterminio de millones de personas con gas; pues a la decisión de cometer el crimen de genocidio se había llegado, como dijo la defensa, «de manera irrevocable por orden de Hitler» y la organizaron con toda meticulosidad unos asesinos de despacho, pertenecientes a la más encumbrada jerarquía, que no tuvieron que ensuciarse las manos.

La defensa, curiosamente incoherente aun dejando aparte la «oratoria hueca», fundamentó su teoría del hombre de a pie en dos argumentos: primero, que los acusados habían sido *forzados* a hacer lo que hicieron y no estaban en condiciones de saber que aquello era criminalmente injusto. Pero si no lo habían considerado injusto (y resultó que la mayoría de ellos nunca se habían parado a pensar por segunda vez en el asunto), ¿por que había sido necesario forzarlos? El segundo argumento de la defensa fue que la selección en la rampa de llegada de personas físicamente aptas había sido realmente una operación de rescate, porque, de lo contrario, «todos los que llegaban habrían sido exterminados». Pero dejando de lado la naturaleza espuria de este argumentos, ¿acaso la selección no se había efectuado también siguiendo órdenes de arriba? Y ¿cómo se le podía «reconocer» al acusado el atenuante de obediencia a órdenes superiores cuando esa misma obediencia constituía su principal y, de hecho, única excusa?

Y sin embargo, dada la situación de la vida pública en la República Federal, la teoría del hombre de la calle no carece de mérito. El bruto de Kaduk lo resume así: «Lo que cuenta no es lo que nosotros hemos hecho, sino los hombres que nos llevaron a la ruina. La mayoría de ellos está todavía en libertad. Como Globke. Eso hiere». Y en otra ocasión: «Ahora se nos está haciendo responsables de todo. Los últimos pagan el pato, ¿no?». El mismo tema lo repite Hofmann, que había sido condenado, dos años antes de que comenzara el juicio de Auschwitz, por dos asesinatos cometidos en Dachau (dos cadenas perpetuas a trabajos forzados) y que, según Höss, «ejercía un poder real en el campo», aunque según su propio testimonio no había hecho nada más que «acondicionar el patio de juegos de los niños, con areneros para los más pequeños». Hofmann grita: «Pero ¿dónde están los encumbrados caballeros? ¡Ellos eran los culpables, los que telefoneaban sentados en su despachos!». Y dio nombres: no Hitler ni Himmler ni Heydrich ni Eichmann, sino los superiores de Auschwitz, Höss y Aumeier (el comandante anterior a él) y Schwarz. La respuesta a esta pregunta es simple: están todos muertos, lo cual, para alguien de su mentalidad, significa que han dejado al «peón» en la estacada, que han eludido como unos cobardes su responsabilidad para con él dejando que los colgaran o suicidándose.

El asunto, sin embargo, no está zanjado. Particularmente en Frankfurt, donde el tribunal llamó a testificar a antiguos jefes de departamento del *Reichssicherheitshauptamt* (la Oficina Central de Seguridad del Reich, a cargo de las SS), a los que acusaba, entre otras cosas, de organizar la «solución final del problema judío», que debía llevarse a cabo en Auschwitz. La equivalencia militar de sus antiguos rangos en las SS era elevada en relación con los acusados; se trataba de coroneles y generales más que de capitanes, tenientes o suboficiales. Bernd Naumann, que con muy buen criterio se abstiene casi por completo de cualquier análisis y comentario para enfrentar al lector lo más directamente posible con el gran drama de los procesos judiciales en la forma dialogada original, ha considerado esta cuestión del «peón» lo suficientemente importante como para añadir una de sus poco frecuentes apostillas. Ante semejantes testigos, según él, los acusados «tienen toda la razón del mundo al pensar con qué facilidad y tranquilidad han logrado muchos "encumbrados caballeros", a quienes ellos han servido voluntaria o forzosamente, regresar sin ningún escrúpulo de conciencia del remoto mundo de la epopeya germánica a la respetabilidad burguesa actual», cómo «el gran hombre del pasado que, por lo que se refiere al personal de Auschwitz, había vivido en el Olimpo de las SS abandona la sala del juicio con la cabeza alta y el paso mesurado». Y ¿qué se supone que ha de pensar un acusado —o, para el caso, cualquier otra persona— cuando lee en el *Süddeutsche Zeitung*, uno de los mejores diarios alemanes, que un antiguo fiscal en uno de los «tribunales especiales» nazis, un hombre que en 1941 había publicado un artículo jurídico que, en opinión del diario, era abiertamente «totalitario y antisemita», «se gana ahora la vida como juez del tribunal constitucional federal de Karlsruhe»?[2]

Y por si alguien pensara que los «grandes hombres» eran lo bastante grandes como para experimentar un cambio de corazón mientras que los «peones» eran demasiado poca cosa para tan heroica operación interna, no tiene más que leer este libro para enterarse mejor. Por supuesto, hubo quien —por ejemplo, Erwin Schulz, antiguo jefe de un *Einsatzkommando* (las unidades móviles de asesinos de las SS en el frente oriental)— testificó verazmente y con una sombra de remordimiento que en aquella época «no tenía la sensación de que estaba completamente injustificado» disparar contra mujeres y niños a fin de «impedir que surgieran venganzas contra el pueblo alemán», pero él mismo había pedido y logrado ser relevado de esas misiones después de haber ido a Berlín e intentado cambiar la orden. Mucho más típico, por desgracia, es el jurista (y antiguo oficial de tribunales en la retaguardia del frente oriental) Emil Finnberg, quien todavía cita a Himmler con aprobación y anuncia no sin orgullo: «Para mí, una orden del Führer era una ley». Otro ejemplo es el antiguo profesor y jefe del departamento de anatomía de la Universidad de Münster (fue desposeído de sus títulos académicos), que sin una palabra de arrepentimiento testificó cómo había seleccionado las víctimas para el acusado Klehr, quien a continuación las mataba inyectándoles benzol en el corazón. Consideraba «humanamente comprensible» que los asesinos necesitaran raciones especiales y sin dudar habría estado de acuerdo con su antiguo «asistente», que admitió haber inyectado a los prisioneros y a continuación lo justificó: «Hablando claro, [aquellos prisioneros] no estaban enfermos, estaban ya medio muertos». (Incluso esta horrible afirmación resultó ser un eufemismo —de hecho, una mentira— pues muchos niños en perfecto estado de salud fueron asesinados de este modo.) Finalmente (pero el lector puede fácilmente encontrar más ejemplos en el libro) tenemos al abogado de Wilhelm Boger, quien en su intervención final manifiesta su «sorpresa ante el hecho de que "personas serias [*sic*] hayan escrito sobre el columpio Boger", que él considera "el único medio eficaz de persuasión física [...] ante el que la gente reacciona"».

Éste es, pues, el punto de vista de los acusados y sus defensores. Después de que el intento inicial de «convertir Auschwitz en un idilio [...] por lo que al personal y a su comportamiento se refiere» ha fracasado y testigo tras testigo, documento tras documento han demostrado que no podrían haber estado en el campo sin hacer algo, sin ver algo, sin saber lo que estaba pasando (Höcker, el ayudante del comandante del campo Baer, no había sabido «nada sobre las cámaras de gas» hasta bastante tarde, cuando oyó algo acerca de ellas a través de unos rumores), le explican al tribunal por qué «están sentados aquí»: en primer lugar, porque «aquí se testifica por pura venganza» («¿Por qué los judíos no pueden ser decentes y contar la verdad? Pero está claro que no tienen intención de hacerlo»; segundo, porque cumplieron órdenes como «soldados» y «no preguntaron si estaba bien o mal»; y tercero, porque los peones son necesarios como chivos expiatorios de los errores cometidos por los señores de arriba (ésa es la razón de que «hoy estén de tan mal humor»).

Todos los juicios de posguerra a criminales nazis, desde el juicio de Nuremberg a los principales criminales de guerra hasta el juicio de Eichmann en Jerusalén y el juicio de Auschwitz en Frankfurt, han estado plagados de dificultades jurídicas y morales para depurar responsabilidades y determinar el alcance de la culpabilidad criminal. La opinión, tanto pública como jurídica, ha tendido desde el principio a considerar que los asesinos de despacho —cuyos principales instrumentos eran máquinas de escribir, teléfonos y teletipos— eran más culpables que aquellos que hacían funcionar efectivamente la maquinaria de exterminio, echaban las pastillas de gas en las cámaras, manejaban las ametralladoras para la matanza de civiles o se ocupaban de quemar las montañas de cadáveres. En el juicio a Adolf Eichmann, asesino de despacho por excelencia, el tribunal declaró que «el grado de responsabilidad aumenta a medida que vamos más allá del individuo que utiliza los instrumentos mortíferos con sus propias manos». Tras seguir los procesos de Jerusalén, uno se sentía más que inclinado a compartir esa opinión. El juicio de Frankfurt, que en muchos aspectos aparece como un imprescindible complemento del juicio de Jerusalén, hará que muchos duden de lo que habían considerado poco menos que evidente. Lo que se pone de manifiesto en estos juicios no es sólo la compleja cuestión de la responsabilidad personal, sino la culpabilidad criminal desnuda; y los rostros de quienes dieron lo mejor, o más bien lo peor, de sí mismos para obedecer unas órdenes criminales son todavía muy diferentes de quienes dentro de un sistema legalmente criminal no se dedicaron tanto a obedecer órdenes como a hacer con sus pobres víctimas lo que les apetecía. En ciertos casos, los acusados admitieron esto a su primitiva manera —«los de arriba lo tenían muy fácil [...] dando órdenes de que no se golpeara a los prisioneros»—, pero los abogados de la defensa, como un solo hombre, llevaron el caso como si estuvieran tratando también aquí con asesinos de despacho o con «soldados» que habían obedecido a sus superiores. Ésa fue la gran mentira en su presentación de los casos. La fiscalía había presentado acusaciones de «asesinato y complicidad en el asesinato de *individuos*», junto con «asesinatos en masa y complicidad en asesinatos en masa»: es decir, por dos delitos completamente diferentes.

III

Sólo al final de este libro, cuando en el 182º día del proceso el juez Hofmeyer pronuncia las sentencias y lee el veredicto del tribunal, se da uno cuenta de la magnitud del daño hecho a la justicia —de manera inevitable— al haber difuminado la línea divisoria entre esos dos tipos diferentes de delitos. El tribunal, se dijo, no se había ocupado de Auschwitz como una institución, sino sólo de «los procesos contra Mulka y otros», de la culpabilidad o inocencia de los hombres acusados. «La búsqueda de la verdad es la quintaesencia del juicio», pero comoquiera que las consideraciones estaban limitadas por las categorías de los hechos criminales tal como habían sido conocidas y definidas en el código penal alemán de 1871, era casi natural que, en palabras de Bernd Naumann, «ni los jueces ni el jurado descubrieran la verdad (en cualquier caso, no toda la verdad)». Porque en aquel código de casi cien años no había ningún artículo que contemplara el asesinato organizado como institución gubernamental, ninguno que tratara del exterminio de pueblos enteros como parte de una política demográfica, del «régimen criminal» o de las condiciones de vida cotidianas bajo un gobierno criminal (el *Verbrecherstaat*, como Karl Jaspers lo calificó). Por no hablar ya de las circunstancias de un campo de exterminio donde todo el que llegaba estaba condenado a morir, o inmediatamente por inhalación de gases o en unos cuantos meses por agotamiento. El Informe Broad explica que «entre un 10 y un 15% como máximo de cada transporte estaba clasificado como corporalmente apto y autorizado a vivir», y la esperanza de vida de esos hombres y mujeres elegidos era de unos tres meses. Lo que resulta más difícil de imaginar retrospectivamente es esa atmósfera omnipresente de muerte violenta; ni siquiera en el campo de batalla es la muerte de una certeza tal y la vida tan dependiente de lo milagroso. (Tampoco los rangos inferiores de los guardias podían sentirse completamente libres de temor; les parecía perfectamente posible, como indica Broad, «que para mantener el secreto pudieran también ser conducidos a las cámaras de gas. Nadie parecía dudar de que Himmler careciera de la insensibilidad y la brutalidad requeridas». Broad olvidó mencionar únicamente que esos hombres deben, sin embargo, haber considerado ese peligro menos temible que el que podrían encontrarse en el frente oriental, pues apenas cabe duda alguna de que muchos de ellos podían haber sido transferidos voluntariamente del campo al frente.

De modo que lo que el viejo código penal era totalmente incapaz de tener en cuenta era nada menos que la realidad cotidiana de la Alemania nazi en general y de Auschwitz en particular. En la medida en que la fiscalía había presentado acusaciones de asesinato en masa, el supuesto del tribunal de que aquél podía ser un «juicio ordinario independientemente de su trasfondo» no cuadraba en nada con los hechos. Comparado con los procesos ordinarios, todo allí iba al revés: por ejemplo, un hombre que había provocado la muerte de miles de personas, pues era uno de los pocos que tenía por misión echar las pastillas de gas en las cámaras, podía ser menos culpable que otro que había matado «sólo» a unos centenares, pero por iniciativa propia y llevado por sus perversas fantasías. El trasfondo aquí era las matanzas administrativas a escala gigantesca cometidas con métodos de producción en masa: la producción en masa de cadáveres. «Los asesinatos en masa y la complicidad en asesinatos en masa» era un cargo que podía y debía presentarse contra cada miembro individual de las SS que hubiera servido en cualquiera de los campos de exterminio y contra muchos que nunca habían puesto los pies en uno de ellos. Desde este punto de vista, que era el punto de vista de la acusación, el testimonio del doctor Heinrich Dürmayer, abogado y consejero de Estado de Viena, tenía toda la razón cuando concluyó en la necesidad de una inversión del procedimiento judicial ordinario, a saber, que los acusados en esas circunstancias deberían considerarse culpables mientras no pudieran probar lo contrario: *«Yo estaba plenamente convencido de que esas personas deberían tener que probar su inocencia»*. Y con el mismo criterio, las personas que «sólo» habían participado en las operaciones rutinarias de exterminio no deberían poder ser incluidas en un «puñado de casos intolerables». En el montaje de Auschwitz no había, de hecho, «nadie que no fuera culpable», como dijo el testigo, lo que a los efectos del juicio significaba claramente que la culpabilidad «intolerable» había de medirse con varas más bien inusuales que no podían encontrarse en ningún código penal.

A todos los argumentos de este tipo replicó el tribunal de este modo: «El nacionalsocialismo estaba también sometido al imperio de la ley». Podría parecer que el tribunal quería recordarnos que los nazis no se habían preocupado nunca de reescribir el código penal, del mismo modo que nunca se habían preocupado de abolir la Constitución de Weimar. Pero esa despreocupación era sólo aparente; en efecto, el gobernante totalitario se da cuenta bien pronto de que todas las leyes, incluidas las impuestas por él mismo, impondrán ciertas limitaciones a su poder ilimitado. En la Alemania nazi, pues, la *voluntad* del Führer era la *fuente* de la legalidad, y las órdenes del Führer eran leyes válidas. ¿Qué podía haber más ilimitado que la voluntad de un hombre y más arbitrario que una orden sin más justificación que un «Quiero»? En Frankfurt, de cualquier modo, el infausto resultado de los irreales presupuestos del tribunal fue que el principal argumento de la defensa —«un Estado no ha de poder castigar aquello que ha ordenado en otra etapa de su historia»— ganó mucho en plausibilidad desde el momento en que también el tribunal aceptó la tesis subyacente de una «continuidad de identidad» entre el Reich de Bismarck y el gobierno de Bonn.

Más aún, si esta continuidad de las instituciones estatales existe realmente —y ciertamente se aplica al grueso de los funcionarios que los nazis lograron «coordinar» y a los que Adenauer, sin demasiados problemas, se limitó a emplear de nuevo—, ¿qué decir de las instituciones judiciales y fiscales? Como señaló el doctor Laternser —el más inteligente, con mucho, entre los abogados de la defensa—, ¿no habría sido el deber de la fiscalía emprender acciones «contra flagrantes infracciones de la ley, como la destrucción de empresas y viviendas judías en noviembre de 1938, el asesinato de retrasados mentales [en 1939 y 1940] y, finalmente, el asesinato de judíos? ¿No sabía la fiscalía de la época que eso eran delitos? ¿Qué juez o abogado del Estado protestó entonces, por no hablar ya de dimitir?». Estas preguntas permanecieron sin respuesta, dejando clara la precariedad de los fundamentos de derecho del proceso. En abierto contraste con los presupuestos y las teorías legales, todos los juicios de posguerra contra los nazis ha demostrado la total complicidad —y por ende, cabría esperar, la inexistencia de una «identidad continua»— de los órganos estatales, de todos los funcionarios, de todas las figuras públicas de elevada posición en el mundo empresarial, con los crímenes del régimen nazi. El doctor Laternser prosiguió acusando a «los aliados de haber dejado pasar la oportunidad de encontrar una vara de medir definitiva para el derecho futuro y haber contribuido así a la confusión de la situación legal». Nadie que esté familiarizado con los procesos de Nuremberg podrá contradecir esto. Pero ¿por qué Laternser no eleva la misma acusación contra la República Federal, que tendría, como es obvio, un interés mucho más inmediato en corregir la situación? Pues ¿no es evidente que todo el discurso acerca de «vencer el pasado» se quedará en retórica vacía mientras el gobierno no se enfrente a la verdadera criminalidad de su predecesor? En lugar de eso, resulta que en Frankfurt «el Tribunal Federal no ha llegado todavía» a adoptar una decisión acerca de la legalidad de la infame «orden sobre los comisarios» —en virtud de la cual incontables miles de prisioneros rusos de guerra fueron ejecutados nada más llegar a Auschwitz—, a pesar de que el mismo tribunal ha proclamado la ilegalidad del exterminio de los judíos «tomando como referencia al derecho natural», lo cual, dicho sea de paso y por consideraciones de otro tipo, tampoco es una solución muy satisfactoria. (El problema con la orden sobre los comisarios parece ser que no tuvo claramente como origen al propio Hitler, sino que vino directamente del Alto Mando alemán; los prisioneros «llevaban consigo un ficha con la anotación "Por orden del OKW" [*Oberstes Kommando der Wehrmacht*]». ¿Fue ésa la razón de que el tribunal absolviera al acusado Breitwieser, con el argumento de que el testimonio del testigo Petzold debe de haber estado equivocado, sin mencionar el testimonio de Eugeniusc Motz, otro testigo que había acusado a Breitwieser de haber elegido el Zyklon B en los primeros experimentos de gaseamiento de oficiales y comisarios soviéticos?) Para la defensa, la decisión del Tribunal Supremo alemán no representa en cualquier caso más que el «pensamiento jurídico *actual*», y pocas dudas puede haber de que esos juristas están de acuerdo con «la mayoría del pueblo alemán» (y quizá también con sus colegas de profesión jurídica).

Técnicamente, fue la acusación de «asesinatos en masa y complicidad en asesinatos en masa» lo que remitió necesariamente al incómodo «trasfondo» de cuestiones jurídicas sin resolver, de la ausencia de «varas de medir definitivas» para administrar justicia, impidiendo así que el juicio fuera el «caso esencialmente muy simple» que el procurador del Estado Bauer había esperado que fuera. Pues en lo que se refería a las personalidades de los acusados y a sus actos, éste era ciertamente un «caso muy simple», dado que casi todas las atrocidades de las que fueron acusados por los testigos no habían estado cubiertas por órdenes superiores de los asesinos de despacho ni del iniciador o iniciadores reales de la «solución final». Ningún responsable de alto rango se había preocupado nunca de dar instrucciones para semejantes «detalles» como la «caza del conejo», el «columpio Boger», el «deporte», los búnkeres, las «celdas de pie», la «Muralla Negra» o el «tiro al gorro». Nadie había dado orden de que los niños pequeños fueran lanzados al aire como blancos de tiro al plato, o arrojados vivos al fuego, o de que se les aplastara la cabeza contra la pared; no se había dado ninguna orden de pisotear a la gente hasta la muerte, o de que se la convirtiera en objeto de «deportes» mortíferos, como el de matarla de un solo golpe con la mano. Nadie les había dicho que hicieran la selección sobre la rampa como si fuera una «entrañable reunión familiar», de la que los guardias volvían alardeando «de lo que habían sacado de tal o cual entrega. "Como una partida de caza que regresa contándose unos a otros las incidencias de la cacería"». No se les había enviado a Auschwitz para que se hicieran ricos y se «divirtieran». De ahí que el discutible dictamen jurídico sobre todas las causas penales contra nazis en el sentido de que eran «causas penales ordinarias» y que los acusados no se diferenciaban de otros delincuentes resultara por una vez verdadero (más verdadero, quizá, de lo que nadie se hubiera preocupado por saber). Innumerables crímenes individuales, cada uno más horrible que el anterior, nos envolvían y creaban la atmósfera del gigantesco crimen de exterminio. Y fueron esas «circunstancias» —si tal es el nombre que podemos dar a algo para lo que no hay palabras en ninguna lengua— y los «peones» responsables y culpables de ellas, no el crimen de Estado ni los «encumbrados» caballeros, lo que salió plenamente a la luz en el juicio de Auschwitz. Aquí —a diferencia del juicio de Jerusalén, donde Eichmann pudo haber sido declarado culpable sobre la base de pruebas documentales irrefutables y de sus propias confesiones— el testimonio de cada testigo contaba, pues esos hombres, no los asesinos de despacho, fueron los únicos con quienes se enfrentaron y a quienes conocían las víctimas, los únicos que contaban para ellas.

También el por otro lado más espurio argumento de la «continuidad de identidad» del Estado alemán podía invocarse en estos casos, si bien con algunas matizaciones. Pues no sólo era verdad que los acusados, como dijo el tribunal en el caso del prisionero colaborador Bednarek, «no mataban a la gente siguiendo órdenes, sino que *actuaban en contra de la orden* de que no había que matar a ningún prisionero del campo» (excepto mediante el gas, por supuesto); lo cierto era que la mayoría de esos casos podían haber sido legalmente perseguidos incluso por un tribunal nazi o de las SS, aunque eso no ocurrió a menudo. Así, el antiguo jefe de la Sección Política de Auschwitz, un tal Grabner, fue acusado por un tribunal de las SS en 1944 «de haber seleccionado arbitrariamente a dos mil prisioneros para ser ejecutados»; y dos antiguos jueces de las SS, Konrad Morgen y

Gerhard Wiebeck, ambos abogados en ejercicio actualmente, testificaron acerca de investigaciones de las SS sobre «prácticas corruptas y [...] ejecuciones independientes», lo que condujo a acusaciones de asesinato ante tribunales de las SS. El fiscal Vogel señaló que «Himmler había declarado que, sin su orden especial, los prisioneros no debían ser golpeados ni liquidados», lo cual no le impidió visitar «el campo unas cuantas veces para contemplar el castigo corporal de las mujeres».

La falta de varas de medir definitivas para juzgar los crímenes cometidos en esas extraordinarias y horribles condiciones se pone penosamente de relieve en el veredicto del tribunal contra el doctor Franz Lucas. Tres años y tres meses de trabajos forzados —el castigo mínimo— para el hombre al que «sus camaradas siempre habían hecho el vacío» y que es abiertamente atacado ahora por los acusados, que por lo general tienen siempre mucho cuidado en no incriminarse mutuamente (sólo una vez se contradicen entre sí, y se retractan ante el tribunal de las observaciones incriminatorias hechas en los interrogatorios previos): «Si ahora pretende haber ayudado a la gente, podía haberlo hecho en 1945, cuando intentó comprar un billete de vuelta». Lo que ocurre, por supuesto, es que esto es doblemente falso: el doctor Lucas había ayudado a la gente desde el principio hasta el fin; y no sólo no adoptó la actitud de un «salvador» —en claro contraste con la mayoría de los otros acusados—, sino que de manera sistemática se negó a reconocer a los testigos que testificaban en su favor y a recordar los incidentes narrados por ellos. Había discutido las condiciones sanitarias con sus colegas internados, dirigiéndose a ellos por sus propios títulos; había llegado incluso a robar en la farmacia de las SS «para los prisioneros, a comprar comida de su propio bolsillo» y compartir sus raciones; «fue el único médico que nos trataba humanamente», que «no nos veía como gente inaceptable», que asesoró a los médicos que había entre los internados sobre cómo «salvar a algunos compañeros de las cámaras de gas». Resumiendo: «Estábamos bastante desesperados cuando el doctor Lucas se marchó. Cuando el doctor Lucas se hallaba con nosotros, estábamos muy contentos. La verdad es que aprendimos a reír de nuevo». Y el doctor Lucas dice: «Yo no he sabido el nombre de los testigos hasta ahora». Por supuesto, ninguno de los acusados absueltos, ninguno de los abogados de la defensa, ninguno de los «encumbrados caballeros» que habían salido indemnes y habían acudido a testificar podía llegar a la altura del doctor Franz Lucas. Pero el tribunal, obligado por sus presupuestos legales, no pudo evitar aplicarle el castigo mínimo, aunque los jueces sabían bastante bien que, en palabras de un testigo, él «no entraba en aquel juego. Era demasiado bueno». Tampoco la fiscalía quiso «meterlo en el mismo saco que a los demás». Es verdad que el doctor Lucas había estado en la rampa para seleccionar a los corporalmente idóneos, pero lo habían enviado allá porque era sospechoso de «favorecer a los prisioneros» y le habían dicho que sería «arrestado de inmediato» si se negaba a obedecer la orden. De ahí el cargo de «asesinatos en masa o complicidad con asesinatos en masa». Cuando el doctor Lucas se vio por primera vez ante sus deberes en el campo, buscó consejo: su obispo le dijo que «las órdenes inmorales no deben obedecerse, pero eso no significaba que uno hubiera de poner en peligro la propia vida»; un jurista de alto rango justificó los horrores a causa de la guerra: ni lo uno ni lo otro servía de gran cosa. Pero supongamos que él hubiera preguntado a los internados qué debía hacer. ¿No le habrían suplicado que se quedara y pagara el precio de participar en las selecciones sobre la rampa —que era un hecho cotidiano, un horror rutinario, por así decir— para librarles de la vesánica, satánica inventiva de todos los demás?

IV

Al leer las actas del juicio hay que tener siempre presente que Auschwitz había sido creado para la ejecución de matanzas *administrativas* que debían llevarse a cabo con arreglo al más estricto reglamento. Dicho reglamento había sido redactado por los asesinos de despacho y parecía excluir —probablemente se había redactado precisamente para eso— toda iniciativa individual, para bien o para mal. El exterminio de millones de personas fue planificado para que funcionara como una máquina: las llegadas de cautivos de toda Europa; las selecciones sobre la rampa y las selecciones subsiguientes entre quienes habían sido declarados corporalmente idóneos a la llegada; la división en categorías (todos los ancianos, niños y madres con niños debían ser gaseados inmediatamente); los experimentos humanos; el sistema de los «prisioneros colaboradores», los capos, y los comandos de prisioneros que manejaban las instalaciones de exterminio y ocupaban posiciones privilegiadas. Todo parecía estar previsto y ser, por tanto, predecible: día tras día, mes tras mes, año tras año. Y, sin embargo, lo que resultó de los cálculos burocráticos fue exactamente lo contrario de la previsibilidad. Fue la arbitrariedad total. En palabras del doctor Wolken, un antiguo internado, ahora médico en Viena, y el primero y uno de los mejores testigos: *Todo «cambiaba prácticamente de un día para otro*. Dependía del oficial al cargo, del encargado de pasar lista, del jefe de bloque y de sus estados de ánimo» (casi todo, al parecer, de sus estados de ánimo). «Un día podían ocurrir cosas que estaban totalmente fuera de cuestión dos días más tarde. [...] El mismo encargo de trabajo podía ser un encargo de muerte [...] o un asunto francamente agradable.» Así, un día el oficial médico estaba de buen humor y tenía la idea de crear un bloque para convalecientes; dos meses más tarde, todos los convalecientes eran reunidos y enviados a las cámaras de gas. Lo que los asesinos de despacho habían pasado por alto, *horribile dictu*, era el factor humano. Y lo que hace que ello sea tan horrible es precisamente el hecho de que esos monstruos no eran en modo alguno sádicos en sentido clínico, cosa ampliamente demostrada por su comportamiento en circunstancias normales, y no habían sido escogidos para sus monstruosas misiones en función de eso. La razón de que fueran a Auschwitz o a otros campos por el estilo era simplemente que, por una razón u otra, no resultaban aptos para el servicio militar.

Después de una primera lectura superficial de este libro, uno podría sentirse tentado de dejarse llevar por afirmaciones sumarias acerca de la maldad natural de la raza humana, acerca del pecado original, de la innata «agresividad humana», etc., en general (y acerca del «carácter nacional» alemán en particular). Es tan fácil como peligroso pasar por alto los casos, no demasiado numerosos, en que se explicó al tribunal cómo «ocasionalmente un "ser humano" llegaba al campo» y tras echar una rápida ojeada lo abandonaba precipitadamente: «No, éste no es lugar para el hijo de mi madre». Contrariamente a la opinión generalmente sostenida antes de estos juicios, era relativamente fácil para un SS librarse con un pretexto u otro: es decir, salvo que uno tuviera la desgracia de caer en manos de alguien como el doctor Emil Finnberg, que aún hoy día sigue pensando que era perfectamente justo pedir sanciones que iban «de la cárcel a la muerte» por el «delito» de ser físicamente incapaz de disparar contra mujeres y niños. Era mucho menos peligroso alegar «problemas de nervios» que permanecer en el campo, ayudar a los internados y arriesgarse al cargo, mucho más grave, de «favorecer a los prisioneros». Por eso los que estuvieron allí un año sí y otro no y no pertenecían a la selecta minoría de quienes se convirtieron en héroes durante el proceso representaban algo así como una selección automática de los peores elementos de la población. No conocemos ni es probable que lleguemos a conocer porcentajes en este punto, pero si pensamos que esos actos de puro sadismo fueron cometidos por personas perfectamente normales que en la vida normal nunca habían entrado en conflicto con la ley por cosas parecidas, empezamos a preguntarnos por el mundo onírico de tanto ciudadano corriente a quien puede que sólo haga falta que se le presente la oportunidad.

En cualquier caso, una cosa es segura, algo que uno no se habría atrevido a creer, a saber: «Que cada uno podía decidir por sí mismo ser bueno o malo en Auschwitz». (¿No es grotesco que los tribunales de justicia alemanes no sean capaces de hacer hoy justicia a los buenos así como a los malos?) Y esa decisión no dependía para nada de ser judío o polaco o alemán; ni siquiera dependía de ser un miembro de las SS. Pues en medio de ese horror estaba el *Oberscharführer* Flacke, que había creado una «isla de paz» y no quería creer que, tal como un prisionero le dijo, al final «nos matarán a todos. No dejarán que sobreviva ningún testigo». «Espero —respondió él— que haya bastantes entre nosotros para impedir que eso suceda.»

Pese a la normalidad clínica de los acusados, el principal factor humano en Auschwitz era el sadismo, y el sadismo es básicamente sexual. Uno sospecha que las sonrisas que acompañaban los recuerdos de los acusados, quienes escuchaban complacidos la narración de hechos que ocasionalmente hacían que no sólo los testigos sino también los miembros del jurado lloraran y se desmayaran, sus increíbles reverencias ante quienes testimoniaban contra ellos y los reconocían, tras haber sido una vez sus víctimas indefensas, su manifiesta alegría por ser reconocidos (aunque acusados) y, por tanto, recordados, su estado de ánimo inusualmente bueno durante todo el proceso, todo eso refleja el dulce recuerdo de un gran placer sexual, así como una descarada insolencia. ¿No se había dirigido Boger a una víctima con el verso de una canción amorosa medieval: «Tú eres mía» (*Du bist mein / Ich bin dein / des solt du gewiss sein*): refinamiento del que unos brutos casi analfabetos como Kaduk, Schlage, Baretzki y Bednarek difícilmente habrían sido capaces? Pero en la sala del juicio todos se comportaban igual. Según las descripciones de los testigos, debe de haberse dado una atmósfera de magia negra y monstruosas orgías en el ritual del «interrogatorio riguroso», en los «guantes blancos» que se ponían cuando iban al búnker, en la burda pretensión de ser Satanás encarnado, que era la especialidad de Boger y del farmacéutico rumano Capesius. Este último —sentenciado a muerte en rebeldía en su país y ahora a nueve años en Frankfurt— es el demonio entre ellos. Con lo que robó en Auschwitz se instaló en Alemania, estableció su negocio y ha encargado ahora a un «amigo» que influya en los testigos a su favor. Su desgracia en Frankfurt no ha perjudicado en nada su negocio; su tienda de Göppingen, tal como Sybille Bedford informaba en el *Observer*, era «más floreciente que nunca».

Sólo en segundo lugar por su importancia, en lo que se refiere al factor humano en Auschwitz, debe de haber sido el puro y simple estado de ánimo. ¿Qué otra cosa cambia con más frecuencia y facilidad que el humor, y qué queda de la humanidad de un hombre que se ha dejado llevar completamente por él? Rodeados de una masa inagotable de personas que de todos modos estaban destinadas a morir, los hombres de las SS podían realmente hacer lo que les apetecía. Ellos, por supuesto, no eran los «mayores criminales de guerra», como se calificó a los acusados en el juicio de Nuremberg. Eran los parásitos de los «grandes» criminales y, cuando uno los ve, empieza a preguntarse si no eran peores que aquellos a quienes hoy acusan de haber sido los causantes de su desgracia. No sólo los nazis, con sus mentiras, habían elevado la escoria de la Tierra a la élite del pueblo, sino que quienes vivían de acuerdo con el ideal nazi de «dureza» y todavía se enorgullecen de ello («tipos duros», ciertamente) eran, de hecho, como gelatina. Era como si el humor en constante cambio les hubiera comido toda la sustancia, la firme superficie de la identidad personal, de ser bueno o malo, tierno o brutal, un idiota «idealista» o un cínico pervertido sexual. El mismo hombre que recibió con toda justicia una de las condenas más severas —cadena perpetua y ocho años— pudo en ocasiones distribuir salchichas a los niños; Bednarek, después de practicar su especialidad de pisotear prisioneros hasta matarlos, iba a su habitación y rezaba, pues entonces se encontraba de buen talante; el mismo oficial médico que enviaba a decenas de miles a la muerte pudo también salvar a una mujer que había estudiado en su vieja universidad y, por tanto, le recordaba su juventud; una mujer que había dado a luz podía recibir flores y chocolate, aunque fueran a gasearla a la mañana siguiente. El acusado Hans Stark, un hombre muy joven en la época, eligió en cierta ocasión a dos judíos, le ordenó al capo que los matara y luego procedió a enseñarle cómo se hacía; y en la demostración mató a otros dos judíos. Pero en otra ocasión se dirigió pensativamente a un internado señalando hacia un pueblo: «Mira qué bien construido está el pueblo. Hay tantos ladrillos allí... Cuando termine la guerra, *los ladrillos llevarán los nombres de aquellos a quienes han matado. Quizá no haya ladrillos suficientes*».

Es indudablemente cierto que no había «casi ningún SS que no pudiera afirmar haber salvado la vida de alguien» si estaba de humor para ello; y la mayoría de los supervivientes —aproximadamente un uno por ciento de la fuerza de trabajo seleccionada— debían sus vidas a esos «salvadores». La muerte era quien tenía el mando supremo en Auschwitz, pero junto a la muerte era el accidente —el más atroz y arbitrario azar, incorporado al cambiante humor de los servidores de la muerte— el que determinaba el destino de los internados.

V

Si el juez hubiera tenido la sabiduría de Salomón y el tribunal hubiera estado en posesión de la «definitiva vara de medir» capaz de traducir el crimen sin precedentes de nuestro siglo en categorías y párrafos para lograr lo poco que la justicia humana es capaz de lograr, habría resultado de todos modos más que dudoso que pudiera aparecer «la verdad, toda la verdad» que Bernd Naumann exigía. Ninguna generalidad —y ¿qué es la verdad si no es general?— puede por ahora contener la caótica avalancha de atrocidades sin sentido en que uno ha de sumergirse para hacerse idea de lo que pasa cuando los hombres dicen que «todo es posible» y no simplemente que todo está permitido.

En lugar de *la* verdad, con todo, el lector encontrará *momentos de verdad*, y esos momentos son realmente el único medio de ordenar este caos de depravación y maldad. Los momentos surgen inesperadamente como oasis en medio del desierto. Son anécdotas que nos dicen con simple brevedad de qué se trata.

Está el muchacho que sabe que va a morir y escribe con su sangre en la pared del barracón: «Andreas Rapaport: vivió dieciséis años».

Está el chico de 9 años consciente de que sabe «muchas cosas» pero «no aprenderá nada más».

Está el acusado Boger, que encuentra a un niño comiendo una manzana, lo arrastra cogiéndolo por las piernas, aplasta su cabeza contra la pared y coge tranquilamente la manzana para comérsela una hora después.

Está el hijo de un SS destinado en Auschwitz que va al campo a visitar a su padre. Pero un niño es un niño, y la norma de ese lugar particular es que todos los niños deben morir. Por eso ha de llevar una señal alrededor del cuello, «a fin de que no lo agarren y lo gaseen».

Está el prisionero que retiene a los elegidos para morir a manos del «minucioso médico» Klehr con inyecciones de benzol. Se abre la puerta y entra el padre del prisionero. Cuando todo ha acabado, «Yo lloraba y tuve que llevar yo mismo a mi padre». Al día siguiente, Klehr le pregunta por qué había llorado y Klehr, cuando se lo explica, dice: «Lo habría dejado vivir». ¿Por qué no se lo había dicho el prisionero? ¿Acaso tenía miedo de él, de Klehr? ¡Qué error! Klehr estaba de tan buen humor...

Finalmente, está la mujer testigo que había acudido a Frankfurt desde Miami porque había leído la prensa y visto el nombre del doctor Lucas: «El hombre que asesinó a mi madre y a mi familia me interesa». Explica cómo ocurrió. Había llegado de Hungría en mayo de 1944. «Llevaba un niño en brazos. Dijeron que las madres podían quedarse con sus hijos y en consecuencia mi madre me dio el niño y me vistió de modo que yo pareciera mayor. [La madre llevaba a un tercer niño de la mano.] Cuando el doctor Lucas me vio, probablemente se dio cuenta de que el niño no era mío. Me lo quitó y se lo arrojó a mi madre.» El tribunal conoce inmediatamente la verdad. «¿Tuvo usted quizás el coraje de salvar a la testigo?» Lucas, tras una pausa, lo niega todo. Y la mujer, al parecer ignorante todavía de las normas de Auschwitz —donde todas las madres con niños eran gaseadas nada más llegar— abandona la sala, ignorante de que ella, que había ido en busca del asesino de su familia, se había enfrentado al salvador de su propia vida. Eso es lo que sucede cuando los hombres deciden sostener el mundo sobre su cabeza.

1966

A CASA A DORMIR

Nos hemos reunido aquí para celebrar una fiesta de cumpleaños, los doscientos años, no de América, sino de la República de los Estados Unidos, y me temo que no podíamos haber elegido un momento menos apropiado. Los síntomas de crisis de la República, de su forma de gobierno y de sus instituciones de libertad, podían detectarse desde hace decenios, desde que lo que hoy nos parece una crisis en miniatura fuera desencadenado por Joe McCarthy. Siguieron diversos hechos que testimoniaron un malestar creciente en los cimientos mismos de nuestra vida política: por supuesto, el episodio en sí mismo pronto fue olvidado, pero su consecuencia fue la destrucción de un funcionariado seguro y entregado, algo relativamente nuevo en este país, probablemente el logro más importante del largo período de gobierno de Roosevelt. Fue a continuación de ese período cuando el «americano feo» entró en la escena de las relaciones *exteriores*; entonces casi pasó inadvertido en nuestra vida nacional, salvo por una creciente incapacidad para corregir los errores y reparar los daños.

Inmediatamente después, un pequeño número de espectadores reflexivos empezaron a tener dudas sobre si nuestra forma de gobierno sería capaz de resistir el asalto de las fuerzas hostiles de este siglo y sobrevivir al año 2000 (el primero en manifestar públicamente estas dudas fue, si lo recuerdo bien, John Kennedy). Pero el talante general del país siguió siendo bueno y nadie estaba preparado, ni siquiera después del Watergate, para la reciente avalancha de acontecimientos sucediéndose unos a otros en cascada como unas cataratas de Niágara de la historia cuya fuerza avasalladora nos deja a todos, espectadores que tratan de reflexionar sobre ello y actores que tratan de retardar los hechos, igualmente aturdidos y paralizados. La rapidez de este proceso es tal que incluso recordar ordenadamente «qué pasó y cuándo» exige un serio esfuerzo; en realidad «cualquier cosa que exista desde hace cuatro minutos es tan antigua como Egipto» (Russell Baker).

No hay duda de que la catarata de acontecimientos que nos aturde se debe en gran medida a un extraño —pero en absoluto desconocido en la historia— cúmulo de coincidencias, cada una de las cuales tiene un significado y una causa diferentes. Nuestra derrota en Vietnam —en absoluto una «paz honorable» sino, por el contrario, una humillante derrota sin paliativos, la atropellada evacuación en helicóptero, con sus inolvidables escenas de una guerra de todos contra todos, ciertamente la peor de las cuatro opciones posibles del gobierno, a lo que añadimos gratuitamente nuestro último numerito de relaciones públicas, el puente aéreo de niños, el «rescate» de la única parte de la población sudvietnamita que estaba completamente a salvo—, la derrota por sí misma difícilmente podía haber producido un impacto tan grande; era una certeza desde hacía años, esperada por muchos desde la ofensiva del Tet.

Que la «vietnamización» no funcionaría no podía sorprender a nadie; era una consigna de relaciones públicas para excusar la evacuación de unas tropas norteamericanas que, atenazadas por las drogas, la corrupción, las deserciones y la rebelión abierta, no podían quedarse allí por más tiempo. Lo que llegó como una sorpresa fue la manera como el propio Thieu, sin consultar siquiera a sus protectores de Washington, se apañó para acelerar la desintegración de su gobierno hasta tal extremo que los vencedores fueron incapaces de luchar y conquistar; lo que encontraron, cuando pudieron establecer contacto con un enemigo que huía más deprisa de lo que ellos podían perseguirlo, no fue un ejército en retirada, sino la increíble desbandada de una muchedumbre de soldados y civiles en una estampida de proporciones gigantescas.

No obstante, lo importante es que ese desastre en el Sudeste asiático ocurrió casi al mismo tiempo que la ruina de la política exterior de Estados Unidos: el desastre de Chipre y la posible pérdida de dos antiguos aliados, Turquía y Grecia, el golpe de Portugal y sus imprevisibles consecuencias, la debacle de Oriente Medio, el ascenso de los Estados árabes. Ello coincidió además con nuestros múltiples problemas internos: inflación, devaluación de la moneda, el lamentable estado de nuestras ciudades, el creciente índice de desempleo y de delincuencia. Añádanse a todo eso las secuelas del Watergate, que yo no creo en absoluto que hayamos dejado atrás, los problemas con la OTAN, la cuasi bancarrota de Italia e Inglaterra, el conflicto con la India y las incertidumbres de la distensión, especialmente a la vista de la proliferación de las armas nucleares; comparémoslo todo por un momento con nuestra posición al final de la Segunda Guerra Mundial y estaremos de acuerdo en que, entre los muchos acontecimientos sin precedentes de este siglo, el rápido declive del poder político* de Estados Unidos merece tenerse debidamente en cuenta. Esto también es un hecho sin precedentes.

Puede muy bien ser que estemos en uno de esos decisivos puntos de inflexión en la historia que separan entre sí épocas enteras. Para contemporáneos presos, como nosotros estamos, en las inexorables exigencias de la vida diaria, las líneas divisorias entre épocas pueden resultar difíciles de ver al cruzarlas; sólo después de que la gente tropiece con ellas se convierten las líneas en muros que cierran definitivamente el pasado.

En esos momentos históricos en que lo escrito sobre el muro resulta demasiado aterrador, la mayoría de la gente corre a refugiarse en las seguridades de la vida de cada día, con sus invariables y acuciantes exigencias. Y esa tentación es tanto más fuerte hoy día porque ninguna visión de la historia a largo plazo, otra de nuestras escapatorias favoritas, resulta tampoco demasiado alentadora: las instituciones norteamericanas de la libertad, fundadas hace doscientos años, han sobrevivido más que cualquier otra gloria histórica comparable. Esas luminarias en el registro histórico del hombre se han convertido con justicia en los paradigmas de nuestra tradición de pensamiento político; pero no hemos de olvidar que, cronológicamente hablando, siempre hubo excepciones. Como tales, aquellas instituciones sobreviven esplendorosamente en nuestro pensamiento para iluminar la reflexión y la acción de los hombres en épocas más oscuras. Nadie conoce el futuro y lo único que podemos decir con certeza en este momento más bien solemne es que, independientemente de cómo acaben, estos doscientos años de Libertad, con todos sus altibajos, se han hecho merecedores del «debido galardón de la gloria» de que hablara Heródoto.

No obstante, el momento propicio para esta visión a largo plazo y para la glorificación inherente a la rememoración no ha llegado todavía y la ocasión nos incita de manera natural a recrear, como se ha propuesto, «la extraordinaria calidad de pensamiento, palabra y acción» de los Fundadores. Esto, me inclino yo a creer, podría haber sido imposible en las mejores circunstancias gracias a la calidad verdaderamente «extraordinaria» de esos hombres. Es precisamente porque la gente es consciente de la impresionante distancia que nos se-

* El lector ha de tener presente la clara distinción que establece Arendt entre *fuerza* militar, que depende de la utilización de la violencia, y *poder político*, que nace de la voluntad política del pueblo actuando conjuntamente en los asuntos que son de su común interés. (*N. del e.*)

para de nuestros orígenes por lo que tantos se embarcan en una búsqueda de las raíces, las «causas profundas» de lo que ocurrió. Está en la naturaleza misma de las raíces y las «causas profundas» que se hallen ocultas por las apariencias que supuestamente han causado. No están abiertas a la inspección y el análisis, sino que sólo puede llegarse a ellas por el incierto camino de la interpretación y la especulación. El contenido de tales especulaciones es a menudo forzado y casi siempre basado en supuestos anteriores a un examen imparcial de los hechos registrados. Existe una plétora de *teorías* acerca de la causa «profunda» del estallido de la Segunda Guerra Mundial, fundadas no en la melancólica sabiduría de quien mira atrás, sino en las especulaciones convertidas en convicciones acerca de la naturaleza y el destino del capitalismo o el socialismo, de la era industrial o post-industrial, del papel de la ciencia y la tecnología, etc. Pero dichas teorías se ven aún más seriamente limitadas por las consiguientes exigencias de la audiencia a la que van dirigidas. Deben ser *plausibles*, es decir, deben contener enunciados que los hombres más razonables de la época correspondiente puedan aceptar; no pueden requerir una aceptación de lo increíble.

Creo que la mayoría de la gente que ha contemplado el frenético final de la guerra de Vietnam, marcado por el pánico, ha pensado que lo que veía en la pantalla de su televisión era «increíble», como realmente era. Es este aspecto de la realidad, que no puede ser anticipado ni por la esperanza ni por el miedo, lo que celebramos cuando nos sonríe la diosa Fortuna y que maldecimos cuando la desgracia nos golpea. Toda especulación acerca de causas más profundas surge a partir del choque de la realidad con lo que parece plausible y puede explicarse en función de lo que las personas razonables piensan que es posible. Quienes cuestionan esa plausibilidad, los portadores de malas noticias, que insisten en «decir las cosas tal como son», nunca han sido bien acogidos y a menudo no se los tolera en absoluto. Si está en la naturaleza de las apariencias ocultar causas «más profundas», está en la naturaleza de la especulación acerca de tales causas ocultas el ocultar y hacernos olvidar la dura y nuda brutalidad de los hechos, de las cosas tal como son.

Esta tendencia humana natural ha adquirido proporciones gigantescas durante el último decenio, en que toda nuestra escena política ha estado dominada por los hábitos y las prescripciones de lo que eufemísticamente se llama relaciones públicas, es decir, por la «sabiduría» de Madison Avenue. Es la sabiduría de los servidores de una sociedad de consumo que anuncia sus productos a un público cuya mayor parte emplea en consumir aquellas mercancías mucho más tiempo del que cuesta producirlas. La función de Madison Avenue es ayudar a distribuir la mercancía y su interés se centra cada vez menos en las necesidades del consumidor y cada vez más en la necesidad de la mercancía de ser consumida en cantidades cada vez mayores. Si la abundancia y la sobreabundancia fueron las metas originales del sueño marxista de una sociedad sin clases —en la cual el trabajo estimulado por las necesidades humanas siempre produce más de lo que es necesario para la supervivencia individual del trabajador y la supervivencia de su familia—, entonces estamos viviendo la realidad del sueño socialista y comunista, sólo que ese sueño se ha realizado, superando las más alocadas fantasías de su autor, mediante los avances de la tecnología cuya última fase es de momento la automatización; el noble sueño se ha convertido en algo muy parecido a una pesadilla.

Aquellos que gustan de especular acerca de las causas «más profundas» que subyacen al cambio, de hecho, de una antigua sociedad de productores en una sociedad de consumidores, que sólo podía seguir funcionando convirtiéndose en una enorme economía de despilfarro, harían bien en prestar atención a las recientes reflexiones de Lewis Mumford en el *New Yorker*. Pues ciertamente es más que verdad que la «premisa en que se basa esta nueva época», tanto en su desarrollo capitalista como en el socialista, ha sido «la doctrina del Progreso». «El progreso —dice Mumford— fue una locomotora que abandonó su propia vía sin dejar huella alguna de su paso ni encaminarse hacia ningún destino imaginable ni humanamente deseable. *"Marchar es la meta"*», pero no porque haya una belleza o significado intrínsecos en ese «marchar». Lo que ocurre más bien es que dejar de marchar, dejar de despilfarrar, de consumir cada vez más y más aprisa, decir en algún momento ¡basta!, significaría una catástrofe inmediata. Este progreso, acompañado por el ruido incesante de las agencias de publicidad, vino a costa del mundo en que vivimos y de los objetos con su obsolescencia programada, de los que ya no usamos sino abusamos, usamos mal y tiramos. El reciente y súbito despertar de la conciencia de las amenazas a nuestro entorno es el primer rayo de esperanza en todo este proceso, aunque nadie, por lo que yo veo, ha encontrado todavía el medio de detener esta economía desbocada sin provocar un colapso realmente mayor.

Mucho más decisivo, sin embargo, que esas consecuencias sociales y económicas es el hecho de que la táctica de Madison Avenue, bajo el nombre de relaciones públicas, ha sido autorizada a invadir nuestra vida política. Los Papeles del Pentágono no sólo han mostrado con detalle «la imagen de la mayor superpotencia mundial que mata o hiere gravemente a un millar de personas no combatientes por semana tratando de forzar una insignificante nación atrasada a la sumisión en un asunto cuyos méritos son objeto de agria discusión» (una imagen que, en las muy mesuradas palabras de Robert McNamara, ciertamente «no era muy bonita»). Los papeles han probado también más allá de toda duda y con tediosa repetición que esta no demasiado honorable ni racional empresa fue guiada exclusivamente por la necesidad de una superpotencia de crear para sí misma una *imagen* capaz de *convencer* al mundo de que era realmente «la mayor potencia de la Tierra».

El objeto último de esta guerra terriblemente destructiva que Johnson desencadenó en 1965 no era el poder ni el beneficio económico, ni siquiera algo tan real como la influencia en Asia al servicio de intereses tangibles en aras de los cuales fuera necesario lograr y utilizar racionalmente un prestigio, una imagen apropiada. No era una política imperialista, con su afán de expansión y anexión. La terrible verdad que puede extraerse de lo que se cuenta en esos papeles es que el único objetivo permanente era la *imagen* en sí misma, algo que se debatió en innumerables memorandos y «opciones», es decir, en los «escenarios» y sus «audiencias», lenguaje que se tomaba prestado al teatro. Para el objetivo último, todas las «opciones» no eran más que medios a corto plazo perfectamente intercambiables, hasta que finalmente, cuando todo apuntaba a la derrota, todo ese aparato oficial exprimió sus notables recursos intelectuales buscando la manera de evitar *reconocer* la derrota y mantener intacta la *imagen* de la «mayor potencia de la Tierra». Fue en ese momento, claro está, cuando el gobierno se vio obligado a chocar frontalmente con la prensa y descubrir que unos corresponsales libres e independientes son una amenaza mayor para la fabricación de imágenes que las conspiraciones exteriores de los enemigos reales de Estados Unidos. Esta confrontación fue sin duda iniciada por la publicación simultánea de los Papeles del Pentágono en *The New York Times* y *The Washington Post*, probablemente la mayor primicia periodística del siglo, pero, de hecho, era inevitable mientras los periodistas estuvieran dispuestos a insistir en su derecho a publicar «todas las noticias que es conveniente imprimir».

La fabricación de imágenes como política mundial es ciertamente algo nuevo en el enorme arsenal de locuras humanas que registra la historia, pero mentir, como tal, no es nuevo ni necesariamente estúpido en política. Las mentiras se han considerado siempre justificadas en casos de necesidad, mentiras relativas a determinados secretos, especialmente de carácter militar, que han de ser protegidos del enemigo. Esto no era mentir por principio, era la prerrogativa celosamente guardada de un pequeño número de hombres reservada para circunstancias extraordinarias, mientras que a la fabricación de imágenes, el engaño aparentemente inocuo de Madison Avenue, se la dejó proliferar por todos los niveles de los servicios gubernamentales, militares y civiles: la falsa contabilidad de cuerpos de las misiones de «búsqueda y destrucción», los informes manipulados de la fuerza aérea sobre los daños causados, los informes de constantes progresos enviados a Washington, que en el caso del embajador Martin prosiguieron hasta el momento mismo en que abordó el helicóptero para ser evacuado. Esas mentiras no ocultaban secreto alguno frente a amigos o enemigos; ni tenían esa finalidad. Estaban destinadas a manipular al Congreso y persuadir al pueblo de Estados Unidos.

Mentir como forma de vida no es tampoco una novedad en política, al menos no en nuestro siglo. Tuvo pleno éxito en países sometidos a un régimen de dominación total, donde la mentira se guiaba no por una imagen, sino por una ideología. Su éxito, como todos sabemos, fue aplastante, pero dependía del *terror*, no de la persuasión disimulada, y su resultado dista de ser alentador: dejando de lado toda otra consideración, esa forma de mentir por principio es en gran medida la razón de que la Unión Soviética sea todavía una especie de país subdesarrollado e infrahabitado.

En nuestro contexto, el aspecto decisivo de ese mentir por principio es que sólo puede funcionar mediante el terror, es decir, mediante la invasión de los procesos políticos por la pura delincuencia. Eso es lo que ocurrió en Alemania y en Rusia a una escala gigantesca durante las décadas de 1930 y 1940, cuando el gobierno de dos grandes potencias estaba en manos de asesinos en masa. Cuando llegó el final, con la derrota y el suicidio de Hitler y la repentina muerte de Stalin, en ambos países, aunque de maneras diferentes, se introdujo una forma política de fabricación de imágenes para encubrir la increíble historia pasada. El régimen de Adenauer en Alemania consideró que debía encubrir el hecho de que Hitler no sólo había sido ayudado por algunos «criminales de guerra», sino también apoyado por una mayoría del pueblo alemán, y Jruschov, en su famoso discurso durante el vigésimo congreso del partido, pretendió que todo aquello había sido consecuencia del desafortunado «culto a la personalidad» de Stalin. En ambos casos, esa mentira era lo que hoy llamaríamos encubrimiento y se consideró necesaria para permitir a la gente dejar atrás un monstruoso pasado que había dejado el país lleno de incontables criminales y recobrar una cierta normalidad.

Por lo que se refiere a Alemania, la estrategia tuvo gran éxito y el país se recobró ciertamente muy deprisa, mientras que en Rusia el cambio no fue a nada que pudiéramos llamar normal, sino un retorno al despotismo; y aquí no hemos de olvidar que el cambio de un sistema de dominación total con sus millones de víctimas inocentes a un régimen tiránico que sólo persigue a sus opositores puede acaso entenderse como algo que es normal en el marco de la historia de Rusia. Hoy día, la consecuencia más grave de los terribles desastres de las décadas de 1930 y 1940 en Europa es que esa forma de criminalidad, con sus baños de sangre, ha permanecido como el criterio consciente o inconsciente con arreglo al cual medimos lo que está permitido o prohibido en política. La opinión pública se siente peligrosamente inclinada a condonar, no el crimen callejero, pero sí todas las transgresiones políticas que no lleguen al asesinato.

El Watergate significó la intrusión de la delincuencia en los procesos políticos de este país, pero en comparación con lo que ya había ocurrido en este siglo terrible, sus manifestaciones —la mentira descarada, como en la resolución sobre el golfo de Tonkin, para manipular al Congreso, unos cuantos robos con escalo de tercera categoría, el exceso de mentiras para encubrir a sus autores, el acoso a ciudadanos por medio del Internal Revenue Service, el intento de organizar un servicio secreto al mando exclusivo del poder ejecutivo— han sido tan tibias que siempre ha resultado difícil tomárselas completamente en serio. Esto era especialmente así para los espectadores y comentaristas del exterior, pues ninguno de ellos venía de lugares en que una constitución es realmente la ley fundamental del país, como ha sido el caso aquí desde hace doscientos años. De modo que ciertas transgresiones que en este país son realmente delitos, no se consideran tales en otros países.

Pero incluso los que somos ciudadanos y que, como ciudadanos, nos hemos opuesto al gobierno al menos desde 1965 tenemos dificultades a este respecto después de la publicación selectiva de las grabaciones de Nixon. Al leerlas tenemos la impresión de que sobrestimamos a Nixon y a su gobierno (aunque ciertamente no sobrestimamos los desastrosos resultados de nuestra aventura asiática). Las acciones de Nixon nos confundieron porque sospechábamos que nos hallábamos ante un ataque premeditado a la ley fundamental del país, con el intento de abolir la Constitución y las instituciones de la libertad. Visto retrospectivamente, parece como si no hubieran existido esos grandes planes, sino «sólo» la firme resolución de acabar con toda *ley*, constitucional o no, que se interpusiera en el camino de cambiantes designios inspirados por la codicia y el afán de venganza más que por la atracción del poder o por cualquier otro programa político coherente. En otras palabras, es como si un hatajo de tipos marrulleros, más bien mafiosos sin talento, hubiesen logrado apoderarse del gobierno de «la mayor potencia de la Tierra». Es en la línea de estas consideraciones como la brecha de credibilidad, que el gobierno nos dice que amenaza nuestras relaciones con otros países impidiéndoles seguir confiando en el cumplimiento de nuestros compromisos, amenaza realmente nuestros asuntos internos más que las relaciones internacionales. Cualesquiera que sean las causas de la erosión del poder estadounidense, difícilmente están entre ellas las tonterías del gobierno de Nixon con su convicción de que unas cuantas jugadas sucias es todo lo que necesitamos para tener éxito en cualquier empresa. Todo esto, ciertamente, no es muy consolador, pero lo cierto es que los delitos de Nixon estaban a gran distancia de esa clase de criminalidad con la que nos sentimos inclinados a compararlos. Con todo, hay unos cuantos paralelismos que, a mi modo de ver, pueden reclamar justificadamente nuestra atención.

Tenemos en primer lugar el hecho realmente incómodo de que había bastantes hombres en torno a Nixon que no pertenecían al círculo interno de sus compinches y que él no había designado, pero que sin embargo hicieron causa común con él, algunos hasta el amargo final, a pesar de que sabían lo bastante de las «historias de horror» que tenían lugar en la Casa Blanca como para evitar que se les manipulara. Es verdad que Nixon nunca confió en ellos, pero ¿cómo podían *ellos* confiar en aquel hombre que había demostrado a lo largo de una larga y poco honorable carrera pública que *no* era posible confiar en él? La misma pregunta incómoda podría, por supuesto, y con más justificación, hacerse acerca de los hombres que rodeaban a Hitler y Stalin. Hombres con instintos auténticamente criminales que actúan impulsados por ellos no son frecuentes, y son menos comunes entre los políticos y estadistas por la simple razón de que su actividad concreta, la que se desarrolla en el ámbito público, exige publicidad, y los criminales, como norma, no tienen grandes deseos de publicidad. El problema, creo, no es tanto el hecho de que el poder corrompa como que el *aura* del poder, sus llamativos oropeles, más que el poder mismo, *atraen*; en efecto, todos aquellos hombres que hemos sabido en este siglo que han abusado del poder hasta extremos descaradamente criminales eran corruptos mucho antes de llegar al poder. Lo que los colaboradores necesitaban para convertirse en cómplices de actividades criminales era permisividad, la seguridad de que estarían por encima de la ley. No sabemos nada seguro sobre estos asuntos; pero todas las especulaciones acerca de una tensión inherente entre poder y carácter adolecen de una tendencia a equiparar indiscriminadamente los criminales natos con aquellos que únicamente se apresuran a colaborar una vez que les ha quedado claro que la opinión pública o el «privilegio ejecutivo» los protegerá del castigo.

Por lo que se refiere a los criminales mismos, la principal debilidad común a su carácter parece ser la suposición, más bien ingenua, de que todo el mundo es realmente como ellos, que su carácter torcido es parte constitutiva de la condición humana despojada de la hipocresía y los clichés convencionales. El mayor error de Nixon —aparte del de no quemar las cintas a tiempo— fue haber juzgado mal el grado de incorruptibilidad de los tribunales y de la prensa.

La cascada de acontecimientos de las últimas semanas casi lograron por un momento hacer trizas la pantalla de mentiras tejida por el gobierno de Nixon y la red de fabricantes de imágenes que lo habían precedido. Los acontecimientos sacaron a la luz los hechos desnudos, rodando con toda su fuerza bruta hasta formar un montón de escombros; por un momento, pareció como si todos los pollos se hubieran ido juntos a casa a dormir. Pero para la gente que ha vivido durante tanto tiempo en el ambiente eufórico de «nada tiene tanto éxito como el éxito», la consecuencia lógica de que «nada fracasa tanto como el fracaso» no era fácil de aceptar. Y así, quizás era natural que la primera reacción del gobierno de Ford fuera la de probar con una nueva imagen que pudiera al menos atenuar el fracaso, atenuar la admisión de la derrota.

Bajo el supuesto de que «la mayor potencia de la Tierra» carecía de la fuerza interna para convivir con la derrota, y con el pretexto de que el país estaba amenazado de un nuevo aislacionismo, del cual no había signo alguno, el gobierno se embarcó en una política de recriminaciones al Congreso y se nos ofreció, como en muchos países antes que nosotros, la leyenda del puñal por la espalda, generalmente inventada por generales que han perdido una guerra y sostenida en nuestro caso de la manera más convincente por el general William Westmoreland y el general Maxwell Taylor.

El presidente Ford mismo ha ofrecido una visión más amplia que dichos generales. Observando que el tiempo, en toda circunstancia, tiene la peculiaridad de marchar *hacia adelante*, nos ha encarecido repetidamente que hagamos como el tiempo, nos ha advertido que mirar hacia atrás sólo puede conducirnos a recriminaciones mutuas (olvidando por el momento que él mismo ha rehusado conceder una amnistía incondicional, el medio tradicionalmente usado para curar las heridas de una nación dividida). Nos ha dicho que hagamos lo que él no ha hecho, a saber, olvidar el pasado y abrir de buen talante un nuevo capítulo en la historia. Comparado con las refinadas formas en que durante muchos años se barrieron bajo la alfombra de las imágenes los hechos desagradables, es éste un inquietante regreso a los más antiguos métodos empleados por la humanidad para librarse de las realidades desagradable: el *olvido*. No cabe duda de que, si tuviera éxito, funcionaría mejor que todas las imágenes con las que se ha tratado de sustituir la realidad. Olvidemos Vietnam, olvidemos el Watergate, olvidemos el encubrimiento y el encubrimiento del encubrimiento impuesto por un indulto presidencial prematuro al principal actor de esta historia, y que aún hoy día se niega a admitir ningún delito; *no la amnistía, sino la amnesia, curará todas nuestras heridas*.

Uno de los descubrimientos de la forma totalitaria de gobierno fue el método de cavar enormes agujeros en los que enterrar hechos y acontecimientos molestos, una gigantesca empresa que sólo podía llevarse a cabo matando a millones de personas que habían sido actores o testigos del pasado. En efecto, el pasado quedaba condenado a ser olvidado como si nunca hubiera sido. Por supuesto, nadie deseaba ni por un momento seguir la implacable lógica de esos gobernantes anteriores, especialmente porque, como ahora sabemos, no tuvieron éxito. En nuestro caso no es el terror, sino la persuasión impuesta por la presión y la manipulación de la opinión pública, lo que se supone que tendrá éxito donde el terror ha fracasado. La opinión pública, al principio, no se mostró muy asequible a semejantes intentos del Ejecutivo; la primera respuesta a lo ocurrido fue un torrente en rápido aumento de artículos y libros sobre «Vietnam» y el «Watergate», la mayoría de ellos no tan deseosos de contarnos los hechos como de extraer y enseñarnos las lecciones que se suponía que debíamos aprender de nuestro pasado reciente, citando una y otra vez el antiguo adagio de que «quienes no aprenden las lecciones de la historia están condenados a repetirla».

Pues bien, si la historia —a diferencia de los historiadores, que extraen las más variopintas lecciones de su interpretación de la historia— tiene algo que enseñarnos, ese oráculo pítico me parece más críptico y oscuro que las profecías del Apolo délfico, en las que nadie tenía mucha confianza. Creo más bien, con Faulkner, que «el pasado nunca está muerto, ni siquiera es pasado», y ello por la simple razón de que el mundo en que vivimos en cada momento *es* el mundo del pasado; está formado por los monumentos y los restos de lo que ha sido hecho por los hombres para bien o para mal; sus hechos son siempre lo que ha *llegado a ser* (como el origen latino de la palabra indica: *fieri, factum est*). En otras palabras, es bastante cierto que el pasado nos *acecha*; es función del pasado acecharnos a los que somos presentes y queremos vivir en el mundo tal como es realmente, o sea, tal como ha *llegado a ser* lo que es ahora.

He dicho antes que en la avalancha de los recientes acontecimientos era como si «todos los pollos se hubieran ido a casa a dormir», y he usado esta expresión común porque indica el efecto bumerán, el inesperado y fatal tiro por la culata de los actos sobre quien los hace, algo que tanto temían los políticos imperialistas de pasadas generaciones. Efectivamente, la previsión de este efecto los refrenaba de manera decisiva de hacer lo que estuvieran haciendo en lejanos países a pueblos extraños y extranjeros. No contemos nuestras dotes, pero, aunque sea de manera rápida y no exhaustiva, mencionemos algunos de los efectos perniciosos de los que no sería sensato culpar a ningún chivo expiatorio, exterior o interior, sino sólo a nosotros mismos. Empecemos con la economía, cuyo brusco giro del bum a la depresión nadie había vaticinado, y que los últimos acontecimientos de la ciudad de Nueva York han dramatizado de forma tan triste y ominosa.

Diré primero lo más obvio: la inflación y la devaluación de la moneda son inevitables después de perder una guerra, y sólo nuestro empeño en no admitir una derrota desastrosa nos guía y nos extravía en una fútil búsqueda de «causas más profundas». Sólo la victoria unida a la adquisición de nuevos territorios y reparaciones mediante un acuerdo de paz puede compensar los gastos totalmente improductivos de una guerra. En el caso de la guerra que hemos perdido, ello sería imposible en cualquier caso pues no pretendíamos ninguna expansión territorial, e incluso ofrecimos (aunque al parecer nunca tuvimos la intención de pagar) 2.500 millones de dólares a Vietnam del Norte para la reconstrucción del país. Para aquellos deseosos de «aprender» de la historia, he ahí la trivial lección de que incluso los países fabulosamente ricos pueden quebrar. Pero, por supuesto, hay más factores en la súbita crisis que se nos ha venido encima.

La Gran Depresión de la década de 1930, que se extendió desde Estados Unidos a toda Europa, no llegó en ningún país a ser controlada ni seguida de una recuperación normal (el New Deal en este país no fue menos impotente a este respecto que las *Notverordnungen*, las medidas de emergencia adoptadas por la moribunda República de Weimar, cuya ineficacia es bien conocida). La Depresión terminó únicamente gracias a los cambios súbitos y políticamente necesarios impuestos por una economía de guerra, primero en Alemania, donde Hitler había acabado con la Depresión y el desempleo consiguiente en 1936, y luego, con el estallido de la guerra, en Estados Unidos. Este hecho de tremenda importancia estaba al alcance de todo el mundo, pero fue inmediatamente encubierto por un gran número de complicadas teorías económicas, de forma que la opinión pública quedó al margen de los hechos. Seymour Melman es, hasta donde yo sé, el único autor de consideración que ha señalado este punto repetidamente (véase *American Capitalism in Decline*, que según un crítico de *The New York Times Book Review*, «presenta datos suficientes como para llenar tres libros del mismo tamaño»), y su obra permanece completamente al margen de las corrientes dominantes en teoría económica. Pero aunque este hecho fundamental, realmente inquietante en sí mismo, no se tuvo en cuenta en casi ninguno de los debates públicos, llevó casi de inmediato a la convicción más o menos comúnmente compartida de que, en la industria, «las empresas no están en el negocio para producir bienes, sino para proporcionar empleos».

Esta máxima puede haber tenido su origen en el Pentágono, pero lo cierto es que entretanto se ha extendido por todo el país. Es verdad que la economía de guerra como salvadora frente al desempleo y la depresión fue seguida del uso a gran escala de diversos inventos que resumimos bajo el nombre de automatización y que, tal como fue señalado debidamente hace quince o veinte años, debe de haber supuesto una brutal pérdida de puestos de trabajo. Pero el debate sobre la automatización y el desempleo desapareció rápidamente por la simple razón de que el *featherbedding** y otras prácticas similares, impuestas en parte, pero sólo en parte, por el gran poder de los sindicatos, parecen haber resuelto el problema. Hoy es algo casi universalmente aceptado que hacemos coches para mantener empleos, no para trasladar gente.

No es ningún secreto que los miles de millones de dólares solicitados por el Pentágono para la industria de armamentos son necesarios no para la «seguridad nacional», sino para evitar el derrumbamiento

* Expresión metafórica que designa la realización de actividades o la contratación de trabajadores que no son estrictamente necesarios para las empresas, a fin de contentar a los sindicatos. (*N. del t.*)

de la economía. En un momento en que la guerra como instrumento racional de la política se ha convertido en una especie de lujo justificable sólo para las pequeñas potencias, el comercio y la producción de armas se ha convertido en el negocio que crece más rápidamente, y Estados Unidos es «fácilmente el mayor comerciante de armas del mundo». Como señaló tristemente el Primer ministro del Canadá, Pierre Trudeau, cuando recientemente fue criticado por vender armas a Estados Unidos que serían luego utilizadas en Vietnam, la cosa se ha convertido en una elección «entre manos sucias y barrigas vacías».

En estas circunstancias es totalmente cierto que, como dice Melman, «la ineficiencia [ha sido elevada al rango] de objetivo nacional», y lo que se ha ido a casa a dormir en este caso particular es la febril y, por desgracia, muy exitosa política de «resolver» problemas muy reales mediante hábiles trucos publicitarios que sólo sirven para hacer que los problemas desaparezcan temporalmente.

Acaso sea un signo del despertar del sentido de la realidad que la crisis económica, ejemplificada por la posible quiebra de la mayor ciudad del país, ha hecho más por dejar el Watergate en un segundo plano que todos los diversos intentos de dos gobiernos juntos. Lo que aún persiste, y todavía nos acecha, es el asombroso epílogo de la dimisión forzosa del señor Nixon. El señor Ford, un presidente no electo, nombrado por el propio señor Nixon por ser uno de sus más firmes partidarios en el Congreso, fue acogido con gran entusiasmo. «En unos días, casi en unas horas, Gerald Ford despejó los perniciosos efluvios que flotaban desde hacía tanto tiempo sobre la Casa Blanca; y el sol, por así decir, volvió a brillar nuevamente en Washington», dijo Arthur Schlesinger, ciertamente uno de los últimos intelectuales que uno habría esperado que alimentara secretos deseos por el hombre a caballo. Así fue, de hecho, como muchos norteamericanos reaccionaron instintivamente. El señor Schlesinger puede que haya cambiado de idea después del prematuro indulto de Ford, pero lo que ocurrió entonces demostró qué bien había sintonizado con el talante del país en su apresurada valoración. El señor Nixon tuvo que dimitir porque estaba seguro de ser procesado por encubrimiento del asunto Watergate; una reacción normal en los afectados por las «historias de horror» de la Casa Blanca habría sido seguir indagando quién había instigado aquel asunto que luego tuvo que ser encubierto. Pero, hasta donde yo sé, esta pregunta fue planteada y desarrollada seriamente por un único artículo solitario, de Mary McCarthy para *The New York Review of Books*. Los que ya habían sido acusados y condenados por su participación en el encubrimiento recibieron una avalancha de ofertas de editores, de la prensa y de la televisión, así como de las universidades, para que contaran su historia. Nadie duda de que todas esas historias serán interesadas, sobre todo la que el propio Nixon piensa publicar, y por la que su agente cree que puede fácilmente obtener un anticipo de dos millones de dólares. Esas ofertas, lamento decirlo, no están en modo alguno motivadas políticamente; son reflejo del mercado y de su demanda de «imágenes positivas»: es decir, su búsqueda de más mentiras y fabricaciones, esta vez para justificar el encubrimiento y justificar a los delincuentes.

Lo que ahora se va a casa a dormir es esta prolongada educación en el arte de la imagen, que no parece crear menos hábito que las drogas. En mi opinión, no hay nada que nos enseñe más acerca de esa adicción que la reacción pública, en la calle igual que en el Congreso, a nuestra «victoria» en Camboya, que en opinión de muchos no es otra cosa que «lo que el médico ha recetado» (Sulzberger) para curar las heridas de la derrota de Vietnam. Ciertamente, «¡fue una célebre victoria!», como James Reston citó oportunamente en *The New York Times*; y esperemos que esto sea finalmente el nadir de la erosión del poder de este país, el nadir de la autoconfianza cuando la victoria sobre uno de los más insignificantes y más indefensos países puede alegrar a los habitantes de lo que hace sólo unas décadas era realmente «la mayor potencia de la Tierra».

Señoras y señores, mientras resurgimos lentamente de entre los escombros de los acontecimientos de estos últimos años, no olvidemos esos años de aberración a fin de no hacernos totalmente indignos de los gloriosos comienzos de hace doscientos años. Cuando los hechos se van a casa a dormir, tratemos al menos de darles la bienvenida. Intentemos no escapar rumbo a ciertas utopías: imágenes, teorías o meras locuras. La grandeza de esta República ha sido dar debida cuenta, en aras de la libertad, de lo mejor y lo peor que hay en el hombre.

1975

NOTAS

ALGUNAS CUESTIONES DE FILOSOFÍA MORAL

1. En los asuntos morales está en juego la conducta de los *individuos*, cosa que quedó en evidencia en el procedimiento judicial, donde lo que se preguntaba no era ya: «¿Fue una pieza de engranaje grande o pequeña?», sino: «¿Por qué consintió en convertirse en una pieza de engranaje? ¿Qué pasó con su conciencia? ¿Por qué no funcionó, o funcionó al revés?». Y ¿por qué no era posible encontrar ningún nazi en la Alemania de la posguerra? ¿Por qué pudo dársele la vuelta otra vez? ¿Simplemente a causa de la derrota? (Hannah Arendt, «Basic Moral Propositions»).

2. Immanuel Kant, *Foundation of the Metaphysics of Morals*, Library of Liberal Arts, Indianápolis, Bobbs-Merrill, 1959, pág. 20 [*Fundamentación de la metafísica de las costumbres*, Madrid, Espasa Calpe, 1995 (pág. 404 del vol. IV de la edición de obras completas por la Academia de Ciencias de Prusia). (*N. del t.*)]

3. Immanuel Kant, *Die Religion innerhalb der Grenzen der blossen Vernunft* (trad. cast.: *La religión dentro de los límites de la propia razón*, Madrid, Alianza, 1981), en *Immanuel Kant's Sämtliche Werke*, ed. G. Hertenstein, vol. 6, Leipzig, Leopold Voss, 1868, págs. 132-133. (*N. del e.*)

4. Friedrich Nietzsche, *Werke in Drei Bänden*, vol. 3, Múnich, Carl Hanser, 1956, pág. 484. (*N. del e.*) [«Ingenuidad: como si la moral pudiera sobrevivir cuando no hay ya un *Dios* que sancione. El "más allá" absolutamente necesario si se ha de justificar la fe en la moral.» (*N. del t.*)]

5. Immanuel Kant, *Critique of Pure Reason*, Nueva York, St. Martin's Press, 1965, A819, pág. 644 (trad. cast.: *Crítica de la razón pura*, Madrid, Alfaguara, 1998, pág. 638). (*N. del e.*)

6. Immanuel Kant, *Lectures on Ethics*, Indianápolis, Hackett Publishing Company, 1963, pág. 51 (trad. cast.: *Lecciones sobre ética*, Barcelona, Crítica, 1988, pág. 90) (*N. del e.*)

7. Immanuel Kant, *Critique of Practical Reason*, Library of Liberal Arts, Indianápolis, Bobbs-Merrill, 1956, pág. 166, conclusión (trad. cast.: *Crítica de la razón práctica*, Salamanca, Sígueme, 1994, pág. 197). (*N. del e.*)

8. Immanuel Kant, «Perpetual Peace», en *On History*, Indianápolis, Bobbs-Merrill, 1963, pág. 112 (trad. cast.: *Sobre la paz perpetua*, Madrid, Tecnos, 1996, pág. 38) (*N. del e.*)

9. En Kant existe el problema de saber de dónde deriva la obligación: puede derivar de alguna realidad trascendente fuera del hombre, aun cuando

sin la esperanza de un mundo inteligible, todas las obligaciones morales podrían resultar ser *Hirngespinste* (fantasmas). (Pues sólo se dejan sentir en el interior del hombre y, hasta donde llega su validez objetiva, incluso una nación de demonios o un redomado villano podrían actuar de conformidad con ellas. Son dictados de la pura razón.) Una fuente trascendente privaría al hombre de su autonomía, de que siguiera únicamente su ley interior, que es lo que le da su dignidad. Por consiguiente, el deber podría ser un «concepto vacío», pues a la pregunta: y ¿por qué debo cumplir con mi deber?, sólo cabe una respuesta: porque es mi deber. Y el presupuesto de que al obrar de otro modo entro en contradicción conmigo mismo no tiene la misma fuerza argumentativa en Kant, porque la razón no es lo mismo que el pensar, y el pensar no se entiende como el trato conmigo mismo. La obligación en Kant deriva del *dictamen rationis*, un dictado de la razón. Y este dictado es tan incontestable como otras verdades racionales, tales las verdades matemáticas, que siempre se toman como ejemplo («Basic Moral Propositions»).

10. Siempre ha habido unos pocos con quienes [la presión para que imiten a los demás en la sociedad nazi] no ha funcionado. Y en este curso nos ocupamos de ellos. ¿Qué es lo que les impidió actuar como todos los demás? ¿Su noble natural (como sugeriría Platón)? ¿En qué consiste esa nobleza? Seguimos a Platón y los reconocemos como aquellos para quienes ciertas proposiciones morales son evidentes por sí mismas. Pero ¿por qué? Ante todo, ¿quiénes eran? Los que se adaptaron al nuevo orden no eran en absoluto los revolucionarios, los rebeldes, etc. Evidentemente no, porque eran la mayoría aplastante. El derrumbe consistió en la claudicación de aquellos grupos sociales que no habían dudado ni habían lanzado consignas rebeldes. Eran lo que Sartre llama *les salauds*, a los que identifica con los dechados de virtud de la sociedad respetable.

Los que resistieron se podían encontrar en todos los géneros de vida, entre los pobres y las personas analfabetas igual que entre los miembros de la buena y la alta sociedad. Decían muy pocas cosas y la argumentación siempre era la misma. No había ningún *conflicto*, ninguna lucha, el mal no suponía ninguna tentación. No dijeron: «Tenemos miedo de un dios que todo lo ve y es vengativo». Ni siquiera lo dijeron cuando eran religiosos; y tampoco habría servido, porque las religiones también se habían adaptado bastante bien. Simplemente decían: «No puedo, prefiero morir, porque la vida no tendría ningún valor después de hacerlo».

Por consiguiente, nos ocuparemos de la conducta de la gente corriente, no de los nazis ni de los bolcheviques convencidos ni de los santos y los héroes, y tampoco de los criminales natos. Pues si hay algo a lo que podemos llamar moral a falta de un término mejor, tiene que ver ciertamente con esa gente común y con los hechos comunes («Basic Moral Propositions»).

11. Uno no necesita la filosofía de Kant para llegar a esta conclusión. Les daré a ustedes otro ejemplo más reciente que, a partir de presupuestos totalmente diferentes, llega exactamente a las mismas conclusiones. Un autor reciente, George A. Schrader («Responsibility and Existence», *Nomos*, vol. 3),

se ve en la misma dificultad: aun cuando la verdad moral fuese evidente por sí misma, la obligación moral —que impone actuar conforme con lo que uno sabe que es correcto— ni es evidente por sí misma ni puede demostrarse de manera concluyente. En consecuencia, Kant trata de transformar todos los imperativos morales, no en simples proposiciones, sino en enunciados ontológicos, con la esperanza, obviamente, de que el ser, o la existencia misma, proporcione una fuerza vinculante que, de otro modo, sólo encontramos en el poder de los mandamientos divinos. El resultado de ello es que lo que solemos llamar conducta *correcta* o *incorrecta* se convierte en conducta adecuada o inadecuada. Resulta bastante interesante ver cómo nuestro autor, siguiendo hasta cierto punto a Heidegger, empieza por el hecho de que el hombre no se ha hecho a sí mismo, sino que debe su existencia, que le ha sido otorgada como un don gratuito. A partir de ahí concluye que al hombre pueden pedírsele cuentas, que es responsable por definición. «Ser hombre es ser responsable de uno mismo ante uno mismo.» Bueno, ¿ante quién, si no, sería uno responsable? Pero ¿no es más bien evidente que la afirmación del hecho de no haber elegido la vida podría significar exactamente lo contrario, a saber, que yo no me he hecho a mí mismo y, si mi existencia me ha sido dada como un don gratuito, puedo incluirla entre mis posesiones y hacer con ella lo que me dé la gana? Pero dejemos de lado este contraargumento, así como la reaparición del yo como criterio último, y pasemos a la siguiente aserción: «Decir esto no es en modo alguno insistir en que un hombre *tenga* que ser en un sentido ideal, sino simplemente decir lo que *es* y lo que *debe ser*». De lo cual se seguiría que, si la discrepancia entre el «debe ser» y el comportamiento real es lo bastante grande, el hombre deja de ser un hombre. Si pudiéramos permitirnos el lujo de llamar a la conducta inmoral, simplemente, conducta no humana, entonces nuestros problemas ciertamente se acabarían. Pero no es así, como ustedes verán inmediatamente a partir de uno de los ejemplos clave que da el autor: los malos tratos a un perro. Es «moral y cognoscitivamente erróneo» tratar a un perro como si fuera una piedra. Lo que se da aquí es una «representación errónea» de un objeto, un error cognoscitivo. Ni por un momento se le ocurre a nuestro autor que, si trato a un perro como a una piedra, o bien es que yo me comporto como una piedra o, lo que es más probable, que quiero causar dolor. No se da ningún error cognoscitivo; al contrario, si no supiera que un perro *no* es una piedra, nunca me sentiría tentado de maltratarlo.

12. El yo para el cual es mejor sufrir la injusticia que cometerla no es tanto, en realidad, esa entidad del Yo-soy-yo (*Ricardo III*), sino una actividad. Lo que está en juego es la capacidad de pensar las cosas a fondo por mí mismo, y no el Yo-soy (que ante todo es uno y no dos-en-uno: al actuar eres *uno*, apareces en el mundo como *uno*) ni los posibles resultados. Sócrates no enseñaba, no tenía conocimiento alguno; se hallaba embarcado en un proceso sin fin, un proceso que dependía de lo que se le propusiera para empezar. En el *Cármides* (165b): «Critias, actúas como si yo asegurara que conozco las respues-

tas a las preguntas que te hago y pudiera dártelas si quisiera. No es así. Yo inquiero contigo acerca de todo lo que se propone, precisamente, porque yo no tengo conocimiento alguno». Repite esto mismo con frecuencia, también el *Gorgias* (506a). Por eso no se hace hincapié en el conocimiento, en la adquisición, sino en una actividad. Políticamente hablando, Sócrates parece haber creído que no era el conocimiento, sino el saber cómo pensar, lo que haría mejores a los atenienses, más dispuestos a resistir al tirano, etc. Por cierto, el juicio de Sócrates gira en torno a este punto: Sócrates no enseñaba nuevos dioses, sino cómo ponerlo todo en tela de juicio. Para aquellos que toman por resultados la ausencia de resultados de semejante manera de preguntar, este empeño en derribar ídolos puede resultar muy peligroso. Nadie que sepa cómo pensar volverá nunca a ser capaz simplemente de obedecer y adaptarse, no porque posea un espíritu rebelde, sino por el hábito de examinarlo todo con cuidado. En la *Apología*, la última respuesta de Sócrates a los jueces fue: «No puedo renunciar a examinar». ¿Por qué no podía hacerlo en silencio? La prioridad de *dialégesthai* sobre *dianoeisthai* («Basic Moral Propositions»).

13. Friedrich Nietzsche, «Carta a Paul Rée», en *Correspondencia*, Madrid, Aguilar, 1951 (1882). (*N. del t.*)

14. En «Basic Moral Propositions», Arendt definía «cuatro momentos fundamentales y recurrentes» de la conciencia:

Mi conciencia es: a) testigo; b) mi facultad de juzgar, es decir, de distinguir lo correcto de los incorrecto; c) aquello que juzga en mí mismo sobre mí mismo; y d) una voz en mi interior, a diferencia de la voz bíblica de Dios, que viene del exterior.

La palabra, *con-scientia*, *syn-eidenai*, era originalmente consciencia, y sólo la lengua alemana tiene dos palabras diferentes para la conciencia moral y la consciencia, respectivamente. *Con-scientia*: Conozco conmigo mismo, o mientras conozco me doy cuenta de que conozco. *Syn-eidenai*: siempre o casi siempre, en Platón y Aristóteles, con pronombre reflexivo: *emautô*, *hautoîs*, etc. En griego, la palabra no se empleaba en un sentido específicamente moral, aunque uno puede ser consciente de malas acciones, y esa consciencia (*synesis* en Eurípides) puede resultar muy desagradable. Esta consciencia puede entenderse como que atestigua la existencia de quien la tiene. En la medida en que soy consciente de mí mismo, sé que soy. Si no soy consciente de mí mismo, no sé siquiera si existo. En Agustín, y luego en Descartes, se planteó la cuestión de la realidad, incluida la de uno mismo. La respuesta de Agustín es que puedo dudar de si existe algo, pero no puedo dudar de que dudo.

Aquí vemos ya el dos-en-uno, el desdoblamiento. Yo puedo testificar sobre mí mismo. La primera vez que encontramos *conscientia* con un uso terminológico en Cicerón, es con ese sentido (*De officiis*, 3.44): cuando estoy bajo juramento acerca de algo que permanece oculto para todo el mundo, debo recordar que tengo a un dios por testigo. Según Cicerón, ello significa que «mi mente es mi testigo» y «el dios mismo no ha otorgado nada más divino al hombre». (En este sentido encontramos en Egipto, mil quinientos años antes de Cristo, un sirviente real que pasa revista a sus servicios y dice: «Mi corazón me dijo que hiciera todo esto. Fue un testigo excelente».) El detalle está en *testigo de lo que permanece oculto*. Así, en el Nuevo Testamento, Romanos, 2,14 y sigs., en relación con los «secretos del hombre», Pablo habla de la conciencia que da testimonio y de los pensamientos que se hallan en conflicto mutuo, deliberando en el hombre, y que «se acusan y excusan recíprocamente» como en un tribunal. En 2 Corintios, 1,12 la *syneidēsis* es testimonio. En Séneca: un espíritu sagrado que vigila y vela sobre nuestras buenas y malas acciones. Por tanto, la conciencia estaba estrechamente conectada, a lo largo de toda la Edad Media, con Dios, que conoce los secretos del corazón del hombre (Mateo, 6,4).

Durante la Edad Media solía hacerse una clara distinción entre conciencia como a) autoconsciencia y b) facultad de distinguir lo justo de lo injusto con arreglo a una ley innata.

La voz de la conciencia es también muy antigua, no sólo porque la encontramos en el Antiguo Testamento, donde Dios habla al hombre constantemente, sino también sobre todo, claro está, debido al *daimon* socrático. Un *daimon* es una especie de intermedio entre un dios y un mortal que todo hombre tiene como compañero. Es una voz que viene de fuera y a la que no es posible responder (algo, pues, muy diferente de la *conscientia*) Y esa voz nunca me dice qué he de hacer, sino que únicamente me alerta o previene para que no haga algo. (*N. del e.*)

15. «La meta propuesta por la razón puede entrar en conflicto con la propuesta por el deseo. En ese caso, es la razón a su vez quien decide. La razón es una facultad superior y las metas propuestas por la razón son de un orden superior. El supuesto es que escucharé a la razón, que la razón domina o gobierna sobre los deseos. La razón no dice "No harás...", sino "Mejor no hagas..."» («Basic Moral Propositions»).

16. En este punto queda claro que ni la razón ni el deseo son libres, hablando con propiedad. Pero la voluntad sí lo es, como facultad de elegir. Es más, la razón revela lo que es común a todos los hombres en cuanto hombres y el deseo es común a todos los organismos vivos. Sólo la voluntad es exclusivamente mía. Al querer, decido. Y ésta es la facultad de la libertad («Basic Moral Propositions»).

17. En «Basic Moral Propositions», Arendt consideró la posibilidad de que la *prohaíresis* aristotélica pudiera entenderse como una especie de voluntad:

Una matización a la afirmación de que no se conocía la voluntad en la Antigüedad: la *prohaíresis* en la *Ética nicomáquea*, especialmente en el libro 3, caps. 2-3. La palabra indica una proyección hacia el futuro, la toma o elección anticipada de algo. Su definición es: *bouleutiké órexis tôn eph'hemîn*, un apetito deliberante con respecto a lo que está a nuestro alcance (1113a10).

Aristóteles no es claro acerca de esta facultad. Trata siempre de reducirla al deseo y la razón. Por ejemplo, dice que el apetito y el logos son el origen de la *prohaíresis* (*Ética nicomáquea,* 1139a31), y que la *prohaíresis* tiene en común la *diánoia* y la *órexis* (*Sobre el movimiento de los animales,* 700b18-23). Más importante aún, en la *Ética nicomáquea* dice que la *prohaíresis* no versa sobre el fin, sino sobre los medios (1112b11). Su opuesto es *boúlesis tou telous* (1111b27). Aquí, el fin es determinado por deliberación. Pero en la *Retórica* censuramos y elogiamos de conformidad con la *prohairesis* y no con el *ergon* o la *praxis*. Toda la maldad reside en la *prohaíresis*.

Sólo una vez, en *Metafísica*, 1013a21, es la *prohaíresis* el principio de la *praxis*. Lo que se pierde en otras definiciones es la proyección hacia el futuro. Si tomamos esto como una pista, llegamos a la conclusión de que la voluntad, como la facultad que se proyecta hacia el futuro, es el movimiento de toda acción. Esta función de la voluntad tiene en sí misma un elemento de deliberación así como de apetito. Si comparamos la voluntad en este sentido con otras facultades, el deseo se proyecta hacia el mundo tal como se da ahora, en el presente; la memoria se proyecta hacia el pasado. La razón, en cierto modo, trata de ir más allá de esas temporalidades. Trata de ir a un espacio intemporal, donde los números, por ejemplo, son para siempre lo que son. Entonces la razón se convierte en la mayor de las facultades, pues se ocupa de cosas intemporales. (*N. del e.*)

18. Vale la pena señalar que en el volumen «La Voluntad» de *La vida del espíritu*, la posición de Arendt es muy diferente. Allá dice también que Epicteto se ocupa sólo de la libertad interior, pero ve que, de hecho, tiene una concepción de la voluntad que es plenamente activa, «omnipotente» y «todopoderosa». (*N. del e.*)

19. Aquí se plantea la cuestión: y ¿a quién manda la voluntad? ¿A los deseos? En absoluto, se manda a sí misma para controlar los deseos.

Por consiguiente, la voluntad se desdobla en sí misma en una parte que manda y otra que obedece. La voluntad «no manda totalmente, por tanto, lo que ella manda no se hace». En efecto, la verdad del asunto es: «Era yo el que quería y el que no quería, *yo, yo mismo (ego, ego eram)*. Yo no quería del todo ni dejaba de querer del todo, por lo que estaba escindido» (*Confesiones,* 8.10). Este *ego, ego eram* (era yo, ciertamente) debería recordarnos el socrático «Es mejor estar enfrentado con todo el mundo que, siendo uno, estar enfrentado con uno mismo». Pero aun cuando yo soy yo, hay «dos voluntades», una que quiere y manda, otra que resiste y quiere lo contrario, y por consiguiente «no es ninguna cosa monstruosa querer en parte y en parte no querer». Puede no ser monstruoso y no es una confrontación entre principios opuestos (como si «tuviéramos dos mentes, una buena, la otra mala»). El conflicto aparece sólo cuando empieza a actuar la voluntad, no antes. Ello está en la naturaleza de la voluntad. Pero se trata de un conflicto y no de un silencioso trato conmigo mismo. De nuevo, soy dos-en-uno, pero ahora, haga lo que haga, tanto si me comporto muy bien como si lo hago muy mal, hay conflicto. La prueba es que lo mismo ocurre cuando «ambas voluntades son malas». El problema es siempre cómo querer con «una voluntad entera» (cuando yo «hablaba, casi actuaba. Casi lo hice, pero no lo hice». Tenemos ahora cuatro voluntades actuando al mismo tiempo y paralizándose unas a otras, «en suspenso»).

En este punto surge la pregunta: ¿por qué ha tenido Dios que darme una voluntad? Volvemos al *De libero arbitrio*. La pregunta es doble: ¿por qué se nos dio voluntad si es necesaria la gracia para salir de dificultades autoimpuestas? Y ¿por qué se nos da una voluntad libre si con ella podemos pecar? Sólo esta segunda pregunta se formula explícitamente. La respuesta es que sin libre voluntad no podríamos vivir justamente.

Otra pregunta surge: ¿por qué no se nos dio alguna otra facultad? ¿Una facultad como la justicia, que nadie puede usar mal? (2.18) La respuesta es que sólo puede haber acciones justas mediante la libre elección de la voluntad. Dicho de otra manera, sólo la voluntad está completamente en nuestro poder, sólo mediante el poder de la voluntad somos nosotros mismos. O bien (1.12) la voluntad es un bien tan grande porque todo lo que uno necesita para poseerla es querer. De donde se sigue que si alguien quiere querer correctamente, alcanza algo tan grande con tanta facilidad que poseer lo que ha querido no es sino el hecho de quererlo. Pero si la voluntad está escindida en sí misma, ¿no está entonces en la naturaleza de la voluntad originar este movimiento hacia el mal y, si es así, ¿no es entonces por naturaleza y, consiguientemente, por necesidad por lo que pecamos? La respuesta es: sí, quizá, pero ¿cómo explicamos entonces el hecho de que censuremos y elogiemos? Pues la mente se pone al servicio del deseo únicamente por su propia voluntad; no es esclava del deseo en virtud del deseo o por flaqueza. La última pregunta: si nuestras malas acciones son voluntarias, ¿cómo se compagina esto con la presciencia divina? La respuesta es que Dios no es el autor de todo lo que conoce. Mediante su presciencia no nos fuerza a actuar de una manera u otra.

De 3.5 a 3.17 el diálogo se convierte en un monólogo. La dificultad se ha hecho tan grande que Agustín se ve en la necesidad de decir: que nunca las almas pecadoras os empujen a decir que sería mejor que no existieran o que deberían diferentes de lo que son. (Recuérdese el *skándalon* de Jesús [Lucas, 17,2]: la traición y las injusticias con los débiles, es decir, aquellos que están a merced de uno.) Para Agustín es como si lo quisiéramos. Y su respuesta es que ser es un bien tan grande que uno no puede querer no ser; no podemos pensar la nada. El interlocutor reaparece en el capítulo 17: «Estoy preguntando por la causa de la voluntad». Pero ¿no es ésta una regresión al infinito? «Y ¿no preguntarás a continuación por la causa de esa causa si la encontramos?» Pues la pregunta es errónea. La voluntad es la única cosa que no puede tener una cosa anterior a ella misma. ¿Cuál sería la causa de la voluntad anterior a la voluntad? En efecto, o la voluntad es su propia causa o no es voluntad. Nos hallamos aquí ante un simple hecho. A continuación, Agustín pasa a Romanos 7 y Gálatas 5. Y el discurso filosófico concluye («Basic Moral Propositions»).

20. Por consiguiente, la libertad es la renuncia voluntaria de la voluntad («Basic Moral Propositions»).

21. Lo que aquí hemos perdido de vista por completo es la voluntad como árbitro que elige libremente. Libre elección quiere decir ser libre del deseo. Donde intervenía el deseo, la elección quedaba prejuzgada. El árbitro era originalmente el hombre que enfocaba un hecho como un espectador desinteresado. Era un testigo ocular y, como tal, no comprometido. Gracias a su desinterés se le consideraba capaz de un juicio imparcial. Por consiguiente, la libertad de la voluntad como *liberum arbitrium* nunca inicia algo nuevo, siempre se enfrenta a cosas que están ahí. Es la facultad de juzgar.

Si tal es el caso, sin embargo, ¿cómo podría estar nunca entre mis facultades voluntarias? Respuesta: a) Si se supone que el fin último de la voluntad le viene dado por la razón como el sumo bien, entonces (según Tomás de Aquino) sólo somos libres en la elección de los medios. Y dicha elección es, por tanto, la función del *liberum arbitrium*. Sin embargo, precisamente en el acto de querer los medios, la voluntad no es libre. Todo fin implica los medios para alcanzarlo. Dichos medios están prejuzgados; simplemente, son mejores o peores, más adecuados o menos. Objeto de deliberación más que de volición. Sólo en el caso marginal en que yo pueda decir que para alcanzar tal o cual fin debo emplear medios tan malos que es mejor no alcanzar dicho fin, entra en juego la facultad de querer. b) Hay otra posibilidad: la voluntad se extiende no sólo hacia el futuro, sino que es también la facultad mediante la que podemos afirmar y negar. Y a este respecto hay ciertamente un elemento volitivo en todos los juicios. Puedo decir sí o no a lo que es. En Agustín: *Amo: volo ut sis*. Mi afirmación de lo que es o del que es me pone en relación con lo que es en cualquier caso, así como mi negativa me aparta de ello. En este sentido el mundo es *dilectores mundi*. O sea: el amor al mundo constituye el mundo para mí, me inserta en él («Basic Moral Propositions»).

El pensar y las reflexiones morales

1. Véase mi *Eichmann in Jerusalem*, 2.ª edición, pág. 252 (trad. cast.: *Eichmann en Jerusalén*, Barcelona, Lumen, 2003).

2. Citado de las notas póstumas de las lecciones de Kant sobre metafísica, *Akademie Ausgabe*, vol. XVIII, nº 5.636.

3. La afirmación de Carnap de que la metafísica no es más «significativa» que la poesía contradice las pretensiones de los metafísicos; pero éstas, como, por otra parte, la valoración de Carnap, pueden estar basadas en una subestimación de la poesía. Heidegger, a quien eligiera Carnap como blanco de su ataque, contestó (a pesar de no hacerlo explícitamente) afirmando la estrecha relación entre pensamiento y poesía (*denken* y *dichten*); no eran idénticas, pero emanaban de la misma raíz. Y de la misma opinión era Aristóteles, a quien hasta ahora nadie ha acusado de escribir «mera» poesía: filosofía y poesía van, en cierto modo, juntas, tienen un peso idéntico (*Poética*, 1451b5). Por otra parte, el célebre aforismo de Wittgenstein: «De lo que no se

puede hablar, mejor es callarse» (la última frase del *Tractatus*), si lo tomamos al pie de la letra, se aplicaría no sólo a lo que escapa a la experiencia sensible sino, al contrario, a la mayoría de los objetos de la sensación. Nada de lo que vemos, oímos o tocamos puede ser adecuadamente descrito con palabras. Cuando decimos: «El agua está fría», ni el agua ni el frío son descritos como nos son dados a los sentidos. ¿Y no fue precisamente el descubrimiento de esta discrepancia entre las palabras, el medio en el que pensamos, y el mundo de las apariencias, el medio en el que vivimos, lo que condujo a la filosofía y la metafísica al primer plano? Si se exceptúan los inicios —con Parménides y Heráclito—, el pensamiento, ya fuera como *nous* o como *logos*, era considerado capaz de alcanzar el verdadero Ser, mientras que al final se desplazó el acento y pasó de la palabra a la apariencia, por tanto, a la percepción de los sentidos y a los instrumentos por medio de los que podemos ampliar y afinar nuestros sentidos corporales. Parece totalmente natural que un énfasis en la palabra discrimine contra las apariencias y que la acentuación de la sensación lo haga contra el pensamiento.

4. Parece digno de notarse que encontramos la misma intuición en su más obvia simplicidad en los inicios de la historia del pensamiento en términos de dos mundos, el sensible y el suprasensible. Demócrito nos lo presenta en forma de diálogo entre la mente, el órgano para lo suprasensible, y los sentidos. Las percepciones de los sentidos son ilusorias, dice, cambian según las condiciones de nuestro cuerpo; dulce amargo, color y semejantes existen sólo *nomô*, por convención entre los hombres, y no *physei*, de acuerdo con la verdadera naturaleza detrás de las apariencias, así habla la mente. A lo que responden los sentidos: «¡Pobre mente! ¿Tú, que recibes de nosotros tus pruebas [*pisteis*], tratas de demolernos? Nuestro derrocamiento será tu propia ruina» (B125 y B9). En otras palabras, una vez perdido el siempre precario equilibrio entre los dos mundos, no importa si ha sido el «mundo verdadero» el que ha abolido el «mundo de las apariencias» o viceversa, se viene abajo el cuadro entero de referencias, en que el pensamiento estaba habituado a orientarse. Por lo que nada parece tener ya mucho sentido.

5. *Crítica de la razón pura*, B 30.

6. *Akademie Ausgabe*, vol. 18, nº 4.849.

7. *Akademie Ausgabe*, vol. 16, nº 6.900.

8. En el libro XI del *De Trinitate*, Agustín describe vívidamente la transformación que tiene que sufrir un objeto dado a los sentidos para devenir objeto de pensamiento. La percepción sensorial —la visión que aconteció en el exterior y cuando los sentidos fueron informados por un cuerpo sensible— es seguida por una «visión semejante interior», una imagen destinada a hacer presente «el cuerpo ausente» en la representación. Esta imagen, la representación de algo ausente, se almacena en la memoria y se convierte en un objeto de pensamiento, una «visión en el pensamiento», tan pronto como es deliberadamente recordada, por lo cual es decisivo que lo que permanece en la memoria», esto es, la re-presentación, es «una cosa y otra distinta es lo

que parece cuando recordamos» (capítulo 3). Pues «lo que se esconde y se retiene en la memoria es distinto de aquello que se expresa en la representación del que recuerda» (capítulo 8). Agustín es plenamente consciente de que el pensamiento «de hecho va más allá» y traspasa el dominio de toda imaginación posible, como cuando «nuestra razón proclama la infinidad del número, inabarcable por la vista, de objetos materiales» o «nos enseña que hasta los menores átomos son divisibles hasta el infinito» (capítulo 18).

Aquí Agustín parece sugerir que la razón puede alcanzar lo totalmente ausente sólo porque la mente, en virtud de la imaginación y sus re-presentaciones, sabe cómo hacer presente lo que está ausente y cómo manejar estas ausencias en la rememoración, esto es, en el pensamiento.

9. *Introduction to Metaphysics*, Nueva York, 1961, pág. 11 (trad. cast.: *Introducción a la metafísica*, Barcelona, Gedisa, 1992).

10. Kant, *Akademie Ausgabe*, vol. 18, nº 5.019 y 5.036.

11. *Fedón*, 64 y Diógenes Laercio, 7.21.

12. Parafraseo estos pasajes de *Carta Séptima*, 341b-343a.

13. É. Gilson, *Dante and philosophie*, Nueva York, 1949-1963, pág. 267 (trad. cast.: *Dante y la filosofía*, Barañaín, Eunsa, 2004).

14. *Ibid.*, pág. 273. Para toda la discusión del pasaje, véanse págs. 270 y sigs.

15. Diehl, fr. 16.

16. *Menón*, 80

17. Jenofonte, *Memorabilia*, 4.6.15 y 4.4.9.

18. En este como en otros aspectos, Sócrates afirma en la *Apología* casi lo contrario a lo que Platón le hace decir en la «apología mejorada» del *Fedón*. En el primer caso, Sócrates explica por qué debe vivir e incidentalmente por qué no teme la muerte, a pesar de que la vida le es «tan cara»; en el segundo caso, todo el énfasis gira alrededor de lo oneroso que le resulta vivir y por qué está tan contento de morir.

19. *El sofista*, 258.

20. Jenofonte, *op. cit.*, 4.3.14.

21. *Apología*, 30 y 38.

22. *Lisis*, 204 b-c.

23. En el discurso fúnebre, Tucídides, II, 40.

24. *Banquete*, 177.

25. Citaré aquí sólo el punto de vista de Demócrito, porque era contemporáneo de Sócrates. Entendió la palabra, *logos*, como la «sombra» de la acción, la sombra permite distinguir las cosas reales de las meras apariencias; «hay que evitar hablar de las malas acciones» privándolas, por así decirlo, de su sombra, de su manifestación (véanse los fragmentos 145 y 190). Ignorar el mal lo transformará en mera apariencia.

26. *El sofista*, 254 d. Véase M. Heidegger, *Identity and Difference*, Nueva York, 1969, págs. 23-41.

27. *Teeteto*, 189 e y sigs., y *El sofista*, 263 e.

EL VICARIO: ¿SILENCIO CULPABLE?

1. El artículo de Guenther Lewy «Pius XII, the Jews and the German Catholic Church», *Commentary* (febrero de 1964), se incorporó luego a la obra principal de Lewy, *The Catholic Church and Nazi Germany* (Nueva York, McGraw-Hill, 1964).

AUSCHWITZ A JUICIO

1. Sybille Bedford, *The Observer*, Londres, enero de 1964.
2. Véase *The Economist*, Londres, 23 de julio de 1966.

ÍNDICE ANALÍTICO Y DE NOMBRES